NOUVELLES ÉTUDES

D'HISTOIRE ET DE CRITIQUE

DRAMATIQUES

OUVRAGES DU MÊME AUTEUR

PUBLIÉS PAR LA LIBRAIRIE HACHETTE ET Cie

MARIVAUX, sa vie et ses œuvres, d'après de nouveaux documents, avec deux portraits; 3e édition. Un vol. in-16, broché.   3 fr. 50

— *Le même ouvrage.* Un vol. in-8, broché.   7 fr. 50

     Ouvrage couronné par l'Académie française.

LA COMÉDIE DE MOLIÈRE, l'auteur et le milieu; 4e édition. Un vol. in-16, broché.   3 fr. 50

L'ART ET L'ÉTAT EN FRANCE. Un vol. in-16, broché.   3 fr. 50

VERS ATHÈNES ET JÉRUSALEM; 3e édition. Un vol. in-16 br.   3 fr. 50

— *Le même ouvrage.* Un vol. in-8, broché.   7 fr. 50

ÉTUDES D'HISTOIRE ET DE CRITIQUE DRAMATIQUES. 2e édition. Un vol. in-16, broché.   3 fr. 50

ÉTUDES DE LITTÉRATURE ET D'ART. Un vol. in-16, broché.   3 fr. 50

NOUVELLES ÉTUDES DE LITTÉRATURE ET D'ART. Un vol. in-16, br.   3 fr. 50

ÉTUDES DE LITTÉRATURE ET D'ART (3e série). Un vol. in-16. br.   3 fr. 50

ÉTUDES DE LITTÉRATURE ET D'ART (4e série). Un vol. in-16, br.   3 fr. 50

PETITS PORTRAITS ET NOTES D'ART. Un vol. in-16, broché.   3 fr. 50

RACINE (*collection des Grands Écrivains français*). Un vol. in-16, avec un portrait, broché.   2 fr.

Coulommiers. — Imp. PAUL BRODARD. — 1180-98.

GUSTAVE LARROUMET

Membre de l'Institut
Secrétaire perpétuel de l'Académie des Beaux-Arts

NOUVELLES ÉTUDES
D'HISTOIRE ET DE CRITIQUE
DRAMATIQUES

AU THÉATRE DE BACCHUS — LA DANSE GRECQUE
LE DON JUAN ESPAGNOL
MOLIÈRE A PÉZENAS — MARIVAUX A BERNY
PAPILLON DE LA FERTÉ — NÉPOMUCÈNE LEMERCIER
LE CONSERVATOIRE — L'ODÉON — L'OPÉRA-COMIQUE
LA COMÉDIE NOUVELLE : AUTEURS ET ACTEURS
MM. P. HERVIEU, M. DONNAY ET J. RICHEPIN
LA DUSE — NOVELLI — MARIA GUERRERO
LES GITANES DE GRENADE
LE THÉATRE FRANÇAIS VU DE L'ÉTRANGER

PARIS
LIBRAIRIE HACHETTE ET Cie
79, BOULEVARD SAINT-GERMAIN, 79

1899

Droits de traduction et de reproduction réservés.

NOUVELLES ÉTUDES
D'HISTOIRE ET DE CRITIQUE
DRAMATIQUES

AU THÉATRE DE BACCHUS [1]

Messieurs,

Parmi les monuments d'Athènes, il en est de mieux conservés et d'une plus grande valeur que le théâtre de Bacchus; il n'en est pas qui excitent plus d'intérêt. D'aucune manière, il ne peut être comparé aux édifices que renferme l'enceinte de l'Acropole. Cependant, après la visite du divin rocher, la curiosité se porte aussitôt vers l'amas confus de marbres qui blanchissent au flanc de la

[1]. Lu dans la séance publique annuelle des cinq Académies de l'Institut de France, le 24 octobre 1896.

colline. Ces ruines sont celles du théâtre-roi, où le même siècle vit paraître Eschyle, Sophocle, Euripide et Aristophane. Elles ne parlent pas seulement au sens de la beauté plastique; elles provoquent l'émotion intellectuelle. La grande époque de l'art grec y a laissé sa marque, mais elles doivent encore plus à l'histoire et à la poésie.

Pour nous autres Français, ce sentiment complexe est particulièrement fort. De tous les peuples d'Europe, nous sommes le plus imprégné d'hellénisme. Nous avons pour le théâtre le goût le plus vif qu'une nation ait éprouvé depuis les anciens Grecs et, avec la leur, notre littérature dramatique est la plus riche en grands noms. Au plus beau temps de cette production, nos poètes avaient les yeux fixés sur les modèles grecs. Corneille témoignait pour Aristote encore plus de respect que pour l'Académie française. Racine n'a jamais été plus original que lorsqu'il reprenait les sujets d'Euripide. Molière lui-même, si Français et si Parisien, doit quelque chose à la comédie grecque. Sganarelle, marchand de fagots, faisait de la médecine comme le charcutier Agoracrite de la politique, et M. Jourdain, bourgeois de Paris, montrait, devant son maître de philosophie, la naïveté du bonhomme Strepsiade, bourgeois d'Athènes, à l'école des sophistes.

I

Tous ces souvenirs s'éveillent et se mêlent aux premiers pas dans le théâtre de Bacchus. Lorsque, aux approches du printemps, vers l'époque des *Grandes Dionysies*, qui était celle des concours tragiques, sous la lumière limpide qui dore les marbres, on gravit lentement les gradins et que, dans la solitude et le silence, on contemple la scène, la campagne et la mer, des voix lointaines sortent de ces pierres; du fond des siècles montent les chants qui ont frappé cette colline et le rire des immortels vibre dans l'écho. Tandis que l'œil cherche à l'horizon Salamine et Colone, l'esprit évoque les *Perses* d'Eschyle et le chœur de Sophocle sur la forêt d'oliviers que baigne le Céphise. Si quelques flocons blancs planent dans le ciel, on croit voir les *Nuées* d'Aristophane et entendre le salut qu'elles adressent en s'élevant à « la terre brillante de Pallas ».

A ce moment, il suffit d'être à peu près bachelier. Trop de science archéologique diminuerait l'intensité de l'émotion première. Quitte à lire ensuite les livres spéciaux, il importe de croire que cette scène, cet orchestre et ces gradins sont ceux où prenaient place les vainqueurs de Marathon, que les quatre grands poètes de la Grèce sont montés sur ce mur de scène et que ces dalles ont retenti sous les pas cadencés du chœur.

Tout conspire à produire cette illusion. Le théâtre est assez ruiné pour dégager l'âme mélancolique du passé, et il y reste assez de beaux fragments pour que le souvenir des grands artistes fasse cortège à celui des grands poètes. Parmi les sièges subsistants, plusieurs sont des chefs-d'œuvre, comme le fauteuil célèbre qui porte, en beaux caractères, le nom du prêtre de Bacchus. Les autres désignent de même leurs titulaires et l'imagination y voit, sous les insignes de leurs dignités, le prêtre d'Apollon Pythien, l'hiérophante d'Éleusis, les archontes, le stratège, le héraut.

Après les gradins et les sièges conservés le regard s'arrête sur la scène. C'est un mur bas, dont il ne reste plus que la moitié. Ce mur est formé de blocs rapportés, dont plusieurs sont d'excellents morceaux de sculpture. Un Atlas colossal, le genou en terre et la main sous l'entablement, supporte la plate-forme où l'illusion dramatique faisait tenir le monde. Des statues en demi-relief, décapitées et amputées, mais charmantes d'attitudes, déroulent l'histoire de Bacchus. Entre elles glissent les panthères, consacrées au dieu souple et féroce; sous la vigne s'élève son autel, la *thymélé*. Cet autel, les Athéniens le voyaient au milieu de l'orchestre; voici, en effet, au centre d'un large losange, l'emplacement où il était fixé.

Entassez par la pensée trente mille spectateurs sur les gradins; faites monter sur la scène les trois acteurs du drame grec; dans l'orchestre, massez les vingt-quatre choreutes; puis tâchez que l'illusion soit intense, car il faut y renoncer. Après l'imagination, la science réclame son tour; elle souffle sur ce rêve d'art et de poésie.

Elle vous apprend, en effet, que cette scène, cet orchestre et ces gradins sont très postérieurs à l'époque classique. Elle vous pose la redoutable question du *logéion*. Vous commencerez par maudire ces négations sèches, ennemies des gracieux mensonges, puis vous serez reconnaissants à celui qui, portant la critique dans ces ruines, en a fait surgir la vérité.

Cet évocateur est M. Dörpfeld, directeur de l'Institut archéologique allemand d'Athènes. Il a renversé ou ébranlé les théories longtemps admises sur l'organisation matérielle du théâtre grec, mais il les a remplacées par des constatations définitives ou par des hypothèses fécondes. Venu en Grèce comme attaché aux fouilles d'Olympie, de simple conducteur de travaux, il s'est fait architecte;

dans l'âge mûr, il a appris la langue, la littérature et l'histoire grecques; il a servi la science archéologique avec autant de passion que Schliemann, mais avec un sens critique dont manquait l'explorateur de Mycènes et d'Ilion; il a déjà marqué sa place à la suite d'Otfried Müller et de Curtius.

Avant 1862, le théâtre de Bacchus était enseveli sous la terre. A cette date, l'architecte allemand Strack y portait la pioche et la Société archéologique d'Athènes, continuant les fouilles, l'exhumait peu à peu. Jusqu'en 1886, il fut admis que le théâtre ainsi découvert était celui de l'époque classique, achevé en 340 avant Jésus-Christ, sous l'administration de l'orateur Lycurgue. M. Dörpfeld prenait alors la direction des fouilles. En étudiant la nature des matériaux, les procédés de construction et les renseignements épigraphiques, il prouvait que les ruines ne remontaient pas plus haut que le IIIe siècle après Jésus-Christ. A cette époque, un dernier remaniement avait transformé le théâtre qui, sous Néron et Hadrien, avait été déjà restauré; et l'on sait ce que ce mot redoutable veut dire en fait de monuments historiques. C'est donc une scène postérieure de sept siècles à l'époque des grands artistes et des grands poètes, la scène de Phædros, un archonte athénien soumis aux magistrats de

Rome, que le visiteur a maintenant sous les yeux.

Sous les remaniements de Phædros et de ses prédécesseurs, M. Dörpfeld a fixé les états successifs du théâtre. A l'origine, il n'y avait, au flanc de l'Acropole, que des tréteaux pour les acteurs et des gradins de bois pour les spectateurs. Ce théâtre s'écroula, en 500 avant Jésus-Christ, pendant la représentation d'une tragédie d'Eschyle, et il fut décidé qu'il serait reconstruit en pierre. Le théâtre de pierre était achevé un siècle et demi après, sous Lycurgue. Entendons par là que le *koilon*, le creux réservé aux spectateurs, était déjà taillé dans le rocher, mais les gradins et la scène étaient toujours en bois. De ce temps, il reste deux tronçons de murs et une entaille dans le rocher. Par ces trois points passait le cercle de l'*orchestra* primitive, car l'orchestre était circulaire et non hémisphérique, comme on l'a cru longtemps. Il reste aussi un pan du mur qui supportait à l'ouest l'extrémité du *koilon*. Il reste enfin le tracé des gradins et les substructions de pierre sur lesquelles la scène de bois prenait ses points d'appui. Avec les Romains, grands bâtisseurs et médiocres amateurs du chœur, la scène est avancée vers l'orchestre, que le chœur cède aux spectateurs, et reçoit un *proscenium* de pierre:

Il en reste le stylobate. Sous Néron, la scène es[t] reconstruite et, sur un fragment d'architrave, se lit encore le nom de cet empereur, tout à fait digne de figurer sur une scène, car il fut non seulement comédien, mais cabotin. Phædros élève la dernière scène, la scène actuelle; l'*orchestra* reçoit le pavage tricolore, — blanc, bleu et rouge —, dont une partie est encore visible, et les fauteuils en marbre du *koilon*, quelques-uns fort anciens, sont rangés tels qu'ils sont aujourd'hui.

II

Ainsi, Messieurs, à l'époque classique, le théâtre de Bacchus ne comprenait qu'une partie permanente, le *koilon*. L'*orchestra* était une circonférence remplie de terre battue, et la scène une estrade en planches. Pourtant, dans ce cadre modeste, les représentations étaient aussi brillantes pour l'œil que sublimes pour l'esprit, grâce au caractère religieux des fêtes dont elles faisaient partie, à la composition du public, aux décors, aux costumes et au jeu des acteurs.

Le théâtre d'Athènes était une part essentielle du culte de Bacchus. Écartons les idées peu sérieuses et nullement antiques que ce nom pourrait éveiller. Dionysos, dieu du vin, était une divinité redoutable, une des grandes puissances de la nature, comme Déméter, la déesse du blé, et Coré, la déesse des forces souterraines, qui s'endorment et s'éveillent avec les saisons. Les cérémonies célébrées en son honneur avaient un caractère unique d'enthousiasme ou de majesté. Au mois de Poséidéon, en décembre, lorsque le paysan tirait des amphores le vin de l'année, chaque dème de l'Attique célébrait les *Dionysies des champs*, dont Aristophane, dans les *Acharniens*, met en scène l'amusante parodie. La famille de Dicéopolis compose à elle seule toute la procession. En tête marche sa fille, la canéphore, avec la corbeille sacrée; derrière, l'esclave porte... je ne puis pas dire, je ne puis pas même indiquer ce que cet homme porte derrière cette jeune fille; le père ferme la marche en chantant les louanges du dieu; du haut du toit, la mère, qui ne peut figurer dans le cortège, regarde la cérémonie.

Dans les processions de ce genre, formées de villages entiers, chantant et dansant, le théâtre grec est contenu en germe. Les paysans célèbrent le vin, récompense et oubli du labeur, le vin qui exalte l'âme et double la vigueur du corps. Les aventures prêtées au dieu symbolisent cette vertu mystérieuse. Il suffit de les chanter et de les mimer pour en venir, tout naturellement, à l'action dramatique. Celle-ci, d'abord consacrée au seul Bacchus, mélange de bouffonnerie et de gravité, embrasse peu à peu toutes les légendes de la mythologie et de l'histoire. Divisée en drame sérieux et drame plaisant, en tragédie et comédie, elle devient l'image complète de la nature, de la vie et des rêves qu'elles inspirent à l'homme.

Cette transformation se produit aux *Dionysies de la ville*, les Grandes Dionysies. Elles sont célébrées pendant le mois d'Élaphébolion, en mars, au seuil du printemps, lorsque la vigne, gonflée de sève et couverte de fleurs, sourit au milieu des larmes. C'est la saison, chantait Pindare, « où la palme s'élance du tronc, quand s'ouvre la chambre des Heures et que les fleurs odorantes sentent le souffle embaumé du printemps; alors le feuillage aimable des violettes se répand sur la terre immortelle, alors les roses s'enlacent dans les chevelures, les voix retentissent, mêlées aux accords des flûtes ». L'enthousiasme de la fête vibre dans le ton du poète et ses vers en ont l'éclat : « O dieux olympiens, s'écrie-t-il, jetez les yeux sur notre chœur, envoyez-nous la joie et l'éclat, vous qui, au milieu des parfums de l'encens, visitez le centre de la sainte Athènes et sa place brillante de gloire et de magnificence. »

Une procession, où figurent les prêtres, les magistrats, toutes les classes du peuple, promène dans la ville l'image du dieu. Des figurants masqués représentent son cortège de satyres et de bacchantes; ils dansent autour de sa statue et miment les épisodes de sa légende; les voix des hommes et des enfants se mêlent en son honneur et chantent le dithyrambe accompagné par la flûte. Sur le parcours du cortège se pressent les étrangers accourus de la Grèce continentale, des îles, des colonies, des pays alliés. Athènes, en ce jour, est vraiment la capitale du monde hellénique et Pindare peut s'écrier : « O ville brillante, ville couronnée de violettes, mille fois digne d'être chantée, rempart de la Grèce, illustre Athènes, acropole divine! » Le soir, à la lueur des torches, les éphèbes transportent la statue du dieu dans son théâtre, élevé dans la même enceinte que son temple. Ils placent au milieu de l'orchestre, sur la *thymélé*, cette statue d'or et d'ivoire, œuvre d'Alcamène. Le dieu vient assister aux représentations données en son honneur.

Ces représentations, organisées par la cité, sous la surveillance du premier archonte, l'archonte éponyme, étaient essentiellement des concours, et, dès cette époque, les débutants se plaignaient que l'accès de la Comédie Athénienne fût difficile.

Chaque poète élu recevait un chœur et sa pièce était mise en répétition. L'État recrutait lui-même les acteurs par des examens qui consistaient à réciter devant l'archonte des morceaux du répertoire. De ce côté aussi, il y avait des mécontents.

Les troupes enfin constituées étaient réunies à l'Odéon et chaque poète paraissait devant le public, avec ses interprètes couronnés de fleurs, en habits de fête et sans masques. Il se nommait, disait le sujet de ses pièces et énumérait ses acteurs. C'était le *proagon*, la parade, la revue solennelle avant la bataille.

Les poètes admis à concourir étaient au nombre de six, trois pour la tragédie et trois pour la comédie. Chaque poète tragique présentait quatre pièces, chaque poète comique une seule. Admirons une supériorité écrasante des Athéniens sur tous les publics venus depuis : ils apportaient au théâtre une endurance merveilleuse. Nous n'aimons pas les spectacles coupés, nous trouvons que cinq actes sont une bonne mesure et quatre heures épuisent notre faculté d'attention. Au théâtre de Bacchus, le spectacle commençait au lever du jour et durait jusqu'au soir. Les concours prenaient quatre jours, le premier consacré à la comédie. Les jours de tragédie, le spectateur entendait de suite quatre pièces du même poète. L'heure du repas était sans influence sur le spectacle. On mangeait et on buvait sans quitter sa place.

Les trente mille spectateurs, exubérants et bruyants, s'étagent sur les gradins. Les prêtres et les magistrats, introduits en cérémonie, siègent aux places d'honneur. Derrière eux, les six juges du concours. Avant la représentation, deux cérémonies ont eu lieu, l'une qui donne au peuple et à ses hôtes le sentiment de la puissance athénienne, l'autre qui exalte le dévouement à la cité. Des serviteurs publics ont apporté dans l'orchestre l'or des tributs payés par les alliés, puis un héraut a introduit, en armes, les fils des citoyens morts pour la patrie. Enfin les hommes de police, les *rhabdoukoi*, se rangent, le bâton à la main, devant la *thymélé*, la trompette donne le signal et la représentation commence.

Gardons-nous, Messieurs, d'imaginer un aspect de la scène semblable à celui du théâtre romain. Écartons surtout le souvenir des deux théâtres-types, que nous ont laissés les architectes romains, Orange et Aspendos. Il n'y a pas ici l'énorme mur d'Orange, avec ses trois ordres superposés, ni les consoles à forte saillie d'Aspendos. Il semble que, en bois ou en pierre, la scène grecque ne dépassait point la hauteur nécessaire pour que la voix de l'acteur arrivât aux derniers gradins. A Athènes, à Delphes, à Argos, le public des places supérieures voyait le paysage ou la mer, la ville ou l'enceinte sacrée, souvent les endroits mêmes où le poète déroulait son action. A Athènes, dans les *Perses* d'Eschyle, il apercevait la mer de Salamine, où s'était engloutie la puissance de Xerxès. A Argos, dans l'*Électre* de Sophocle, il dominait la plaine et la montagne où s'était déroulée la légende des Atrides. A Delphes, dans l'*Ion* d'Euripide, il pouvait suivre de l'œil la description des temples échelonnés en pyramide étincelante.

Aussi n'était-il pas exigeant pour la mise en scène. Les décors consistaient en toiles peintes et en tapisseries posées à plat, et, pour les changements de lieu, en prismes triangulaires, tournant sur pivot et représentant des motifs variés. Les indications figurées par ces décors étaient fort conventionnelles, ou, pour mieux dire, très simplifiées. Par là, le théâtre grec se réglait sur l'art plastique. La grande supériorité de l'esthétique grecque consiste dans la sûreté avec laquelle l'artiste choisit parmi les éléments que lui offre la réalité. Réaliste, l'art grec l'est plus qu'aucun art l'ait jamais été, en ce sens qu'il a le respect de la nature au suprême degré, mais il élimine l'accessoire et l'inutile; il ne conserve que ce qui est nécessaire à l'expression; il fait saillir le caractère. Le caractère, c'est le trait distinctif des êtres et des choses, exprimé par une nature originale projetant sur la vérité le rayon qu'elle porte en elle. Dans cette aptitude à dégager le caractère, dans son degré et sa force, résident tout le talent, tout le génie.

Devant la scène ainsi décorée, le chœur fait son entrée. Les choreutes sont vêtus de manière à pouvoir évoluer et danser librement, souvent même déployer beaucoup d'agilité. Les acteurs, eux, montés sur la scène, portent des masques, qui allongent et élargissent la tête; sous leurs vêtements, teints et brodés de couleurs vives, une matelassure épaisse donne à leur corps beaucoup d'ampleur; ils sont chaussés de cothurnes à haute semelle.

Ces masques ramenaient les conditions et les passions humaines à un petit nombre de types. Ils représentaient le vieillard, le jeune homme, la femme, la jeune fille, l'esclave, de manière à indiquer, du premier coup d'œil, le rôle du personnage. Tel de ces masques, celui de « la femme pâle aux cheveux longs », est admirable d'expression, avec ses yeux obliques, comme déviés par le torrent des larmes, et sa bouche qui semble crier une plainte éternelle; il est devenu le symbole de la tragédie. Tel autre, celui de « l'homme rieur », avec ses cheveux roux, son nez camard et ses lèvres épaisses, indique la gaieté grossière, la sensualité basse et la ruse effrontée de l'esclave; il est devenu le symbole de la comédie. De même que le poète reçoit du chorège trois acteurs pour représenter au complet la nature humaine, de même il reçoit de la tradition théâtrale vingt-huit masques en tout. C'est à lui de faire passer à travers ces larges bouches les paroles qui dévoilent les âmes, de faire briller à travers ces yeux vides les larmes qui révèlent les cœurs. Un petit nombre d'attitudes et d'expressions suffisaient au sculpteur pour fixer en images définitives la passion et la beauté; il suffisait au poète d'un petit nombre de sujets et de types pour cueillir la fleur des sentiments humains[1].

Il est admis que les grands masques, les vêtements rembourrés et les hauts cothurnes avaient pour but de donner aux acteurs tragiques la taille et l'ampleur sans lesquelles ils eussent semblé trop petits dans l'immensité du théâtre grec. Cette raison ne saurait être la principale, car les choreutes se passaient de ces accessoires, et les acteurs de comédie portaient des chaussures ordinaires. Il est probable que, représentant des rois et des héros, c'est-à-dire des personnages dont le nom

---

1. Voir PAUL GIRARD, *De l'expression des masques dans les drames d'Eschyle*, 1895.

seul éveillait une idée de grandeur et de force, les acteurs tragiques devaient traduire aux yeux cette impression. Ils devaient aussi accorder leur aspect avec le langage que leur prêtaient les poètes, en vertu de la même idée. Ce langage exprimait des sentiments vrais en les amplifiant, comme les statues colossales font avec les proportions du corps. La vraie poésie tragique, selon Aristophane, était celle d'Eschyle, avec « ses mots au casque empanaché et à l'ondoyante crinière, ses immenses périodes et ses vers assemblés comme la membrure d'un navire, ce grand style que le vieux poète lance en mugissant ». Le même principe d'art réglait la mimique. Avec ce costume et ce langage les gestes tragiques devaient être rares ; ils étaient rythmés par le lyrisme et réglés par le son de la flûte. Dans la comédie, avec le masque seul et une langue plus simple, le jeu exprimait l'âme légère de la muse rieuse.

Les documents figurés nous représentent cette beauté une et variée, mais également plastique, du théâtre grec. Il suffit de rappeler, pour la tragédie, la statuette d'ivoire trouvée à Rieti et qui figure actuellement dans la collection Dutuit. Le buste jeté de côté, le bras droit replié vers le corps, elle fait un beau geste d'horreur et de colère. Pour la comédie, la scène représentée sur un vase peint du musée de Berlin — un vieillard, saisi aux bras et aux jambes par deux coquins, qui veulent l'arracher de son lit ou de son coffre-fort — est charmante de mouvement et de gaieté [1].

III

Cette dernière scène, Messieurs, amène forcément la plus grosse et plus difficile question qu'aient soulevée les dernières recherches sur le théâtre grec. Les acteurs du vase de Berlin sont montés sur l'avant-scène, le *logéion*, qui nous apparaît ici comme une plate-forme soutenue par cinq colonnes basses, d'ordre dorique. Cette disposition nous semble toute naturelle. L'idée ne viendra jamais, sans preuve du contraire, que des acteurs aient pu jouer sur le sol, au niveau des spectateurs. La première nécessité pour le comédien, comme pour l'orateur, son mouvement instinctif est de monter sur quelque chose pour dominer son auditoire. L'orateur improvisé cherche une table, et la tribune est le symbole de l'éloquence; l'acteur forain élève un tréteau et le comédien régulier disposé d'une scène. Non seulement on est ainsi mieux

---

[1]. La statuette de Rieti est reproduite en chromolithographie dans l'*Histoire des Grecs* de Victor Duruy, t. II, p. 244, et la scène du vase peint est figurée au trait, d'après Millingen, au t. II, p. 396, du même ouvrage.

vu et entendu, mais on agit plus fortement ; on est supérieur aux autres hommes de toute la hauteur d'où on les domine. Les rois, les juges, les prêtres, tous ceux qui sont constitués en dignité, le savent bien, et aussi les statuaires, lorsqu'ils veulent représenter un homme qui a régné et commandé.

Il y a donc là une loi naturelle et une nécessité évidente. Pourtant, depuis quelques années, cette nécessité et cette loi sont fortement contestées en ce qui touche le théâtre grec. Une ardente controverse est engagée sur la question du *logéion*.

Jusqu'aux fouilles entreprises par M. Dörpfeld au théâtre de Bacchus, cette question n'existait pas. Les archéologues et les architectes tenaient pour exacte la description du théâtre grec donnée par Vitruve, qui dit expressément : « Chez les Grecs, les acteurs tragiques et comiques jouent sur la scène (appelée *logéion*), et les autres artistes (les choreutes) remplissent leur rôle dans l'orchestre. » Vitruve écrivait au Ier siècle après J.-C., d'après les auteurs grecs. Son parallèle du théâtre grec et du théâtre romain est d'une netteté parfaite. On voit, à chaque mot, qu'il a exactement noté les analogies et les différences.

A la suite de ses fouilles, M. Dörpfeld formulait peu à peu une théorie de plus en plus négative. Il refusait toute autorité dans la question à Vitruve, qui, d'après lui, ne savait pas ce dont il parlait et il arrivait à cette conclusion que les acteurs se tenaient dans l'orchestre, comme les choreutes, c'est-à-dire qu'ils jouaient non pas sur le *logéion*, mais devant. Ils ne montaient sur le *logéion* qu'accidentellement, par exemple lorsqu'il fallait représenter une de ces apparitions divines, dont Euripide est coutumier, ou bien des escalades plaisantes, comme l'évasion du juge Philocléon dans les *Guêpes* d'Aristophane, et, dans les *Acharniens*, la femme de Dicéopolis installée sur le toit pour regarder la procession des Dionysies.

Contre l'étonnement et les objections, M. Dörpfeld a défendu cette théorie imprévue et radicale avec une fermeté et une souplesse admirables. Je ne puis, Messieurs, exposer devant vous cette intéressante controverse avec le détail qu'elle mériterait : l'autorité et le temps me feraient également défaut. Je me contente de l'indiquer et de vous dire mon sentiment.

Selon M. Dörpfeld, parmi les théâtres grecs, il n'y en a pas un sur lequel les partisans de l'ancien système puissent établir leur démonstration. Tous ceux qui nous restent ont été remaniés à l'époque romaine. Difficile à concilier avec les nécessités de l'action, l'hypothèse du jeu sur le *logéion* doit être abandonnée pour des raisons théoriques, aussi bien que devant les preuves de fait. Le costume tragique ne sert pas à revêtir les acteurs d'une majesté héroïque ou divine; il a surtout pour but de les distinguer des choreutes; les hauts cothurnes sont des « estrades mobiles ». Le *logéion* est trop étroit pour que les acteurs puissent s'y tenir et trop haut pour que les choreutes puissent y monter. Pour ceux-ci, il faudrait un escalier et, outre que l'ascension et la descente seraient malaisées, il n'est pas question d'escaliers dans les textes et il n'y en a pas trace dans les ruines. *Logéion* veut dire, il est vrai, l'endroit où l'on parle, mais, outre que le mot est postérieur à l'époque classique, il faut l'entendre par endroit où l'on parle rarement.

A M. Dörpfeld il a été répondu que Vitruve n'est pas le seul à faire monter les acteurs sur le *logéion*. Aristote, un Grec authentique et de la bonne époque, est tout aussi net. Il distingue « le chœur et les personnages de la scène »; il définit la « partie de l'action qui a lieu sur la scène et par les acteurs ». Si le *logéion* est trop élevé, dans les théâtres grecs actuellement connus, c'est, en effet, que ces théâtres ont été remaniés à une époque où le chœur avait disparu. Rien n'empêche d'admettre que, au ve siècle, le *logéion* était plus bas. Pour la communication entre le *logéion* et l'*orchestra*, si les textes ne parlent pas d'escaliers, en revanche sur deux vases peints de la Grande-Grèce, remontant au III⁰ ou IV⁰ siècle avant J.-C. et figurant des scènes de théâtre [1], l'escalier est représenté et s'il manque sur d'autres représentations du même genre, c'est qu'il était mobile et n'était placé que lorsque l'action l'exigeait. Tous ces vases montrent les acteurs jouant sur le *logéion*, avec ou sans escaliers. Ce *logéion* ne semble pas avoir plus que la moitié de la taille humaine. Le *logéion* des théâtres connus offrait aux acteurs deux mètres cinquante environ de largeur; c'est très suffisant pour trois personnages. En revanche, s'il n'est pas large, il est très long et peut donner place au chœur, surtout si l'on considère que, le plus souvent, le coryphée seul entrait en rapport direct avec les acteurs.

La thèse de M. Dörpfeld a soulevé beaucoup plus de résistances qu'elle n'a recruté d'adhésions. Parmi ceux qui l'ont combattue le plus énergiquement, je citerai d'abord M. Lechat, ancien membre de l'École française d'Athènes, dont vous avez couronné le beau livre sur *Épidaure*, publié en collaboration avec M. Defrasse, pensionnaire de l'Académie de France à Rome [2]. M. Lechat invoque

---

1. Voir Octave Navarre, *Dionysos, étude sur l'organisation matérielle du théâtre athénien*, 1895, p. 104-106.
2. Alphonse Defrasse et Henri Lechat, *Épidaure, Restauration et description*, 1895, ch. VIII, p. 214-228.

le célèbre théâtre construit dans la seconde moitié du
iv⁰ siècle avant J.-C. par Polyclète le jeune, près du
sanctuaire d'Esculape, et déblayé à partir de 1881
par votre correspondant M. Cavvadias, devenu
depuis éphore général des antiquités grecques. Il
a mené cette discussion avec beaucoup de courtoisie et de verve; il a eu même la coquetterie d'y
introduire une pointe d'esprit dont la science peut
se passer.

Les fortes présomptions qu'Épidaure oppose à
la thèse de M. Dörpfeld, Délos les change en certitudes. Il existe à Délos un théâtre dont nos confrères MM. Homolle et Nénot avaient commencé
l'examen, et dont le déblaiement, entrepris par
M. Salomon Reinach, vient d'être terminé par
M. Chamonard. Le 19 février 1894, M. Homolle,
directeur de l'École française d'Athènes, conviait
son collègue M. Dörpfeld, directeur de l'Institut
allemand, à une conférence sur le théâtre de Délos.
Il établissait d'abord que le théâtre, dont le
gros œuvre était achevé au début du iii⁰ siècle
avant J.-C., et où il ne saurait être question de
remaniements romains, car il était abandonné
avant la conquête de l'île par Rome, répond trait
pour trait à la description de Vitruve. C'est ici un
théâtre grec, purement grec. Or il présente un
logéion, soutenu par un portique de demi-colonnes

doriques et il fallait, de toute nécessité, que les acteurs fussent placés sur ce *logéion*, car il n'y a pas, à la base, de communications suffisantes entre l'*hyposkénion*, où ils s'habillaient, d'où ils sortaient, où ils rentraient, et l'*orchestra* où M. Dörpfeld voudrait les faire jouer. M. Dörpfeld niait l'existence des escaliers entre le *logéion* et l'*orchestra* ; les inscriptions découvertes dans l'île prouvent que ces escaliers existaient ; s'ils ont disparu, c'est qu'ils étaient en bois. M. Dörpfeld soutenait que le mot *logéion* était postérieur à l'époque classique ; les inscriptions de Délos le font apparaître positivement en 180 avant Jésus-Christ et le font supposer dès 279.

Avant la séance, M. Homolle avait loyalement communiqué son dossier à son adversaire. M. Dörpfeld maintint sa thèse, sans rien céder. J'estime, à la lecture du procès-verbal, qu'il se borne dans sa réponse à répéter ses affirmations antérieures, sans prendre corps à corps aucun des arguments nouveaux produits par M. Homolle. C'est là, Messieurs, une petite victoire, et toute pacifique, mais enfin c'en est une, et c'est une victoire française [1].

---

[1]. On trouvera les pièces du procès rassemblées dans l'ouvrage récent de M. NAVARRE, *Dionysos*, Appendice II, d'après le *Bulletin de correspondance hellénique* de janvier-juillet 1894, p. 161-168. — Depuis la date du présent travail,

IV

Nous pouvons, maintenant, revenir au théâtre de Bacchus et nous figurer ce qu'était le jeu des trois acteurs sur le long et étroit *logéion*.

Contre le fond tendu de toiles peintes et de tapisseries, entre les prismes à pivot, ils se détachent, dans la tragédie, grandis par le masque et les cothurnes, amplifiés par les vêtements épais. Leurs gestes sont larges et lents. Leur diction est nettement articulée; leur voix, prise dans la poitrine, monte jusqu'au sommet des gradins. Tantôt ils récitent, tantôt ils psalmodient, accompagnés par la flûte. En bas, le chœur, spectateur idéal, danse et chante, traduisant par le lyrisme et l'orchestique les sentiments que l'action éveille en lui. Dans la comédie, les mouvements sont plus

M. Dörpfeld a publié un grand ouvrage à l'appui de sa théorie, en collaboration avec M. Reisch : W. DORPFELD und EM. REISCH, Das griechische Theater, Beitrage zur Geschichte des Dionysos-Theater in Athen, und anderer griechischer Theater, Athènes et Leipzig, 1896. Cet ouvrage a été l'objet d'une critique détaillée par M. GEORGES PERROT, dans le *Journal des Savants*, mars 1898 et numéros suivants. Je ne puis entreprendre ici la discussion des théories de M. Dörpfeld; il me suffira de dire que son livre est capital pour l'histoire du théâtre grec et que ceux-là même qu'il n'aura pas convaincus resteront ses obligés.

vifs et le débit plus rapide; les jeux de scène sont multipliés. Les disputes et les poursuites provoquent le rire par l'agitation et les postures plaisantes.

Comédie et tragédie sont en rapport exact avec l'art plastique et appliquent les mêmes principes. Pour la comédie, il est aisé de reconnaître sur les vases peints telle scène d'Aristophane, comme l'arrivée aux enfers de Bacchus, dans les *Grenouilles*, tremblant de peur sous les attributs d'Hercule, et suivi d'un esclave, qui porte le bagage de son maître au bout d'un bâton [1]. Dans la tragédie, le rapport avec la sculpture est frappant. Sur la surface du *logéion*, les trois acteurs sont disposés comme des personnages de bas-reliefs. Ils forment, pour reprendre la jolie expression d'un archéologue anglais, M. Haigh [2], une frise vivante. Comme la sculpture, l'art dramatique cherche plutôt les combinaisons heureuses de lignes sur un même plan que les effets de perspective. La scène sans profondeur, comme la plaque de marbre, doit donner à chaque attitude un sens, à chaque geste une valeur, à chaque ligne une beauté.

Aussi, deux chefs-d'œuvre de sculpture grecque,

1. Voir V. Duruy, *Histoire des Grecs*, t. II, p. 214.
2. A.-E. Haigh, *The Attic Theatre*, Oxford, 1889.

deux bas-reliefs, nous permettent-ils de nous former une idée exacte de ce qu'était une scène de tragédie sur le théâtre de Bacchus. Il suffit de mettre par la pensée les accessoires tragiques sur les personnages que le sculpteur a représentés demi-nus ou vêtus d'étoffes légères. L'un de ces bas-reliefs, qui est au musée d'Athènes, représente Triptolème entre Déméter et Coré. Déméter remet à Triptolème le premier épi de blé, tandis que Coré, tenant la torche qui symbolise le retour périodique de la fécondité souterraine, couronne l'éphèbe, bienfaiteur des hommes. Comme noblesse morale et intensité du sentiment religieux, rien ne surpasse ce groupe. Voyez maintenant, au Louvre, une œuvre égale à celle-là, le bas-relief qui représente Eurydice entre Orphée et Mercure. Orphée soulève le voile d'Eurydice et la perd en la voyant; Mercure, conducteur des morts, la prend par le bras pour la ramener aux enfers. Cette scène est d'une beauté indicible et d'une tristesse infinie. Elle exprime la puissance de la mort, le désespoir humain, la pitié divine; elle porte l'émotion au plus haut degré avec les attitudes les plus calmes; elle met sur ces physionomies une expression intense sans altérer les traits; tout y est harmonieux et paisible.

Ces deux bas-reliefs à trois figures sont deux

scènes de tragédie, des scènes à trois acteurs. Pour supposer le langage que tiendraient ces personnages, si le génie tragique les faisait parler, il n'y a qu'à ouvrir Sophocle ou Euripide. Le poète d'*Œdipe à Colone* eût été digne de traduire sur la scène les mystères d'Eleusis. Quant à Eurydice, elle n'aurait qu'à emprunter la plainte d'*Alceste*. Enfin ce rapprochement est si légitime que, dans le bas-relief du Louvre, certains archéologues voient l'offrande reconnaissante d'un acteur tragique à Bacchus.

La représentation s'achève au milieu des applaudissements ou des sifflets, car les Grecs manifestaient leurs sentiments comme nous. Le moment de prononcer le jugement est venu. Il y avait des cabales au théâtre de Bacchus. En vain l'archonte faisait prêter aux juges le serment de prononcer en leur âme et conscience; il leur arrivait de s'engager d'avance. Puis, le public intervenait. Il se passionnait pour ou contre tel poète, pour ou contre tel acteur. Après les *Nuées*, il criait aux juges de mettre Aristophane en tête de la liste. Platon proteste contre cette « théâtrocratie », qui substituait à l'avis des juges responsables les impressions d'une foule sans mandat. Je suis sûr, Messieurs, que notre confrère M. le Directeur du Conservatoire de musique et de déclamation partage pleinement l'avis du philosophe grec sur l'intrusion du public dans le jugement des concours dramatiques.

V

Si les souvenirs du théâtre français se mêlent continuellement à ceux du théâtre grec, c'est que le théâtre a des lois permanentes, qui se retrouvent en tout temps et en tout pays. C'est aussi par une analogie essentielle entre l'esprit grec et l'esprit français. Le despotisme bruyant et irréfléchi du public est un défaut, à Paris comme à Athènes. Ce qui vaut mieux, c'est que nous aimons comme les Grecs les constructions logiques et les moyens simples; comme eux, nous préférons le spectacle des passions agissantes aux trompe-l'œil du décor. Il n'est pas jusqu'aux trois unités de lieu, de temps et d'action que nous ne prenions et quittions tour à tour, comme les Grecs, selon les nécessités du sujet. Car elles ne sont pas mortes, ces unités vénérables; elles survivent à la révolution romantique, et, dans l'occasion, les maîtres du théâtre savent encore en tirer bon parti.

De ces diverses analogies, il en est une, moins remarquée peut-être que les autres et aussi frappante : je veux dire celle qui existe, chez nous comme chez les Grecs, entre la poésie dramatique et l'art plastique. En France comme en Grèce, dramaturges, architectes, peintres et sculpteurs se complètent et s'expliquent mutuellement. Il y a une pensée dans toute forme d'art et toute pensée peut recevoir de l'art une expression plastique. Le théâtre surtout, qui réunit la pensée et la forme, s'adresse en même temps à l'esprit, à l'oreille et à l'œil. Par là, il est le genre complet, celui qui fait le centre et la force des littératures. En France comme en Grèce, les génies qu'il a suscités sont les plus grands.

J'indiquais tout à l'heure comment, chez les Grecs, les monuments figurés permettent de se représenter l'aspect des interprétations scéniques. Pour Corneille, Racine et Molière, nous n'avons pas besoin de chercher dans les musées la mise en scène de leurs œuvres, car elles forment, grâce à la Comédie-Française, un répertoire toujours vivant. Cependant, lorsqu'il faut préciser les costumes et les gestes qui conviennent à ces œuvres et les rapprocher, pour les rajeunir, du temps où elles ont paru, le metteur en scène recourt à l'art de ce temps. Alors nous sommes frappés du rapport intime qui existe entre les poètes et les artistes du grand siècle. Une tragédie de Corneille est ordonnée comme un édifice de Lemercier et ses personnages expriment les sentiments qui se lisent dans les portraits de Philippe de Champaigne. Racine voit l'antiquité du même œil que Lebrun, et il observe la symétrie classique aussi exactement que Mansart. Les personnages de Molière habitent les intérieurs d'Abraham Bosse.

Ces artistes, il est vrai, n'égalent pas ces poètes; il n'y eut pas, chez nous, au xviie siècle, entre la littérature et l'art, cette parité sublime qui fait la grandeur incomparable du ve siècle grec. Néanmoins, si les mêmes modèles n'ont pas fourni aux poètes et aux artistes des copies d'égale valeur, ils les observaient de la même manière et, pour connaître entièrement ces modèles, corps et âme, il faut recourir aux artistes en même temps qu'aux poètes.

En France comme en Grèce, le théâtre est sorti de la religion, mais tandis que le théâtre grec restait fidèle à son origine, le théâtre français passait du temple dans les palais. Néanmoins, les deux théâtres doivent en partie leur élévation morale à leur origine commune. Les poètes grecs mettaient sur la scène les problèmes éternels qui se posent devant l'homme. Ils avaient l'*Orestie*, *Œdipe-roi*, les *Nuées*. Les poètes français nous ont laissé *Polyeucte*, *Athalie*, *Tartuffe*, c'est-à-dire des pièces où l'âme d'un temps, sa religion et sa philosophie communiquent leur intérêt propre à la fiction dramatique. Le théâtre français est psychologique et moral comme le théâtre grec.

Au mois de mars dernier, à l'époque des *Grandes Dionysies*, je songeais à cette parenté du théâtre grec et du théâtre français sur les gradins vides du théâtre de Bacchus, devant le *logéion* silencieux, et je me rappelais la représentation d'une œuvre grecque, *Œdipe-roi*, donnée par la Comédie-Française sur la scène romaine d'Orange. Le succès fut éclatant et, pourtant, le théâtre d'Orange n'a pour lui que son architecture grandiose; il est sans histoire. Que serait au théâtre de Bacchus, non plus une soirée, mais une journée du même genre, à la lumière du soleil descendant vers Salamine! J'imaginais même nos artistes transportant au milieu de ces ruines *Polyeucte*, *Phèdre*, ou *Amphitryon*. Avec Racine surtout, les héros grecs reviendraient dans leur pays semblables à eux-mêmes, mais ennoblis par une civilisation supérieure. Le théâtre de Bacchus reverrait Andromaque plus chaste, Achille plus magnanime, Iphigénie plus touchante, Phèdre plus passionnée.

Les Grecs avaient de grands acteurs, mais il n'est pas possible que, chez eux, le génie du comédien se soit élevé plus haut que ne l'a porté l'interprète français d'*Œdipe-roi*. En outre, nos artistes feraient monter sur le *logéion* grec une sorte de beauté que les Grecs n'ont pas connue, puisque chez eux les femmes ne paraissaient pas sur le théâtre. Après deux mille ans, l'Acropole verrait marcher, aussi chastes et aussi gracieuses, les canéphores du Parthénon.

Il ne m'appartient pas, Messieurs, de tracer le programme d'une telle fête. Je ne puis qu'exprimer un vœu. L'an prochain, l'École française d'Athènes célébrera le cinquantenaire de sa fondation. Ce qu'elle a fait pour la littérature et l'art grec, qui le sait mieux que vous, ses conseillers et ses tuteurs? Je souhaiterais que la Comédie-Française voulût bien s'associer à cette célébration [1]. Alors la filiation du génie grec et du génie français serait mise en pleine lumière. Elle n'est dans aucun genre plus évidente qu'au théâtre, car il réunit la poésie et l'art, trop souvent séparés, pour les faire concourir à la même expression de la vie et de la beauté. Le premier modèle et le plus parfait de cette union a été donné au pied de l'Acropole, sur le théâtre de Bacchus.

1. Sérieusement étudié à Athènes et à Paris, le projet a été sur le point d'aboutir. La guerre gréco-turque l'a fait abandonner.

LA DANSE GRECQUE

Le petit théâtre où défilent en réductions tantôt exquises, tantôt falotes, les images changeantes du goût parisien a rarement offert à un public aussi bariolé un spectacle composé d'éléments aussi divers que vendredi dernier. D'habitude, sur la scène guignolesque de la Bodinière, les exhibitions de l'esthétisme, de l'impressionnisme, de l'exotisme et du snobisme se succèdent, charmantes par leur recherche ou agaçantes par leur prétention, et un clou chasse l'autre. Cette fois, la même matinée y réunissait le plaisant et le sévère, l'archéologie et la danse, la recherche érudite et le goût du plaisir. Dans la salle, l'Institut, la Sorbonne et l'Opéra, les savants et les mondains, les rats de bibliothèque et les rats de coulisse écoutaient et regardaient d'un même appétit.

M. Maurice Emmanuel, docteur ès lettres, parlait et Mlle Monchanin, premier sujet de l'Opéra, dansait. Depuis le moment où le conférencier, fort bien disant, s'est assis devant la petite table, jusqu'à celui où le rideau s'est baissé sur la danseuse, très élégante en sa pose tanagréenne, le charme de l'oreille et des yeux n'a pas cessé. A eux deux, ils ont ressuscité avec une exacte précision la théorie et la pratique de la danse grecque.

M. Emmanuel avait écrit sur ce sujet un livre présenté à la Sorbonne comme thèse de doctorat [1]. La soutenance avait mis en pleine lumière la nouveauté solide de sa théorie. Mais l'auteur voulait en faire la démonstration pratique, et si, depuis la thèse de M. Roland sur les origines du théâtre lyrique [2] et le cours d'esthétique musicale de M. Dauriac, la Sorbonne s'ouvre au piano, elle n'a pas encore dit à la danseuse le *digna es intrare*. M. Emmanuel reprenait donc à la Bodinière la démonstration commencée devant la Faculté des lettres.

**

Les résultats auxquels il est arrivé sont d'un vif intérêt. Ils comblent une lacune dans l'histoire de

1. Maurice Emmanuel, *Essai sur l'orchestique grecque*, 1895.
2. Romain Rolland, *Les origines du théâtre lyrique moderne, Histoire de l'Opéra avant Lulli et Scarlati*, 19 juin 1895.

l'art; ils démontrent, pour l'orchestique, les principes constants de raison logique et de vérité réaliste dont s'inspiraient les artistes grecs ; ils offrent à l'art contemporain une leçon de justesse dont il peut tirer grand profit.

Les monuments figurés de la Grèce — vases peints, bas-reliefs, statuettes — représentent toutes les variétés de la danse grecque, depuis les sauts ingénus du peuple en gaieté, jusqu'aux savantes évolutions des chœurs religieux et dramatiques. De ces représentations, était-il possible de tirer une technique de la danse grecque, une reconstitution de ses rythmes et de ses pas, un chapitre neuf et clair d'esthétique?

M. Emmanuel a écrit ce chapitre. Les archéologues l'ont aidé de leurs conseils, mais en même temps il s'adjoignait d'autres collaborateurs. D'une part, il travaillait avec Mérante, le maître de ballet de l'Opéra, mort récemment, puis avec M. Hansen, son successeur, et avec Mlle Monchanin, « artiste de la danse » ; de l'autre, il demandait au docteur Marey, membre de l'Institut et professeur au Collège de France, de décomposer, avec ses instruments chronophotographiques, les mouvements de ses danseurs et de sa danseuse, à tous les moments de leur exécution.

Pour sa conférence, M. Emmanuel a choisi le

meilleur procédé d'exposition : il a raconté les étapes successives qui l'avaient conduit à formuler sa théorie.

Dès qu'il se fut convaincu que les représentations de danses sur les monuments grecs n'étaient pas de la fantaisie, mais le résultat de l'observation, il conduisit Mérante au Louvre devant les vases peints de la collection Campana. Aussitôt, le maître de ballet s'écriait : « Mais, c'est nous! » Et, au grand étonnement du gardien, il exécutait un « saut de chat », figuré sur la panse d'un vase. Depuis, les visites de M. Emmanuel et de Mérante au musée Campana furent nombreuses. Peu à peu, ils voyaient clair dans cette infinie variété de mouvements et ils les classaient par genres. Avec une complaisance infatigable, Mlle Monchanin travaillait sur les données de ce classement. Le docteur Marey, lui, appliquait à cet ordre d'expériences la méthode qu'il a créée pour l'étude du mouvement physiologique.

La plus importante des constatations ainsi obtenues, c'est d'avoir vérifié la rapidité et la justesse de la vision que les artistes grecs fixaient en représentations plastiques. Le « saut de chat », exécuté par Mérante lors de sa première visite au Louvre, était représenté sur un vase peint du ive siècle dans ses trois phases successives, c'est-à-dire que le peintre l'avait analysé en fixant côte à côte ces trois attitudes. Au laboratoire du Collège de France, en photographiant le même saut exécuté par un danseur, M. Marey retrouvait exactement sur ses plaques les trois états du mouvement saisi par l'artiste grec sans l'aide d'aucun appareil.

La fidélité de ces représentations est constante, du plus haut au plus bas de la plastique. Voici deux citoyens d'Athènes dansant après boire, sans étude et pour le plaisir. Nez contre nez, il sautent l'un devant l'autre, des deux pieds et en ligne perpendiculaire, comme des coqs combattants. Grossière par le sujet et par l'exécution, la scène est strictement vraie. Voici, maintenant, d'après un vase peint du ve siècle, la plus belle époque de l'art grec, une amazone dansant la pyrrhique. L'eurythmie du geste est parfaite, mais il n'y a pas plus de vérité que dans le croquis sommaire des deux ivrognes en gaieté.

Ainsi les Grecs, comme le disait justement M. Emmanuel, n'avaient pas seulement des Apelles et des Phidias; ils avaient aussi des Dantans et des Daumiers, des Degas et des Chérets, des Carand'Ache et des Forains, tous artistes, chacun dans leur genre, et traduisant avec excellence le même instinct d'art. Nous connaissions depuis longtemps l'antiquité familière par Herculanum et Pompéi ; les vases peints de la Grèce nous offrent une histoire de la caricature et de l'impressionnisme où la fantaisie et la gaieté son fixées d'un trait rapide et juste.

Après les peintres, les sculpteurs continuent la démonstration. Le délicieux Eros volant, trouvé à Myrina par MM. Pottier et Reinach, le corps courbé à droite et le bras replié au-dessus de la tête, dessine une courbe d'une parfaite justesse anatomique. Il n'y a là rien de conventionnel ; le danseur de nos jours exécute ce mouvement comme il y a deux mille ans. De même dans la fameuse statuette du IVe siècle trouvée au pied de l'Acropole d'Athènes par l'architecte Titeux et donnée au Louvre par le sculpteur Cavelier. Elle représente une danseuse qu'enveloppe de la tête aux pieds une étoffe souple et transparente, ne laissant à découvert que le visage, et qui tournoie sur elle-même par piétinement. La photographie d'une danseuse vivante donne exactement le même aspect du corps sous l'étoffe et le même mouvement des plis.

La rapidité et la justesse de vision nécessaires à cette vérité réaliste s'étaient perdues depuis la Renaissance et avaient cédé devant la convention. La représentation du pas et du saut, de la course et de la danse était devenue factice et incomplète.

Un petit nombre d'attitudes voulues remplaçait la variété franche. C'est que les artistes regardaient davantage les œuvres des maîtres et le modèle « posé » qu'ils n'observaient la nature. Peu à peu, chez eux comme chez les spectateurs de leurs œuvres, l'œil perdait l'habitude des mouvements vrais et la faculté de saisir les plus rapides. Les uns et les autres en venaient à nier l'existence de ceux-ci. Comparez à la danseuse de Titeux et Cavelier la jolie figurine que le sculpteur danois Thorwaldsen a modelée dans un mouvement qu'il croyait antique. Autant la première est aisée à reproduire par la danseuse vivante, autant la seconde lui propose une impossibilité.

Depuis quelques années, grâce à la science, l'art revient à la vérité dans la représentation du mouvement. Quelques peintres et sculpteurs ont retrouvé la vérité en cherchant la nouveauté, à l'aide des appareils chronophotographiques. Ainsi, en peinture, M. Aimé Morot dans ses combats de cavalerie, et, en sculpture, M. Gérôme avec ses statues de danseuses. Le peintre ne s'est pas ému des objections passionnées que soulevaient ses attitudes imprévues; peu à peu il a eu raison de ses confrères et du public. Pour quelques-uns de ses mouvements les plus discutés, il aurait pu invoquer la cavalcade sculptée par Phidias sur la frise du Parthénon. M. Gérôme, lui, en même temps qu'il appliquait de manière discrète et sûre la polychromie à la statuaire, traitait la danse avec la même sûreté que les coroplastes grecs. La figurine qu'il a placée dans la main de sa statue de *Tanagra*, au musée du Luxembourg, fait onduler sa robe dans un mouvement aussi juste que la danseuse d'Athènes. De même pour la statuette au quart de nature qui a été quelque temps exposée au boulevard dans la vitrine de M. Siot-Decauville [1].

*
* *

M. Emmanuel faisait défiler les silhouettes schématiques de la danse grecque sur la toile blanche au son d'une musique très simple, exécutée par la double flûte, avec accompagnement de piano et d'instruments à cordes. A défaut de musique grecque, il avait composé lui-même, sur des mesures iambique, trochaïque et anapestique, des airs que les musiciens présents, parmi lesquels MM. Théodore Dubois et Bourgault-Ducoudray,

1. Ces idées ont été exposées avec une précision scientifique par M. le Dr PAUL RICHER dans une communication faite à l'Académie des Beaux-Arts, le 1er mai 1897, et deux articles publiés dans la *Revue de l'art ancien et moderne* de juin et juillet 1897.

ont vivement goûtés. Celui qui accompagnait une entrée dans l'orchestre, par rangs de trois, de choreutes déguisés en dauphins évoquait, avec une couleur singulière d'archaïsme lointain et vivant, le souvenir des scènes où Aristophane mettait plus de poésie et autant de fantaisie que nos féeries contemporaines. On songeait aussi, en écoutant ce rythme rapide, aux bonds des dauphins sculptés à Athènes sur le monument choragique de Lysicrate et par lesquels, selon une ingénieuse conjecture de M. Collignon, le chorège couronné avait fait représenter les choreutes du dithyrambe qui lui avait procuré la victoire [1].

Après l'exposition orale, la toile s'est levée sur Mlle Monchanin, semblable, dans ses voiles de laine blanche, à une jeune Grecque du ve siècle. Sur cette scène étriquée, elle réalisait une apparition aussi exquise de cette beauté grecque, faite de simplicité et de grâce, que Mlle Bartet, dans *Antigone*, l'amphore sur l'épaule et appelant sa sœur Ismène, au pied du grand mur d'Orange. Encadrée par un décor de verdure piqué de fleurs, la svelte silhouette glissait et tournait, virait et voltait, donnant la vie aux figures schématiques que les projections électriques avaient décomposées.

1. Maxime Collignon, *Histoire de la sculpture grecque*, t. II, 1897, p. 367.

Mlle Monchanin était d'abord vêtue du *chiton* et de la *diploïs*. Sa première attitude reproduisait, le bras droit développé au-dessus de la tête, une des poses chastes et sévères que réglait le rituel. Puis, la tête renversée en arrière et soutenue par les deux bras, à la manière des Bacchantes, elle commençait une danse, d'abord lente et sinueuse, puis de plus en plus rapide et tournante.

Après un entr'acte, elle reparaissait, enveloppée du voile talaire, comme la danseuse de Titeux et Cavelier. Ces danses diverses étaient une suite de mouvements simples et logiques, infiniment gracieux. Ainsi, dans toutes les formes de l'art grec, comme dans toutes les expressions de la pensée grecque, la raison appliquait les mêmes principes et obtenait le plus grand effet par le moindre étalage d'effort.

Il convient de noter un détail. La danseuse, par un sacrifice méritoire, avait renoncé au sourire stéréotypé et agaçant de la ballerine moderne. Son visage était sérieux et, même dans la danse orgiaque, elle gardait cette eurythmie. A peine si une légère détente des traits marquait le passage de la danse sacrée à la danse profane.

**

En somme, conférence, projections, danses et musique, tout a été digne de la science et de l'art. Les archéologues ont applaudi du même cœur que les mondains. Pareil plaisir n'est pas commun. D'*Œdipe* à *Antigone*, la Comédie-Française a fait de grands progrès vers l'exactitude de la mise en scène tragique, mais, si elle y applique toujours son haut goût, les décors, les costumes et surtout les mouvements offrent encore des inexactitudes et des à peu près. Quant aux spectacles que l'Odéon nous offrait cet hiver sous prétexte de théâtre antique, la plupart étaient d'une gaucherie attendrissante. Le mur de scène, dans les *Perses*, représentait assez bien la clôture d'un jardinet bourgeois, à Vincennes ou à Asnières, et, dans l'*Apollonide*, la scène était encadrée d'une colonnade où se mêlaient agréablement le corinthien et le toscan.

Grâce à la diffusion des connaissances archéologiques, le public devient de plus en plus exigeant sur l'exactitude de la mise en scène d'après l'antique. Le théâtre n'a qu'à suivre ce goût pour trouver succès et profit. Avec des travaux comme ceux de M. Heuzey sur le costume [1], de M. Emmanuel sur l'orchestique, de M. Masqueray sur les formes lyriques de la tragédie [2], il sera facile, dès qu'on le voudra, de donner des représentations exactes et complètes de pièces grecques.

Mais que vais-je dire là! Avec cette pure justesse de forme qui enveloppe un si riche fonds de connaissances et d'idées, avec l'autorité que lui ont valu ses scrupules d'exactitude et le sérieux de ses affirmations, tel critique m'accuserait encore d'aspirer à la tyrannie, — vous m'entendez bien, — cela pour le plaisir de sa grâce, au petit bonheur de sa verve. Et j'ai simplement voulu traduire l'impression désintéressée que m'a laissée, comme amateur d'art, la conférence de M. Emmanuel.

1. Voir Léon Heuzey, *Du principe de la draperie antique*, 1894, et, dans la *Revue de l'art ancien et moderne*, de mai à novembre 1897, *La toge romaine étudiée sur le modèle vivant*.
2. Paul Masqueray, *Théorie des formes lyriques de la tragédie grecque*, thèse de doctorat, 1895.

9 février 1897.

LA LÉGENDE DE DON JUAN

ET TIRSO DE MOLINA

Au temps où nous vivons, les modes littéraires se succèdent avec une rapidité singulière. Elles orientent notre goût blasé et notre invention fatiguée vers les quatre points cardinaux. En vingt ans, nous aurons changé quatre fois d'enthousiasmes exotiques et découvert tour à tour le roman russe, la poésie anglaise, le théâtre scandinave et le roman italien. Aux dernières nouvelles, le vent soufflait d'Espagne. La girouette va tourner une fois de plus. Il est entendu que l'automne prochain, à la réouverture des théâtres, une renaissance espagnole commencera. Les traducteurs se préparent et les libraires se réjouissent; les directeurs se déclarent prêts à toutes les initiatives et les acteurs se découvrent une âme espagnole [1].

---

[1]. Cette tentative, qu'avaient précédée, il y a déjà longtemps, en 1877, les *Matinées caractéristiques* organisées par Mlle Marie Dumas, au théâtre de la Gaité, n'a pas abouti. En revanche,

Le plaisant de la chose, c'est que, cette fois, les courtiers habituels de ces sortes d'affaires se sont laissé distancer. Et par qui? Par le plus conservateur des critiques contemporains et le plus défiant des nouveautés, par Francisque Sarcey! Notre bon oncle n'entend pas renier ses dieux, mais il va mettre une corde de plus à sa lyre. Il a déclaré récemment qu'il est prêt à travailler avec les espagnolisants.

Comment la critique d'avant-garde prendra-t-elle la chose? Va-t-elle changer son programme ou les coquins de neveux suivront-ils le bon oncle en rechignant? On est novateur ou on ne l'est pas, et, pour rester novateur, il faut toujours marcher en tête, quel que soit le chemin, et suivre les moutons de Panurge partout où les mène la fantaisie de sauter.

Ces rapides successions de modes n'ont pas seulement leurs ridicules; elles ont aussi leurs dangers. De tout temps, la France a donné dans le même travers. Elle a été grecque et latine, elle a été anglomane; elle a déjà imité l'Espagne et l'Italie avec plus de fureur qu'elle ne le fera jamais. Mais il est à remarquer que ses grandes époques de pro-

la troupe espagnole de Mme Maria Guerrero est venue donner à Paris une série de représentations dans sa langue nationale. Voir ci-après, p. 291 et suiv.

duction littéraire ont été celles où, revenant à elle-même, elle renonçait brusquement à l'étranger; que son originalité s'est toujours mesurée à l'énergie avec laquelle elle expulsait les invasions exotiques; qu'elle doit son action littéraire sur l'Europe à ce qu'elle lui donnait, non à ce qu'elle en recevait; qu'elle exportait plus qu'elle n'importait, ce qui est la loi de la prospérité littéraire comme de la richesse commerciale; enfin et surtout que la poésie, le théâtre et le roman ne vivent pas d'imitation et de mode, mais d'observation et d'expérience. Toute littérature est factice, si elle ne plonge pas ses racines dans le sol natal. Les peuples se désintéressent de la littérature, lorsque la littérature ne s'adresse pas à eux.

Mais il est vrai, d'autre part, que le monde est vaste et instructif à parcourir; qu'on se débarrasse en lointain pays de ses partis pris et de ses préjugés; qu'un peuple ne doit pas opposer une barrière de la Chine aux idées de l'étranger; qu'il se comprend mieux et se juge en se comparant; que l'échange en toutes choses est la loi de la civilisation moderne; que les nations se pénètrent par les progrès de l'instruction, les voyages, les rapports de tout genre; que, peu à peu, se forment une âme et une littérature européennes; que, si les peuples armés jusqu'aux dents montent une garde inquiète sur leurs frontières, et si les nationalités n'ont jamais été plus jalouses, les savants, les poètes et les artistes s'efforcent de se connaître et de se comprendre. De nos jours, un « intellectuel » ne peut plus se contenter, comme autrefois, du grec, du latin et de sa langue maternelle : il y doit joindre, au moins, la connaissance pratique de l'allemand et de l'anglais; il doit lire, au moins en traduction, les Italiens, les Espagnols, les Russes et les Scandinaves.

Puis, si nos plus grands siècles littéraires ont été les moins imitateurs, il est certain que toujours les périodes d'originalité nationale ont suivi de longues périodes d'imitation étrangère. La Renaissance est née de l'antiquité gréco-latine; le xviie siècle a commencé par être espagnol et italien; le xviiie siècle, avec Voltaire, Montesquieu et Rousseau, s'est mis d'abord à l'école de l'Angleterre et de l'Allemagne; le romantisme a pris ses formes et ses couleurs dans toute l'Europe avant d'être français.

L'Espagne, en particulier, a provoqué un très grand nombre d'œuvres initiatrices ou capitales de la littérature française. Corneille ouvre l'ère triomphale de la tragédie française avec le *Cid*, imité de Guilhem de Castro. Le Sage, en prenant le picaresque espagnol pour modèle, prolonge à l'infini, par *Gil Blas*, la route du roman français. Beaumarchais renouvelle la comédie en rapportant d'Espagne le *Barbier de Séville* et le *Mariage de Figaro*. Victor Hugo remporte la première grande victoire du drame romantique avec un sujet espagnol, *Hernani*, et, de tout son théâtre, la pièce qui tient le mieux la scène, avec *Hernani*, est une autre pièce espagnole, *Ruy Blas*. Mérimée, qui séjourne souvent en Espagne et l'étudie à fond, lui doit un de ses chefs-d'œuvre, *Carmen*, et, mis en musique par Bizet, le même sujet provoque un renouvellement de l'opéra comique.

Enfin, le moment est favorable pour rappeler que le même original espagnol, *El Burlador de Sevilla*, de Tirso de Molina, a provoqué une des pièces de Molière les plus fortes et les plus pleines, si elle n'est pas la mieux équilibrée, *Don Juan*, et, avec Mozart, le chef-d'œuvre de la musique dramatique au dernier siècle.

Le *Don Juan* de Mozart vient de triompher sur nos deux grandes scènes musicales. Je voudrais donc, puisque, à cette heure, tout est à l'Espagne et à *Don Juan*, rappeler l'original espagnol, qui est peu connu, et le replacer dans son cadre, qui l'est encore moins. Non que les renseignements français manquent sur la légende, ou, plutôt, sur les légendes de don Juan, car il y en a deux. Mérimée a tiré de l'une d'elles les *Ames du Purgatoire*; Antoine de Latour, dans ses *Études sur l'Espagne* et son histoire de *Don Miguel de Mañara* [1], les a exposées toutes deux et, récemment, M. Maurice Barrès racontait, dans un beau chapitre de son dernier livre, une *Visite à don Juan* [2]. Mais cette dualité est une cause de confusion, d'autant plus que les reprises du type original en divers pays ont amalgamé les deux don Juan et les ont compliqués l'un par l'autre. A cette heure, rien n'est plus éloigné du don Juan primitif que celui de Mozart, si ce n'est celui de Molière.

Or, ce don Juan primitif, celui de Tirso de Molina, demeure le plus original et le plus fort. En outre, les traces matérielles que les deux légendes ont laissées à Séville offrent un intérêt particulier, comme expressives de l'âme espagnole [3].

---

1. ANTOINE DE LATOUR, *Études sur l'Espagne, Séville et l'Andalousie*, 1855, t. II; *Don Miguel de Mañara, sa vie, son discours sur la vérité, son testament, sa profession de foi*, 1857.
2. MAURICE BARRÈS, *Du sang, de la volupté et de la mort*, 1894.
3. Voir *Don Juan et la critique espagnole*, traduit de l'espagnol par J.-G. MAGNABAL, 1893. Le volume se compose de trois études, dues à don Manuel de la Revilla, F. Pi y Màrgall et Don Filippe Picatoste. Elles s'accordent à faire ressortir dans don Juan un type aussi expressif du caractère espagnol que celui de don Quichotte, avec les qualités et les défauts de ce caractère : point d'honneur, courage et foi, orgueil, sensualité et révolte, passion profonde et galanterie volage. Par cela même, leurs auteurs estiment que toutes les imitations étrangères l'ont mal compris et dénaturé.

Après avoir remonté les principales étapes de don Juan à travers la littérature et l'art, je tâcherai de faire ressortir l'énergie persistante du type primitif, puis je dirai ce qui reste à Séville des deux don Juan, don Juan Tenorio et don Juan de Mañara.

I

La transformation du type de don Juan, le premier, don Juan Tenorio, commence avec Molière. Suivant sa constante habitude, le grand comique a traité avec une liberté souveraine la donnée sur laquelle il travaillait. *Don Juan ou le Festin de Pierre* n'a d'espagnol que le nom; le caractère est français.

Le don Juan de Molière est le mauvais noble du xviie siècle, le courtisan débauché, le « grand seigneur méchant homme », un Wardes ou un Lauzun, libertin d'esprit et sec de cœur, égoïste et orgueilleux, sensuel et cruel. Il est athée, mais aussi parfaitement dénué de philosophie et d'idéal que de foi. Il séduit et abandonne sans autre but que de varier son plaisir, et il goûte la saveur des larmes qu'il fait couler. La mode étant à la dévotion, il s'est fait hypocrite, mais il est parfaitement incrédule et il formule son incrédulité comme son hypocrisie, avec un parfait cynisme. Il n'a qu'une qualité, le courage, mais il l'a bien. Sous aucune forme, qu'il s'agisse de la donner ou de la recevoir, la mort ne lui fait peur. Il la brave et la raille. Dans le drame combiné par Molière — à travers une version italienne [1], semble-t-il, plutôt que d'après l'original espagnol — il invite à souper la statue funéraire du commandeur qu'il a tué, et, broyé par la main de marbre, il meurt sans repentir.

Tous les traits de ce caractère sont justifiés par l'histoire des « libertins » au XVIIe siècle. On en trouvera l'équivalent, à profusion, dans le livre exact et plein où, récemment, M. Perrens l'a racontée [2]. Même la fiction du souper funèbre pâlit devant le fait vrai que voici. Au siège de Lerida, en 1647, de jeunes officiers, — dont Bussy-Rabutin, qui raconte le fait dans ses Mémoires, — faisant l'orgie dans une église, tirèrent un cadavre d'une tombe, et, le prenant par les bras, le firent danser avec eux.

Le *Don Juan* de Molière, c'est donc un âge du libertin français, de cette sorte d'homme qui, toujours semblable à lui-même, sous les modifications

---

1. Voir la notice de M. PAUL MESNARD sur le *Don Juan* de Molière, au t. V de ses *OEuvres de Molière*, 1880.
2. F.-T. PERRENS, *Les libertins en France au XVIIe siècle*, 1896.

extérieures de chaque époque, a été le raffiné de la Fronde et sera le roué de la Régence, le copiste de Richelieu sous Louis XV et, aux approches de la Révolution, le calculateur cynique des *Liaisons dangereuses*.

Tout autre est le don Juan que Mozart a créé avec la collaboration très habile et très poétique du librettiste Lorenzo da Ponte. La sombre légende espagnole s'est éclairée au soleil d'Italie et le génie du compositeur allemand l'a surtout revêtue de tendresse et de grâce. Si la partition s'ouvre par la mort tragique du commandeur et la plainte déchirante de doña Anna, si elle se termine par l'apparition terrifiante de la statue, si la menace du châtiment final est toujours présente, ramenée d'acte en acte par doña Elvire, et marque, par le trio des masques, le point culminant du drame, la trame de la partition est faite de gaieté et d'élégance. Cette musique divine enchante plus qu'elle n'émeut. Quant au héros, son caractère se concentre, pour ainsi parler, dans la fameuse sérénade, si passionnée, et son accompagnement, si ironique, celle dont Musset a traduit l'impression dans un vrai tour de force d'exactitude poétique. Le Don Juan de Mozart aime la femme et se moque d'elle, mais, dans l'amour, il met encore plus de fougue sensuelle que de raillerie.

Il fait le mal et brave le châtiment, mais, l'épée à la main ou devant la statue parlante et marchante, il montre plus de courage que de bravade. Le besoin d'aimer et de posséder, l'attrait de la femme et de la volupté sont plus forts en lui que l'égoïsme et la cruauté. Il est plus léger que méchant.

Le romantisme a transformé don Juan en se mettant tout entier dans le personnage traditionnel et en lui prêtant son âme. Il n'a conservé que le nom et les aventures de la légende. Hoffmann prenant un peu à l'œuvre de Mozart et de Lorenzo da Ponte, beaucoup au *Faust* de Gœthe, fait de don Juan une espèce de « surhumain » et un chercheur passionné d'idéal. Ce don Juan a la beauté, la force et le courage ; il poursuit dans l'amour l'absolu de la volupté et de la tendresse. Mais, trouvant toutes les réalités inférieures à son rêve, il se venge de ses déceptions en brisant le cœur des victimes qui, sans le savoir, malgré elles, simplement parce qu'elles sont des créatures imparfaites, l'ont trompé en demeurant inférieures à son espérance.

Tel est le don Juan

> Qu'Hoffmann a vu passer au son de la musique,
> Sous un éclair divin de sa nuit fantastique,

et que Musset, se reconnaissant en lui, a résumé en traits de feu par un portrait qui, avec la *Nuit d'octobre*, est son chef-d'œuvre, un chef-d'œuvre de passion et de désespoir.

Byron a fait comme Musset : il a peint son âme dans son poème de *Don Juan*, mais sans autre modèle que lui-même. La légende espagnole n'est pour lui qu'un prétexte et un point de départ. Il fait naître son héros à Séville, mais il l'en fait partir aussitôt après l'initiation à l'amour, et il déroule à travers le monde une carrière d'homme à bonnes fortunes dont le héros est plus séduit que séducteur. Ce don Juan est encore moins méchant que celui de Mozart. Il ne fait jamais le mal pour le plaisir de le faire. Il est sincère dans toutes ses aventures amoureuses, qui ne sont pas pour lui des expériences, mais des dons complets, quoique passagers. La destinée et les événements le détachent de ses amis, plus que sa volonté. Lorsqu'il quitte doña Juana, Haydée, Dudu, etc., etc., c'est qu'il est obligé de partir, et il part avec un regret. Sentimental et sensuel, sceptique et enthousiaste, tendre et ironique, le poète, toujours en scène près de son héros, brode cette histoire avec les couleurs contrastées de son humeur et de sa fantaisie.

Mérimée, dans les *Ames du Purgatoire*, et Alexandre Dumas, dans *Don Juan de Maraña*, prennent un autre don Juan, le second, qui s'appelait, de son vrai nom, don Miguel Mañara, mais que la tradition sévillane, à la fin du dernier siècle, confondit avec le premier, comme Mérimée l'explique, avec sa précision habituelle, dans le préambule des *Ames du Purgatoire*. Mérimée a peint le personnage avec son goût de réalisme archéologique et Dumas selon la poétique conventionnelle et composite du romantisme.

Le don Juan de Mérimée est de son pays autant qu'on en puisse être. Il a été élevé pieusement; il a la foi et la gardera toujours. Il était entré dans le monde avec les meilleurs sentiments; la contagion de l'exemple et l'attrait du plaisir, la licence des guerres et les habitudes une fois prises l'ont perverti. Mais pas un moment il ne cesse de croire. Vers le milieu de sa vie, terrifié par une vision nocturne, où il croit assister à ses propres funérailles, il entre en religion et meurt saintement. Tout cela est parfaitement espagnol.

Encore plus espagnol est le caractère de Teresa, que don Juan a séduite, alors qu'il étudiait à l'université de Salamanque, et qu'il retrouve dans un couvent de Séville. Teresa s'est faite religieuse par désespoir, mais la passion brûle toujours au fond de son âme, sous les cendres de l'ascétisme. Lorsqu'elle revoit son amant, la flamme se ranime et elle est bientôt décidée à quitter le cloître pour le suivre; lorsqu'elle apprend qu'il se repent et se fait moine, elle s'écrie : « Il ne m'a jamais aimée ! » C'est qu'elle est Espagnole, encore plus amoureuse que croyante; si la piété l'emporte en elle sur l'amour, c'est que son amant l'a quittée et, lorsqu'il lui revient, elle le préfère à Dieu. Une fois de plus, avec don Juan et Teresa, l'auteur de *Colomba* et de *Carmen* a vu jusqu'au fond des âmes.

Le bon Dumas, lui, traite la légende espagole avec la désinvolture que les romantiques appliquaient à l'histoire. Il a cru faire un mystère et n'a fait qu'un mélo, parfaitement conforme à la poétique dont la *Tour de Nesle* est l'expression typique. Il y a mis le ciel et l'enfer, les anges et les démons, des cabarets et des églises, des boudoirs et des cimetières, force duels, séductions et enlèvements. Tout cela n'est que décor fantaisiste et composite. C'est moyenâgeux, mais pas plus espagnol que français, anglais, allemand ou suédois. La plus grande liberté qu'ait prise Dumas avec les sentiments espagnols, c'est d'abandonner l'idée maîtresse de la légende, c'est-à-dire le repentir final de don Juan par terreur de la vie future et de sa longue expiation, et de la remplacer par une idée chère aux romantiques, le rachat par l'amour et la passion purificatrice. Fanfaron de vice et d'incrédulité, bourreau de son père et de son frère, séducteur cynique, qui gagne une grande dame en la jouant aux cartes, le don Juan de Dumas est sauvé, après ses désordres et ses crimes, par l'amour sincère d'une de ses victimes et une minute de repentir :

MARTHE. Don Juan, je suis l'ange du pardon, parce que je suis l'ange de l'amour... Je viens de la part du Seigneur... Repens-toi ! repens-toi !
DON JUAN. Il est trop tard! minuit va sonner.
MARTHE. Les autres ont avancé l'aiguille pour te perdre : je l'arrête pour te sauver. Il te reste une seconde... Repens-toi, don Juan, repens-toi !
DON JUAN. Ange de l'amour, ange de la miséricorde, tu triomphes !... Pardonnez-moi, mon Dieu ! je me repens !...

Rien n'est moins espagnol ; rien surtout n'est moins chrétien. L'amour, aux yeux du chrétien, n'est pas la suprême vertu, mais le péché suprême. Marthe, selon l'Église, n'aurait pas sauvé don Juan et se serait perdue elle-même. Au demeurant, ce prétendu mystère est animé et amusant comme un album d'images d'Épinal ou, si l'on veut, comme une suite de dessins d'Eugène Deveria ou de Gustave Doré.

En écrivant l'un sa nouvelle, l'autre sa pièce, Mérimée et Dumas ignoraient-ils ou négligeaient-ils de parti pris le *Don Juan* de Tirso de Molina? Le premier avait pour habitude constante d'apprendre à fond tout ce qu'il étudiait ; le second ne s'inquiétait guère que d'un point de départ pour ses improvisations. On peut donc admettre qu'ils se sont éloignés de Tirso, le premier volontairement, le second sans l'avoir lu. Mérimée s'est rendu compte que la légende de don Juan Tenorio était traitée de façon définitive par le dramaturge espagnol, et Dumas ne voulait pas recommencer Molière. Si la supposition est juste pour Mérimée, on va voir qu'il a bien jugé la valeur du drame espagnol.

II

De la fin du xve siècle au commencement du xviie, entre les rois catholiques et Philippe III, les Maures expulsés et le nouveau monde découvert, maîtresse de Naples et des Flandres, croyante et puissante, comme enivrée d'action, l'Espagne prodiguait une énergie dont les sources allaient tarir. Elle marquait sa littérature et son art d'une empreinte si originale et si forte que les œuvres de ce temps lui ont préparé, comme compensation de la longue décadence qui allait si vite commencer pour elle, toute la gloire par laquelle un grand peuple peut se consoler de son présent avec son passé. Elle créait, notamment, les deux types les plus neufs et les plus vastes que compte la littérature européenne, don Quichotte avec Cervantès, don Juan avec Tirso de Molina.

Don Quichotte a été imaginé de toutes pièces par Cervantès. Don Juan a été tiré par Tirso de Molina d'une légende conservée par la tradition orale. Il n'en existe aucun monument écrit, mais, à Séville, elle était et reste encore dans toutes les mémoires.

Vers la fin du moyen âge vivait à Séville un gentilhomme de la plus haute noblesse. Il s'appelait don Juan Tenorio. Débauché et duelliste, il séduisit la fille d'un commandeur de Calatrava, don Gonzalo d'Ulloa, et le tua d'un coup d'épée. Le commandeur fut enterré dans le couvent de San Francisco et un superbe tombeau, surmonté de sa statue, lui fut élevé. Don Juan, protégé par sa naissance contre le châtiment, continuait sa vie de désordres. Une nuit, les Franciscains l'attirèrent dans leur église et on ne le revit plus. Les moines expliquèrent sa disparition en disant qu'il avait osé insulter sa victime jusque dans la mort et que la statue, tout à coup animée, l'avait entraîné en enfer.

Sur cette légende, vers 1615, Tirso de Molina composait un drame, *El Burlador de Sevilla y Combidado de piedra*, le Séducteur de Séville et le Convive de pierre.

Tirso de Molina était un nom de théâtre, derrière lequel se cachait un moine, Fray Gabriel Tellez. Né vers 1570, il mourait en 1648, après avoir fait représenter environ trois cents pièces de théâtre, dont soixante-dix-sept ont été recueillies. Il avait prit l'habit au couvent de la Merced, à Madrid; il était, à sa mort, prieur de Soria.

Religieux, Gabriel Tellez était éminent comme théologien, prédicateur, professeur et historien. Dramaturge, Tirso de Molina est un des génies les plus originaux qu'ait produits l'Espagne, si riche en ce genre. Il avait composé la plus grande partie de ses pièces avant d'entrer dans les ordres, mais, au couvent, il ne cessa pas de travailler pour la scène. Tout son théâtre respire la foi la plus sincère et la plus profonde. Mais ce moine raille volontiers la vie monastique et l'amour est son thème favori. Sévère pour les hommes, il est très favorable aux femmes. Il les peint ardentes et franches, toutes de premier mouvement, nullement pudiques, mais fidèles à l'amour du moment et lui sacrifiant tout. La fécondité et la variété de son invention dramatique sont prodigieuses; il aime par-dessus tout l'action rapide et les situations fortes. Il possède, au plus haut degré, le don de la vie. Il indique en traits vigoureux et brefs; il ne développe guère. Il professe le plus parfait dédain pour les règles, les unités et la vraisemblance. Son style, le plus souvent concis et plein, est hardi jusqu'à la grossièreté, mais du parler populaire, nerveux et coloré, il passe brusquement à la rhétorique fleurie du gongorisme, s'y complaît et la prolonge.

Familier ou raffiné, il est toujours poète. Par l'éclat de sa fantaisie, par la liberté et l'élan de son coup d'aile, par son vif sentiment de la nature, par la profondeur de sa mélancolie et la grâce de sa tendresse, surtout par sa faculté de divination psychologique, il fait souvent songer à Shakespeare.

Par-dessus tout, il est Espagnol. Il l'est plus encore, avec une saveur plus âpre et plus indigène, que Calderon et Lope de Vega. Les traits de caractère et de mœurs, les idiotismes et les locutions familières font de son œuvre un fidèle témoin de l'âme et de la langue castillanes.

En France, il n'est guère connu que par son nom, comme l'auteur du premier *Don Juan*. Apprécié brièvement dans l'*Essai sur le théâtre espagnol*, de Viel-Castel, et l'*Histoire de la littérature espagnole* de Ticknor, il n'a guère provoqué chez nous qu'une étude spirituelle et courte de Philarète Chasles et, avec le *Don Juan* de Molière, des rapprochements, dont le plus attentif et le plus complet est celui d'Antoine de Latour dans ses *Études sur l'Espagne*[1]. En 1863, Alphonse de Royer donnait une bonne traduction (celle que je vais citer) de cinq de ses pièces, parmi lesquelles le *Séducteur de Séville*, et M. Louis Moland insérait le texte espagnol de celle-ci dans son édition de Molière. Il ne semble pas que l'on ait beaucoup lu la traduction de Royer, qui n'a été ni continuée, ni réimprimée, encore moins le texte de M. Moland. Le seul moyen de parler du *Séducteur de Séville* à un public français est donc de l'analyser[2].

La pièce est divisée en trois journées. L'action s'ouvre à Naples, de nuit, dans une salle du palais royal. Don Juan Tenorio, qui a dû quitter l'Espagne « pour avoir déshonoré une femme noble », s'est introduit dans l'appartement de la duchesse Isabelle, qui l'a pris pour son amant, le duc Octavio, et il a passé la nuit avec elle. Isabelle le reconduit :

ISABELLE. Duc Octavio, par ici vous pourrez sortir plus sûrement.

DON JUAN. Duchesse, je vous jure de nouveau de vous épouser.

---

1. PHILARÈTE CHASLES, *Voyages d'un critique à travers la vie et les livres, Italie et Espagne*, 1869.
2. Je dois ajouter que, le 18 novembre 1877, le *Don Juan Tenorio* de Tirso de Molina, traduit par M. CH. RAYMOND, fut représenté aux « matinées caractéristiques » de Mlle Marie Dumas.

ISABELLE. Mon bonheur sera donc une vérité! Il sera formé de promesses et d'offres, de présents et d'attentions, d'affection et d'amitié!
DON JUAN. Oui, mon bien.
ISABELLE. Je veux aller chercher une lumière.
DON JUAN. Pourquoi?
ISABELLE. Pour voir le bien que j'ai possédé.
DON JUAN. J'éteindrai ta lumière.
ISABELLE. Ah! ciel! qui es-tu, homme?
DON JUAN. Qui je suis? Un homme sans nom.
ISABELLE. Vous n'êtes pas le duc?
DON JUAN. Non.
ISABELLE. Au secours!
DON JUAN. Contenez-vous, duchesse, donnez-moi la main.
ISABELLE. Ne me retiens pas, misérable! Au secours!... A moi, mes gens!

C'est là toute la première scène. L'action va marcher, jusqu'au bout, avec cette rapidité et cette plénitude.

Le roi de Naples arrive au bruit et charge don Pedro Tenorio, oncle de don Juan, de rechercher le coupable. Don Juan se dénonce lui-même à son oncle. Don Pedro le fait évader. Tandis que don Juan s'embarque pour l'Espagne, le roi de Naples fait arrêter Isabelle pour avoir causé un scandale dans son palais, et don Pedro, afin d'éviter une explication dangereuse à son neveu, raconte à don Octavio l'aventure de la nuit, sans nommer l'imposteur, et décide don Octavio, désespéré par la trahison d'Isabelle, à quitter, lui aussi, le royaume.

La scène change et représente la plage de Tarragone. Une jeune paysanne, Tisbea, paraît et, dans un long monologue en style fleuri, se félicite d'être insensible à l'amour :

> Ici où le soleil foule les ondes endormies, remplaçant l'obscurité par l'éclat des saphirs, se répandant sur le sable fin, parfois en reflets de perle, parfois en poussière lumineuse, j'écoute les plaintes amoureuses des oiseaux et les doux combats de l'eau contre les rochers ; tantôt armée d'un frêle roseau, aussi léger que le folâtre petit poisson que berce la mer, tantôt armée de l'épervier qui retient dans ses plis tout ce qui est revêtu d'écailles, je me divertis en liberté au fond de mon âme sans être blessée par le serpent de l'amour.

Tout à coup, Tisbea voit au large deux hommes se jeter à la mer du haut d'un navire qui va sombrer. Ce sont Don Juan et son valet Catalinon. Ils abordent avec peine et don Juan s'évanouit. Tisbea le secourt et lui soutient la tête sur ses genoux :

TISBEA. Charmant garçon, brave, noble et de belle tournure ! Revenez à vous, seigneur cavalier.
DON JUAN. Où suis-je ?
TISBEA. Vous le voyez, dans les bras d'une femme.
DON JUAN. Vous êtes ma vie, si la mer a été ma mort.

Et aussitôt s'engage entre Tisbea et le naufragé un dialogue aussi brûlant que précieux. Le cœur de Tisbea est bientôt pris et don Juan dit à son valet : « Je suis fou de la jolie pêcheuse et je veux en triompher cette nuit ».

La scène change encore et passe à l'Alcazar de Séville, où le roi de Castille donne audience au commandeur don Gonzalo d'Ulloa, qui revient d'une ambassade à Lisbonne. Satisfait de la manière dont le commandeur a rempli sa mission, le roi lui déclare qu'il veut donner à sa fille, doña Ana, un mari de sa main, don Juan Tenorio, qui est à Naples.

Puis l'action revient à Tarragone, où don Juan poursuit son entreprise sur Tisbea. Catalinon lui fait de la morale : « Tromper les femmes de cette façon ! Vous le payerez à l'heure de votre mort. » Don Juan se contente de répondre : « Tu me donnes là une longue échéance ! » Et il engage avec Tisbea un nouveau duo d'amour, encore plus ardent que le premier. « Je jure, lui dit-il, que je serai votre époux. — Souviens-toi, mon bien, répond-elle, qu'il y a un Dieu et une mort ! » Don Juan, à part : « J'ai du temps devant moi. » Tisbea cède : « Viens ! cette chaumière sera témoin de notre bonheur. »

Tandis que devant la chaumière où les deux amants viennent d'entrer, des bergers préparent une fête champêtre en l'honneur du prochain mariage, don Juan consomme la séduction et saute à cheval avec Catalinon. Tisbea sort de la chaumière, échevelée et désespérée : « Au feu ! bergers ! de l'eau ! de l'eau ! Amour, mon âme est embrasée !

O ma chaumière, vil instrument de mon déshonneur et de mon infamie, complice de mon outrage! Poursuivez-le! Au feu! bergers! de l'eau! de l'eau! Amour! pitié! mon âme est en feu! » Elle fuit vers les dunes et le rideau tombe sur sa clameur qui décroît dans le lointain. Ainsi finit la première journée. Don Juan a déjà mis deux femmes à mal, une duchesse et une paysanne.

La deuxième journée nous ramène à l'Alcazar de Séville, devant le roi de Castille. Don Diego Tenorio, père de don Juan, informé par son frère don Pedro de ce qui s'est passé à Naples, demande grâce pour son fils qui vient d'arriver à Séville et se cache. Le roi déclare qu'il mariera don Juan à la duchesse Isabelle, après quelque temps d'exil à Lebrija, et qu'il retirera la parole donnée au commandeur d'Ulloa, en le dédommageant par le titre de grand majordome. Survient le duc Octavio, « fuyant la folie d'une femme et l'outrage d'un homme ». Le roi lui offre la main de doña Ana d'Ulloa. Octavio accepte avec joie. Don Juan se donne le plaisir de féliciter Octavio. « Si vous avez besoin de moi, répond celui que Catalinon appelle « le capricorne d'Isabelle », mon épée et mon bras sont à votre disposition. »

Mais, bien que le roi ait disposé de la main de doña Ana, la jeune fille à un amoureux, le marquis

de la Mota, qui fait à don Juan la confidence de cet
amour. Mota vient de quitter don Juan lorsque,
d'un balcon grillé, une suivante jette aux pieds de
don Juan une lettre qu'elle le prie de remettre au
marquis. Cette lettre est de doña Ana. Don Juan
l'ouvre et lit : « Un père sans loyauté m'a fiancée
secrètement sans que j'aie pu m'y opposer... Si
ton amour fut véritable, montre-le dans cette circonstance. Pour que tu saches mon estime pour
toi, viens cette nuit à la porte, elle sera ouverte à
onze heures. Tu réaliseras ton espoir, et ton amour
trouvera sa récompense. Pour que les duègnes
puissent te reconnaître, tu porteras un manteau
de couleur claire. » Don Juan est enchanté : « Est-
il une pareille aventure ? Je ris d'avance de la bonne
plaisanterie. Je la posséderai, vive Dieu! par le
moyen et la ruse qui m'ont donné Isabelle à Naples. »

Il va le faire comme il l'a dit. En attendant, il
prévient le marquis du rendez-vous qui lui est
donné et lui propose de l'assister. Mais son père,
don Diego, vient lui faire de la morale et lui
annonce que le roi l'exile à Lebrija pour quelque
temps. Il lui reproche l'aventure de Naples :
« Trahir un ami et dans le palais du roi! Malheureux! Que Dieu t'envoie le châtiment que mérite
une telle action! Sache-le, quoiqu'il semble que
Dieu ferme les yeux sur tes fautes, le châtiment

arrive toujours... Dieu est un juge sévère après la mort. » Don Juan répond par sa réflexion habituelle : « Après la mort? Nous avons le temps. Il y a un grand voyage d'ici là. » Et il part pour le rendez-vous de doña Ana, sur cette réflexion de Catalinon : « Vous êtes le requin des femmes! »

Il y trouve le marquis de la Mota, qui, avant d'entrer dans la maison, donne une sérénade à sa belle. « Je voudrais, dit don Juan à Mota, pousser une reconnaissance aux environs. » Mota, qui a posté « un brave » en sentinelle, dit à don Juan : « Prenez mon manteau ». Le bon Mota s'applaudit de la plaisanterie : « La duègne va croire que c'est moi. Quel amusant auxiliaire! — Vous avez jeté la cape au taureau, dit Catalinon à son maître. — Non, répond celui-ci, le taureau m'a jeté la cape. » Et il entre dans la maison..

Bientôt éclate la voix de doña Ana : « Fourbe, vous n'êtes pas le marquis; vous m'avez trompée! » Le commandeur arrive aux cris de sa fille, croise l'épée avec don Juan et tombe frappé à mort. Don Juan court rejoindre Mota, lui rend son manteau et fuit. Mota n'est pas encore revenu de sa surprise que don Diego vient l'arrêter comme meurtrier du commandeur. Le roi ordonne que le marquis aura la tête tranchée dès le lendemain.

Cependant, suivi du fidèle et tremblant Catalinon,

don Juan galope vers Lebrija. Sur le chemin, à Dos Hermanas, il apprend que le paysan Patricio épouse la belle Aminta et il s'invite à la noce. La seconde journée finit au moment où il prend la main d'Aminta, sur cette réflexion de Catalinon : « Avec celle-ci, cela fera quatre ! »

Au début de la troisième journée, nous sommes encore à Dos Hermanas. Patracio est jaloux, car don Juan a fort avancé ses affaires avec Aminta. Tandis qu'il exhale sa plainte, don Juan vient lui signifier qu'il doit renoncer à sa fiancée; le malheureux s'empresse d'obéir. Catalinon essaye en vain d'arrêter son maître sur le chemin de cette nouvelle fourberie. Son éternel avis obtient l'éternelle réponse : « Sachez que jusqu'à la mort, seigneur, la vie la plus longue est courte, et que, derrière la mort, il y a l'enfer. — Si tu me donnes un si large délai, viennent les désillusions. »

Cependant Aminta, « en costume de nuit », attend Patricio à la fenêtre. C'est don Juan qui arrive. Elle commence par s'indigner : « Retirez-vous ou je crie. Respectez l'honneur de mon Patricio ! » Une scène rapide suffit à don Juan pour la calmer, scène superbe que n'a égalée aucun imitateur de la pièce espagnole :

DON JUAN. Écoute-moi un instant.
AMINTA. Retirez-vous, mon mari va venir.

Don Juan. Ton mari, c'est moi. D'où vient ton étonnement?

Aminta. Vous, mon mari! Depuis quand?

Don Juan. Depuis tout à l'heure.

Aminta. Qui vous a donné ce titre?

Don Juan. Mon bonheur.

Aminta. Qui nous a mariés?

Don Juan. Tes yeux.

Aminta. Par quel pouvoir?

Don Juan. Par la vue.

Aminta. Patricio le sait-il?

Don Juan. Oui, et il ne pense plus à toi.

Aminta. Il ne pense plus à moi?

Don Juan. Et moi je t'adore.

Aminta. Comment?

Don Juan. En te prenant dans mes bras.

Aminta. Allez-vous-en!

Don Juan. Aminta, écoute et tu sauras la vérité, car les femmes sont amies de la vérité. Je suis un noble cavalier, chef de l'antique famille des Tenorio, conquérants de Séville. Mon père est le premier après le roi, et à la cour la vie et la mort tombent de ses lèvres. Courant le pays par hasard, je te vis, je t'adorai, je m'enflammai si bien que je résolus de t'épouser. Et malgré les murmures du roi et son opposition et les menaces de mon père, je serai ton mari. Qu'en dis-tu?

Aminta faiblit : « Je ne sais que dire, vos vérités sont enveloppées de si brillants mensonges! » Elle cède, sur un serment qui ne coûte guère à don Juan : « Je jure, s'écrie-t-il, sur cette main, enfer de neige glacée, d'accomplir ma promesse! » Puis, il lui décrit l'éternelle scène des bijoux :

« Aminta de mes yeux! demain tu poseras tes jolis pieds sur l'argent poli, étoilé de clous d'or de Tibar, ton sein d'albâtre s'enfermera dans une prison de colliers, et tes doigts dans des bagues de perles transparentes ». Aminta est vaincue; elle tombe dans les bras de don Juan : « Dès ce moment, ô mon époux! ma volonté s'incline devant la vôtre; je suis à vous ». Don Juan triomphe, avec une joie ironique; il emmène sa proie, en murmurant : « Que tu connais mal le séducteur de Séville ! »

Le lieu de scène change — et il n'est que temps — pour représenter de nouveau la plage de Tarragone. La duchesse Isabelle vient de débarquer, « pleurant son outrage et son honneur perdu », résignée à épouser don Juan, comme réparation, sur l'ordre du roi de Castille. Elle rencontre Tisbea et, dans une scène déchirante, les deux femmes, apprenant l'une de l'autre qu'elles sont victimes du même homme, décident d'unir leurs vengeances :

TISBEA. Sauvé des flots, don Juan Tenorio aborda sur cette terre presque mort et noyé; je lui donnai asile, et cet hôte vil se retourna contre moi comme un serpent. Je me laissai séduire par ses ruses. Malheur à la femme qui se fie à un homme! Enfin il partit et m'abandonna. Ai-je tort de vouloir en tirer vengeance?

ISABELLE. Tais-toi, femme maudite! Fuis de ma présence, tu m'as donné la mort! Mais si c'est la douleur qui te fait parler, la faute n'est pas à toi, poursuis ton récit.

Tisbea. J'étais née pour être heureuse.

Isabelle. Malheur à la femme qui se fie à un homme!... Il n'y a pas d'assez grande vengeance pour un si grand malheur. Viens avec moi.

Tisbea. Malheur à la femme qui se fie à un homme!

Nous revenons à Séville avec don Juan. Suivi de Catalinon, il est entré la nuit dans le cloître d'une église et, à la clarté de la lune passant à travers les vitraux, il aperçoit le tombeau du commandeur, surmonté de sa statue. Il lit l'inscription : « Ici le plus loyal des gentilshommes attend que Dieu le venge d'un traître ». Il éclate de rire et saisit la statue par la barbe : « Vous voulez vous venger de moi, bon vieux à barbe de pierre? Cette nuit je vous attends à souper dans mon hôtellerie ». Cette fois, Catalinon n'a pas besoin de rappeler à son maître l'échéance terrible; don Juan prend texte de l'inscription pour s'en moquer : « Votre vengeance a bien tardé. Si c'est vous qui devez l'exercer, il ne faut pas dormir davantage. Et si vous comptez sur la mort pour vous aider, il faut renoncer à votre espérance. Votre vengeance et votre courroux m'assignent un terme trop éloigné ».

A peine don Juan est-il de retour à l'hôtellerie, que l'on frappe à la porte et Catalinon, qui est allé regarder, rentre en courant et tombe face contre terre : c'est la statue. Le repas commence, coupé par les plaisanteries effarées que don Juan commande à Catalinon. La statue n'a prononcé encore que cette phrase : « Je suis le gentilhomme que tu as invité à souper ». Elle fait signe qu'elle veut rester seule avec don Juan. Don Juan accepte, mais la terreur sacrée commence à l'envahir. Il trouve, devant l'apparition, les mêmes paroles qu'Hamlet devant l'ombre de son père : « Dis, que veux-tu, ombre, fantôme ou vision? Si tu es une âme en peine ou si tu espères quelque satisfaction pour ton soulagement, dis-le; je te donne ma parole de faire ce que tu m'auras ordonné. Jouis-tu de la vue de Dieu? As-tu reçu la mort en état de péché? Parle, je t'écoute avec anxiété ». La statue lui demande sa parole et sa main; il les donne, bravement, par un effort suprême, mais il les donne. La statue reprend : « Sur cette parole et sur cette main, je t'attends à souper demain à dix heures. Viendras-tu?... Tiens-moi parole comme je l'ai tenue ». Ici, une série de répliques d'une concision sublime :

Don Juan. Je la tiendrai ; je suis un Tenorio.
La statue. Moi je suis un Ulloa.
Don Juan. J'irai sans faute.
La statue. Je le crois. Adieu!
Don Juan. Je vais t'éclairer.
La statue. Ne m'éclaire pas, je suis en état de grâce.

Resté seul, don Juan délibère avec lui-même :
« Que Dieu me protège! Tout mon corps est
baigné de sueur et mon cœur se glace dans ma poitrine. Quand il m'a pris la main, il l'a serrée avec
une telle force, qu'on aurait dit une étreinte de
l'enfer. Jamais je n'ai senti un tel feu. En parlant,
son souffle était si froid qu'il me semblait venir de
l'abîme ». L'orgueil, cependant, est plus fort que
la terreur : « Ce sont là des idées que la peur fait
naître dans l'imagination, et craindre les morts est
une honteuse faiblesse... Demain j'irai à la chapelle
où je suis convié, afin que Séville admire ma
valeur et en soit épouvantée ».

En attendant le rendez-vous, la scène est chez le
roi. Il veut presser le double mariage de don Juan
avec Isabelle et du duc Octavio avec doña Ana.
Mais Octavio connaît enfin le nom de celui qui a
outragé Isabelle. Il demande au roi la permission
de provoquer don Juan. Don Diego, malgré l'indignité de son fils, répond pour l'absent, avec hauteur, car l'honneur du nom est en jeu. Le roi apaise
la querelle. Aminta, la jeune fille de Dos Hermanas,
vient à son tour avec son père pour réclamer l'exécution de la promesse faite par don Juan; ils
s'adressent à Octavio, qui les fait cacher pour
confondre avec eux don Juan.

Enfin l'heure du rendez-vous est arrivée. Don

Juan et la statue sont en présence pour la troisième fois. La statue ordonne à don Juan de lever la dalle d'une tombe. Il obéit : « Tu es brave ! » dit la statue. « Je suis fort et j'ai du cœur », répond don Juan. Une table noire apparaît, couverte de scorpions et de vipères. Des chants éclatent dans l'ombre au fond de la chapelle : « Que ceux qui fuient les grands châtiments de Dieu sachent qu'il n'y a pas de terme qui n'arrive, ni de dette qui ne se paye ! » Don Juan frissonne : « Mon cœur se glace et brûle... J'ai fini de souper, fais enlever la table ». La statue lui demande la main : « Donne-moi cette main ; ne crains pas de me la donner ». Don Juan fait encore un effort de courage, mais c'est le dernier : « Que dis-tu, moi craindre ?... Ah ! je brûle, ne m'embrase pas de ton feu ».

La statue. C'est peu de chose, comparé au feu qui t'est réservé ! Les miracles de Dieu, don Juan, sont insondables. Il veut que tu payes tes crimes entre les mains d'un mort. C'est la justice divine ; ce que l'on fait, on le paye.

Don Juan. Quel feu me dévore ! Lâche-moi... Je n'ai pas déshonoré ta fille ; elle a découvert ma ruse à temps.

La statue. Qu'importe ! l'intention suffit.

Don Juan. Laisse-moi appeler un prêtre qui me confesse et m'absolve.

La statue. Il n'est plus temps ; tu y songes trop tard !

Don Juan. Ah ! je brûle. Je suis mort.

La terre s'ouvre et engloutit don Juan avec la statue.

Le drame est fini, mais l'auteur tient à faire justice aux victimes du séducteur. Le roi leur donne audience à l'Alcazar. Elles sont veuves; l'honneur leur est donc rendu et leurs fiancés peuvent les épouser : Octavio reprend son Isabelle, le marquis de la Mota sa doña Ana et Patricio son Aminta. Seule la pauvre Tisbea, qui avait méprisé l'amour de parti pris, reste seule.

Telle est cette pièce, si vraie au point de vue de la poétique et des mœurs espagnoles, mais encore plus vraie de la vérité éternelle dont le génie dramatique, en tout temps et en tout pays, revêt le fonds permanent des passions humaines.

Les personnages y sont aussi nombreux, les changements de lieu aussi fréquents et les faits aussi précipités que dans Shakespeare; mais, plus encore que Shakespeare, l'auteur se meut avec aisance et clarté à travers cette action touffue. Tout est logique et utile. Il n'y a pas un personnage qui n'ait sa part dans l'effet général et ne contribue à la marche du drame. Rien de plus régulier que ce désordre. Ce théâtre en liberté observe les deux lois essentielles du théâtre, la clarté et l'unité d'impression.

Deux principes solidaires lui donnent l'unité

morale. Tirso subordonne tous les événements à l'idée qu'il se fait de la religion et de la royauté. A chaque nouveau crime de son héros, il ramène la menace du châtiment final. Chacun de ces crimes est un chiffre et le dénouement additionne d'un seul coup le total. En attendant que la main de Dieu intervienne, le roi de Castille s'efforce de réparer le mal causé par le séducteur. Mais un roi n'est qu'un homme et la perversité de don Juan serait plus forte que la justice royale si la puissance divine ne venait au secours de la morale outragée. C'est en exécutant les arrêts de Dieu que les rois peuvent assurer le triomphe final de la justice.

Le héros du drame est clair, logique et complet comme l'action. Ses deux mobiles sont l'orgueil et la volupté. Il met à leur service la séduction et le courage. Il est spirituel et habile, maître de lui-même et de grande allure jusque dans la terreur et le repentir. Il a tout du séducteur, surtout le charme, le don des paroles qui enivrent. La femme est pour lui une proie qu'il découvre et poursuit avec un instinct de chasseur. Il n'y a rien de douloureux pour lui dans cette poursuite et aucune amertume dans ses victoires. La proie forcée, il se lance sur une autre piste, avec la même ardeur et la même joie. L'âpre recherche d'un idéal chimérique n'est pas son fait. Il n'éprouve même pas la tristesse qui suit le plaisir. Il va, l'esprit lucide, le cœur calme et la vigueur intacte.

Surtout, il offre un trait dominant, sans lequel son histoire perd la plus grande partie de son intérêt : il croit en Dieu, à sa justice et aux miracles, comme l'auteur et les spectateurs du drame. Sans la foi, comment prendre au sérieux la statue qui marche et l'enfer qui s'ouvre? Et, si le dénouement n'est plus qu'un prétexte à machinerie, que reste-t-il du drame?

C'est pour ce motif que, le premier en date, le *Don Juan* espagnol demeure aussi le premier comme valeur. Tirso de Molina avait sur ses sucesseurs l'avantage de mettre en œuvre des sentiments indispensables à son sujet. Après lui, ces sentiments sont allés en s'affaiblissant de plus en plus. Chaque reprise du type initial a marqué une altération nouvelle de ce type.

Enfin l'âme de l'Espagne circule à travers le drame : c'est la profondeur de sa foi, son ardeur au plaisir, la passion de ses femmes, la fierté de ses gentilshommes, la justice de ses rois.

Il y aurait donc grand intérêt à remettre en lumière cette forme primitive d'un des types les plus forts dont se soit enrichie la littérature universelle. Si l'on veut faire au théâtre espagnol dans notre répertoire la place qu'il mériterait, on ne saurait choisir de pièce plus digne de figurer à côté d'*Œdipe* et d'*Hamlet*. Le cloître de San Francisco est aussi tragique que le palais de Thèbes et la terrasse d'Elseneur.

Et comme, pour toute pièce, il faut se demander si l'on possède un acteur à sa taille, il se trouve que la Comédie-Française, qui a M. Mounet-Sully, dispose aussi de M. Le Bargy. *Don Juan* tente et effraye beaucoup d'acteurs. Je crois que celui-ci pourrait se mesurer non seulement avec le héros de Molière, mais avec celui de Tirso de Molina.

III

Tout Français visitant Séville mêle le souvenir de sa littérature nationale au charme capiteux de la riante cité. Dès l'arrivée, au bord du Guadalquivir, la longue et massive façade de la manufacture de tabacs, avec son mur d'enceinte à échauguettes et la caserne qui en occupe une partie, est le décor militaire où s'encadrent les figures tragiques du brigadier don José et de Carmen la gitane. Les artilleurs bleus et écarlates remplacent à cette heure les dragons jaunes et rouges qui, dans le roman de Mérimée, assistent à l'entrée des cigarières, mais le petit soldat imberbe qui ajuste sa fourragère rappelle le Navarrais qui « faisait une chaîne avec du fil de laiton, pour tenir son épinglette ». Aujourd'hui comme autrefois, les filles de Triana défilent, « une fleur de cassie dans le coin de la bouche, en se balançant sur les hanches comme des pouliches du haras de Cordoue ».

Aux deux extrémités de notre théâtre classique, le *Cid* de Corneille et les comédies de Beaumarchais, le *Barbier de Séville* et le *Mariage de Figaro* empruntent à Séville le prestige héroïque de son passé ou la gaieté de ses mœurs. Sur le bord du fleuve, large comme un bras de mer, la *Torre del Oro*, dominant les mâts de navires, rappelle que Corneille a mis en cet endroit, deux siècles avant la conquête de la ville sur les Maures, le lieu dont il avait besoin pour son fameux récit. Et la mémoire applique à cet anachronisme innocent les deux vers du poète :

> C'est l'unique raison qui m'a fait dans Séville
> Placer depuis dix ans le trône de Castille.

Quelques pas plus loin, à l'ombre de la cathédrale, derrière la bibliothèque des Indes, un coin délicieux offre comme le décor idéal du *Barbier*. C'est une petite place irrégulière, où les platanes et les palmiers mêlent leurs ombrages contrastés. Tout près, la rue bruyante ; ici le silence et la solitude. La maison aux murs rouges rayés de blanc, qui occupe le fond, conviendrait parfaitement au docteur Bartholo. Rosine veille et soupire derrière le mirador grillé. Almaviva viendra tantôt chanter sa romance sans craindre les fâcheux. Au coin de la rue voisine, en face de la Monnaie, les guides, avec une belle assurance, vous montrent la boutique du barbier : « Ma boutique ! A quatre pas d'ici, peinte en bleu, vitrage en plomb, trois palettes en l'air, l'œil dans la main : *Consilio manuque*, Figaro ! » Lorsque du haut de la Giralda, l'œil erre sur la campagne, épanouie sous la lumière vermeille, il cherche les grands marronniers du château d'Aguas-Frescas, où Figaro et Suzanne menèrent « la folle journée ».

Marchez encore un peu. Vous êtes sur la place de la Constitution, à laquelle les Sévillans conservent son vieux nom de place San Francisco. La façade inachevée de l'Ayuntamiento, le palais municipal, occupe l'un des côtés. C'est une des merveilles de l'architecture « plateresque », qui rivalisait avec l'orfèvrerie d'argent, *plata*. Construit dans la première moitié du xvi° siècle, l'Ayuntamiento date à peu près de l'époque où prend corps la légende de don Juan Tenorio. Il marque le prologue du drame qui se dénouera un peu plus loin. En effet, c'est là que siège le *vingt-quatre*, le magistrat chargé de la police. Il porte ce titre en souvenir des familles nobles qui, jadis, étaient maîtresses de la ville après le roi. Don Juan appartenait à cette aristocratie et c'est grâce aux privilèges de sa naissance qu'il avait bravé le châtiment, après le meurtre du commandeur d'Ulloa.

La justice divine l'attendait en face, dans le couvent de San Francisco. De ce couvent, détruit au siècle dernier par un incendie, il ne reste plus aujourd'hui que la façade. Dans l'église, se trouvait la chapelle funéraire de la famille d'Ulloa, où don Juan Tenorio vint braver la mort et trouva l'expiation. Vers 1840, les ruines de l'église et du couvent existaient encore. Antoine de Latour les a décrites dans une jolie page : « J'entrai, dit-il, et je me trouvai dans un vaste préau, au milieu d'un grand amas de ruines où se confondaient, dans un pittoresque pêle-mêle, des arcs à demi écroulés, des pans de murs lézardés, des voûtes entr'ouvertes, des chapiteaux de marbre et des fûts de colonnes épars sur le sol, des monceaux de briques rompues, parmi lesquels reluisaient des *azulejos* d'un bleu vif. De distance en distance, l'œil se reposait sur un peu de verdure ; il allait chercher dans quelque coin un palmier élancé, un cyprès d'un vert mat, deux ou trois vieux orangers, et, au pied d'un reste de muraille, une haie d'aloès et de figuiers de Barbarie ». Il devait être doux de rêver dans cette solitude, parmi la mélancolie des ruines, à l'histoire de don Juan Tenorio.

Supposons maintenant que, dans la nuit suprême, le ciel ait écouté le repentir du « séducteur de Séville ». Don Juan n'a pas été englouti. Il a fait pénitence. Par la piété, la mortification et les bonnes œuvres, il a expié ses désordres et édifié la ville qu'il avait scandalisée. Un autre édifice de Séville, l'hospice de la Caridad, racontera la seconde partie de cette existence.

Ici, nous ne sommes plus dans la légende, mais dans l'histoire vraie. En 1626, quelques années après que Tirso de Molina eut mis en drame la légende du premier don Juan, naissait à Séville, dans une famille aussi noble que celle des Tenorio, don Miguel Mañara Vicentelo de Leca. La vie de ce gentilhomme a donné matière à la célèbre nouvelle de Mérimée, *les Ames du Purgatoire*. Elle a été racontée en toute exactitude par Antoine de Latour [1]. Le romancier a beaucoup ajouté aux anecdotes conservées par la tradition, mais il a soigneusement recueilli celle-ci. Le biographe se rencontre souvent avec le romancier, et ils se complètent l'un par l'autre. Voici, en résumé, ce que

---

1. ANTOINE DE LATOUR, *Don Miguel de Mañara*, cité plus haut.

l'histoire et la légende nous apprennent sur don Miguel Mañara.

Dans sa jeunesse, dont Miguel était l'incarnation de l'orgueil et de la sensualité. Jusqu'à trente ans, ses séductions et ses adultères, ses orgies et ses duels défrayaient la chronique scandaleuse de Séville. Ajoutez nombre de violences à l'histoire de Rolla, enfant d'un siècle plus contraint, et vous aurez la synthèse poétique de cette existence. Don Miguel écrira, au moment de sa mort, dans son testament : « Moi, don Miguel Mañara, cendre et poussière, pécheur misérable, — car la plupart de mes jours malheureux je les ai passés à offenser la très haute majesté de Dieu mon père, — j'ai servi Babylone et le démon son prince, avec toutes sortes d'abominations, orgueil, adultères, blasphèmes, scandales et brigandages ; et mes péchés, mes infamies sont sans nombre, et la seule intelligence de Dieu peut les compter, comme son infinie patience les souffrir et son infinie miséricorde les pardonner ». De même, dans un *Discours sur la vérité*, où il a résumé son expérience de la vie : « Moi qui écris ceci, je le confesse, la douleur dans l'âme et les yeux pleins de larmes, pendant plus de trente ans j'ai délaissé la sainte montagne de Jésus-Christ et, dans ma folie, dans mon aveuglement, j'ai servi Babylone et ses vices ; j'ai bu à la coupe immonde de ses voluptés et, ingrat à mon Dieu, j'ai servi son ennemi, sans me lasser de boire aux sales bourbiers de ses abominations ». Cette phraséologie biblique est, par essence, grossissante et vague. Cependant, la confession de don Miguel respire la sincérité et nous pouvons admettre en toute certitude que sa jeunesse fut éminemment désordonnée.

Comme lui, ses historiens rappellent en bloc ses égarements, sans les détailler. Il faut recourir aux cicérones pour préciser un peu et se faire une opinion sur le tour particulier que don Miguel donnait au mépris de Dieu. Ils vous racontent alors la plupart des histoires que Mérimée a revêtues de sa prose lapidaire : « Comment don Juan — car don Miguel, dans la tradition sévillane, prend le même nom que son prédécesseur et se confond avec lui — fit des propositions étranges à la Giralda, cette figure de bronze qui surmonte la tour moresque de la cathédrale, et comment la Giralda les accepta ; — comment don Juan, se promenant, chaud de vin, sur la rive gauche du Guadalquivir, demanda du feu à un homme qui passait sur la rive droite en fumant un cigare, et comment le bras du fumeur (qui n'était autre que le diable en personne) s'allongea tant et tant qu'il traversa le fleuve et vint présenter son cigare à don Juan;

lequel alluma le sien sans sourciller et sans profiter de l'avertissement, tant il était endurci.... »

Lisez, pour le reste, *les Ames du Purgatoire*. Vous y verrez l'éducation de don Miguel à l'université de Salamanque, son aventure avec Teresa et Fausta, le duel où il tue leur père don Alonso, ses campagnes en Flandre, son retour à Séville, son faste, ses débauches, la liste qu'il dresse de ses victimes et où figurent toutes les classes de la société, l'entreprise qu'il tente, pour avoir le droit de joindre à cette liste le nom de Dieu, sur une religieuse, dans laquelle il retrouve doña Teresa, la rencontre nocturne qu'il fait de son propre enterrement, au moment d'enlever la religieuse, son repentir et son entrée au couvent.

Mais ici nous pouvons abandonner la tradition et revenir à l'histoire. Très sobres sur les désordres de don Miguel avant la conversion, les biographes s'entendent complaisamment sur les avertissements du Ciel qui auraient enfin provoqué celle-ci. Un jour, don Miguel suivait une femme voilée, qui continuait son chemin sans lui répondre. Elle entre dans la cathédrale : « Maudite créature, lui crie-t-il, te retourneras-tu enfin? » La femme s'arrête et, enlevant son voile, lui montre une tête de mort. L'émotion de don Juan fut vive, mais elle ne dura pas. Un autre jour, il voit un charmant visage au balcon d'un mirador. Il engage la conversation avec la belle et la supplie de lui jeter l'échelle de soie qui, en pareil cas, à Séville, descendait assez souvent. L'échelle descend, en effet, et don Juan monte, mais il ne trouve qu'une chambre tendue de noir, au milieu de laquelle gît un squelette entre quatre cierges allumés. Ce second avertissement n'a pas d'effet plus durable que le premier.

Mais les marques du courroux céleste se succèdent, de plus en plus frappantes. Une nuit, don Miguel traversait le quartier des Juifs, allant à un rendez-vous, lorque, au coin de la rue du Cercueil et de la rue de la Mort, il reçoit un coup violent sur la nuque et il tombe, tandis qu'une voix dit près de lui : « Il est mort ; apportez la bière ». Lorsqu'il a repris ses sens, la rue est déserte. Le lendemain, il apprend que, dans la maison ou il se rendait, on l'attendait pour le tuer.

Voici enfin, le dernier appel de Dieu, celui qui fut entendu. Une autre nuit, don Miguel s'égare dans le mauvais quartier, les « rues chaudes » de Séville, qu'il connaissait pourtant bien. Toutes ses tentatives pour retrouver son chemin sont inutiles. Comprenant qu'il est en proie à un sortilège, il embrasse la poignée de son épée, qui forme une croix. Alors, il voit venir à lui, dans l'ombre, une double file de lumières. C'est un enterrement. Il s'adresse aux pénitents : « Qui portez-vous en terre? — Don Miguel de Mañara. » Trois fois, il reçoit la même réponse. Puis, tout rentre dans l'ombre et il entend une voix qui lui dit : « Tu peux maintenant reprendre ton chemin! » Ce chemin était celui du ciel.

Son premier acte de repentir fut de se marier. Il avait choisi, du reste, une femme très belle et ornée de toutes les vertus. Il menait avec elle une vie chrétienne, lorsqu'elle tombe malade et meurt. Il transporte son corps dans un couvent, au milieu des montagnes de Ronda, le site le plus sauvage de l'Andalousie, et il y fait une longue retraite.

De retour à Séville, il décide de consacrer sa fortune et sa vie au soulagement des malheureux. Il existait alors une confrérie de Saint-Georges, qui avait pour but de porter aux hospices les pauvres malades, de les enterrer après leur mort, d'assister les condamnés dans la prison, de les accompagner à l'échafaud et de leur donner la sépulture. Don Miguel s'affiliait à cette confrérie et était élu par elle *hermano mayor*. A cette époque, la confrérie n'avait que de faibles ressources. En quelques années d'administration, don Miguel, consacrant à l'œuvre sa propre fortune et provoquant d'abondantes aumônes, la mettait en mesure de bâtir un hospice près de l'église de la Santa Caridad et de reconstruire avec luxe l'église elle-même, qui était pauvre et délabrée.

Bientôt, grâce au prosélytisme de l'*hermano mayor*, la haute société de Séville briguait l'honneur de s'affilier à la confrérie, qui, depuis, a toujours compté parmi ses membres les plus grands noms de la noblesse andalouse.

En 1675, don Miguel rédigeait pour elle un règlement dont tous les articles respirent la prévoyance, le dévouement aux pauvres et la charité. Les pauvres sont soignés par les *hermanos* dont chacun doit à l'hospice un certain nombre de jours dans l'année, et par des infirmiers, qui sont les frères lais de la congrégation. Chaque membre de la confrérie, en entrant dans les salles de l'hospice, doit « faire le tour des lits et baiser la main de tous les malades, dans la personne du plus vieux d'entre eux ». Le médecin les panse à genoux; les infirmiers lavent et baisent les pieds du malade qui entre.

Jusqu'à sa mort, don Miguel donna l'exemple du renoncement, de l'humilité et de toutes les vertus chrétiennes. Il avait abandonné son palais pour se retirer à l'hospice de la Caridad, et, tous les jours, il faisait asseoir un pauvre à sa table. Le temps qu'il ne donnait pas à l'administration de la confrérie et aux bonnes œuvres, il le passait en prières et en méditations, Si, de sa fenêtre, il voyait un muletier maltraiter une bête rétive, il descendait dans la rue pour lui conseiller la douceur, recevait patiemment ses injures et finissait non seulement par le calmer, mais par le faire tomber en prières. Lorsqu'il ne connaissait pas de misères à soulager, il laissait aller sa mule au hasard et, là où elle s'arrêtait, il trouvait à exercer sa charité.

Il a condensé, dans un *Discours sur la vérité*, le résultat de ses méditations sur la vie et la mort. Il y aurait quelque exagération à dire, avec Antoine de Latour, que l'on croirait ce discours « écrit par la puissante main de Bossuet ». Mais il porte la trace d'une foi profonde, d'une imagination ardente, d'une sensibilité vibrante. On dirait un Rancé moins poli et plus énergique. La pensée de la mort envisagée à l'espagnole, dans ce que sa réalité a de plus horrible, procure à ces pages le sombre coloris que nous retrouverons dans un tableau de Valdes Leal, peint sous l'inspiration de don Miguel pour l'église de la Caridad.

Des visions funèbres avaient provoqué sa conversion; toute sa vie, dès lors, est tournée vers la mort et toute sa morale s'en inspire. L'homme qui a tant aimé écrit : « On appelle beauté une femme composée de chair pourrie qui demain sera des vers ». Il avait plus agi que lu et il paraît que les lettres profanes lui étaient peu familières. C'est donc la seule force de son imagination travaillant sur la foi qui lui permet de donner une marque originale et vigoureuse à ce lieu commun sur la brièveté de la vie et le néant de la gloire : « Notre vie est comme le navire qui court avec rapidité, sans laisser ni sillon ni trace là où il a passé ; avec la même rapidité passe notre vie, sans laisser de nous aucune mémoire. Que sont devenus tant de rois, tant de princes de la terre, qui dominèrent le monde ? Où est leur majesté ? Cherchez Alexandre, appelez Scipion ; leurs cendres seront peut-être dans quelque rempart de terre, dans la misérable clôture de quelque jardin ». Ainsi le « séducteur de Séville », revenu du monde, pensait dans sa cellule de la Caridad comme Charles Quint au monastère de Yuste et Philippe II dans le réduit de l'Escurial, d'où il gouvernait le monde en regardant l'autel, par une lucarne, au-dessus du *podridero*, où il devait s'en aller en poussière.

Le passage suivant résume et condense l'horreur brûlante de cette pensée :

Si tu avais devant les yeux la vérité, c'est-à-dire, — il n'y en a pas de plus grande, — si le linceul de la mort que nous devons revêtir était sans cesse envisagé par toi, du moins avec respect et terreur ; si tu te souvenais que tu dois être couvert de terre et foulé aux pieds par le premier venu, aisément tu oublierais les honneurs et les vains états du siècle. Et si tu considérais les vers immondes qui devront dévorer ce corps et combien il sera laid et abominable dans le sépulcre, et comment les yeux qui lisent maintenant cette page devront être dévorés par la terre, et comment ces mains seront aussi dévorées et se dessécheront, et comment cette soie et tout ce luxe qui te parent aujourd'hui seront changés en un suaire pourri, l'ambre en puanteur, ta beauté, ta grâce en vers de terre, ta famille et ta noblesse en la plus grande solitude qui se puisse imaginer, entre dans un caveau funéraire, entres-y avec respect et mets-toi à regarder ton père, ta mère ou ta femme (si tu l'as perdue), les amis que tu as connus, quel silence! Rien ne s'entend que le sourd ronger des vers! Et ce bruit, ce mouvement des pages et des laquais, où est-il? Tout vient de finir ici! Cherche les joyaux du palais des morts, que trouves-tu? quelques toiles d'araignée. Et la mitre, et la couronne! C'est encore là qu'il l'ont laissée! Remarque, ô mon frère, qu'il te faut aussi en passer par là et que toute ta machine doit se décomposer en ossements arides, horribles, effrayants, à ce point que celui ou celle de qui tu te crois à présent le mieux aimé, fût-ce ta femme, ton fils ou ton mari, à l'instant même où tu cesseras d'être éprouvera de l'horreur à te voir, et que, pour l'être même qui vivait à tes côtés, tu seras un objet d'épouvante.

Don Miguel écrivait son testament le 17 mai 1679 et il disposait ainsi au sujet de ses funérailles :

J'ordonne que, dès que je serai mort, mon corps soit étendu sur la croix de cendre, comme le veulent nos statuts, les pieds nus, et enveloppé dans mon manteau pour suaire, un crucifix à mon chevet, avec deux cierges et la face découverte. C'est ainsi que mon corps devra être porté sur le brancard des pauvres, avec douze prêtres, pas un de plus, sans pompe, ni musique, à l'église de la Santa Caridad, et mis en terre dans le cimetière de ladite église, en dehors de la porte, afin que chacun marche sur moi et me foule aux pieds, et qu'ainsi soit enseveli mon corps immonde, indigne de reposer dans le temple de Dieu. Et c'est ma volonté qu'on mette sur ma sépulture une pierre carrée, d'un pied et demi, avec cette inscription : « Ici gisent les os « et les cendres du plus méchant homme qu'il y ait eu « dans le monde; priez Dieu pour lui! »

Don Miguel mourait deux jours après, le 19 mai. Ses dernières volontés furent d'abord respectées, mais, le 9 décembre suivant, on ouvrit la fosse dans laquelle le corps avait été déposé : il était intact. Cela parut un miracle, et la confrérie décida que l'on ne pouvait laisser un saint en pareil endroit. Le corps fut donc transporté dans l'église et placé dans un caveau, près de l'autel, du côté de l'épître. On y grava cependant l'inscription qu'il avait voulue : *Cenizas del peor hombre que ha habido en el mundo.* D'autres miracles suivirent et une demande en canonisation fut présentée à la cour de Rome. Elle a été suivie pendant quatre-vingt-dix-huit ans, de 1680 à 1778. Depuis, elle est interrompue, mais on peut espérer qu'elle sera reprise et que don Miguel aura placé dans le calendrier à côté de sainte Marie-Madeleine.

L'église et l'hospice de la Caridad s'élèvent près du Guadalquivir, sur la place Atarazonas. Ils ont été reconstruits, sous la direction de don Miguel de Mañara, de 1670 à 1680. On y trouve partout le reflet de son âme.

Ne regardons pas longtemps, sur la façade de l'église, construite dans le style romano-grec du xviie siècle, les deux statues, sainte Herménégilde et saint Ferdinand, emphatiques et contournées, qui rappellent le plus mauvais Bernin. Le saint Ferdinand surtout, la jambe en avant, tient l'épée et le globe avec un geste de danseur. C'est la rançon payée au mauvais goût du temps; les saints eux-mêmes la subissaient. Mais, au-dessus, cinq grands tableaux en *azulejos* bleus représentent, avec la Foi, l'Espérance et la Charité, saint Georges, patron de la chapelle, et saint Jacques, protecteur des voyageurs et des pauvres. Ils sont d'un effet aussi vigoureux que délicat et la tradition les attribue à Murillo.

L'intérieur de l'église est somptueux. Au centre du retable, qui remplit, à l'espagnole, tout le fond de l'église, une belle sculpture de Pedro Roldan représente l'ensevelissement du Christ et symbolise un des principaux objets de la confrérie de la

Caridad. Deux immenses toiles de Murillo, ses deux chefs-d'œuvre peut-être, ont pour sujet *Moïse faisant jaillir l'eau du rocher* et la *Multiplication des pains*. Don Miguel a donné ces deux sujets au peintre, qui les a rendus avec sa grâce réaliste et sa force aisée. L'immense armée des misérables se précipite vers le pain et l'eau de la Charité.

Mais c'est l'âme même de don Miguel et sa hantise de la mort que Valdès Leal a peintes dans l'horrible et superbe toile qui se trouve à l'entrée de l'église, sous la tribune de l'orgue. Murillo disait qu'on ne pouvait la regarder sans se boucher le nez. Elle traduit exactement le passage que l'on a lu plus haut du *Discours sur la vérité*.

Dans un caveau, trois cercueils sont ouverts. Le premier contient le corps d'un évêque, vêtu de somptueux vêtements sacerdotaux. Sous la mitre, la tête montre le creux de l'orbite vide et les dents découvertes par les lèvres rongées. Entre les plis de la chape paraissent le ventre ouvert et la masse des intestins. Les mains décharnées serrent la crosse et les pieds nus passent à travers les mules crevées. Sur cette pourriture grouille l'immonde foule des vers. Au second plan, une princesse est ensevelie dans la soie brodée. Sa tête seule sort de l'étoffe, mais quelle tête et quel contraste avec ce luxe! La chevelure est arrangée avec soin et la boucle espagnole s'arrondit sur la tempe, mais la bouche rentrée fait un pli horrible. Le troisième cadavre n'est plus qu'un squelette, dénudé et sans suaire. Au fond, des crânes entassés pêle-mêle et la pelle du fossoyeur. La main du Christ, nimbée de lumière, passe à travers la voûte et tient une balance, dont les plateaux égaux soutiennent les symboles de la charité et de la foi. Au bas de la toile, sur une banderole, ces mots : *Finis gloriæ mundi*.

En revanche, la grâce de l'homme qui, avant de se donner à l'amour de Dieu, avait été le « séducteur », a laissé une trace charmante dans le double *patio* de marbre blanc qui unit l'église à l'hospice. Autour d'une vasque où pleure un jet d'eau, fleurissent de beaux rosiers plantés par don Miguel et qu'il se plaisait à cultiver lui-même.

Sur les murs du patio, un grand écusson peint à fresque représente les armes du fondateur : *Arma fundatoris nostri*. Deux *hermanos* de Saint-Georges, vêtus de robes bleues, sont assis au pied de la croix. L'un tient un fanal et l'autre une clochette; à côté d'eux est une civière. Au-dessus, ces mots : *Ero mors tua, o mors*; au bas, ceux-ci : *De manu mortis liberabo eos*. Don Miguel a montré, dans la composition de ces armes parlantes, le même souci de clarté et, pour ainsi dire, d'éloquence figurée que dans la décoration de la chapelle. Le fanal indique la recherche des pauvres, la clochette l'appel de la charité, la civière le transport des malades, des morts et des suppliciés. Quant aux devises latines, elles confessent la foi de don Miguel, sa religion fondée sur la pensée de la mort et faisant naître de la terreur une pensée d'espérance.

Au son de la cloche annonçant qu'un visiteur demande l'entrée, une sœur se présente, portant le costume de Saint-Vincent-de-Paul. Elle est très vieille et sa tête penche sur sa poitrine. Elle précède le visiteur, en donnant ses explications d'une voix douce et faible, qui sort de la coiffe aux ailes battantes, comme un chant d'oiseau. A chaque instant reviennent les mots : *nuestro fundador*, prononcés avec vénération. Pour la confrérie, don Miguel est toujours le grand homme et le saint. On traverse les salles de l'hospice, vastes, fraîches et propres. Sur le visage des vieillards, couchés ou debout, se lisent le bien-être des convalescences ou la résignation des longues maladies. Les lits sont couverts de surtouts blancs à roses rouges, les roses de don Miguel.

Sa couleur favorite, le bleu, se voit aussi partout. Il en a vêtu les *hermanos* du *patio*. Elle se retrouve aux murs et sur les portes. C'est la couleur de la Vierge, pour laquelle il professait un culte particulier. Il avait concentré sur la mère de Dieu, sur la femme immaculée, l'amour qu'il avait si longtemps égaré sur les créatures de péché.

Par de longs et larges corridors, aux murs desquels la pensée de don Miguel survit en sentences composées ou choisies par lui, on arrive à l'entrée de la salle capitulaire. C'est là que la confrérie garde les reliques du *fundador*. La porte ouverte, sa figure, de grandeur naturelle, par Valdès Leal, apparaît au fond, en pleine lumière, entre les portraits des *hermanos*, qui couvrent les murs. La plupart de ces personnages sont revêtus de costumes imposants; ce sont des infants, des cardinaux, des archevêques, des généraux, des gouverneurs, etc. Don Miguel les éclipse tous. Du fond de son cadre, il semble encore diriger son œuvre. Il a le teint olivâtre, la barbe et les cheveux d'ébène, le nez busqué, la bouche ferme, les yeux de diamant noir, brûlants de foi et de charité — transformation de la passion et du désir; — il est resté admirablement beau, malgré l'âge et la mortification. Assis devant une table, où s'entassent les traités de théologie, il montre de la main un crucifix. Au premier plan, un enfant est assis, souriant et le doigt sur la bouche. Que signifie cet enfant? Je ne me risque pas à expliquer ce gracieux mystère. Une allusion à la vie passée de don Miguel s'accorderait mal avec l'âme austère de Valdès Leal.

Dans la salle, figurent les reliques de don Miguel. Au-dessous du portrait, dans un écrin de velours bleu fermé d'une plaque de verre, se voit son épée : *Espada que uso n. v. fundador Don Miguel Mañara*. Il était chevalier de Calatrava et, retiré du monde, il portait encore l'épée. Est-ce l'épée de ses duels? L'arme est une longue rapière, à lame fine et à large coquille. Tout près, dans un autre écrin, sa cuiller et sa fourchette d'argent.

Mais l'intérêt de ces reliques cède devant un témoignage autrement direct, le masque de don Miguel, moulé sur son lit de mort, et donné à la confrérie de Caridad, il y a une cinquantaine d'années, par un membre de la famille Vincentelo de Leca. Il est placé dans une boîte de verre, entre deux fenêtres, sous une lumière tamisée, qui atténue la crudité du plâtre et fait ressortir le modelé. C'est bien la même tête que dans le portrait, mais les cheveux, rares dans celui-ci, ont disparu dans le masque et le crâne est chauve. La courbe du nez s'accuse, pincée aux narines par le doigt de la mort. La bouche est entr'ouverte. Les traits offrent une gravité sereine et sans tristesse.

Au moment où je quitte l'hospice, deux hommes jouent de la guitare et de la mandoline dans le *patio*. La mélodie vive et dansante résonne entre les colonnes de marbre, où l'eau murmure dans la vasque et où embaument les roses de don Miguel. Le sérieux administratif d'un hospice français n'admettrait pas cette musique. Mais en Espagne, elle est partout, même aux enterrements. Il y a quelques jours, à Grenade, sous l'Alhambra, dans la *Cuesta del rey chico*, la « côte du petit roi », je rencontrais un convoi d'enfant, porté à visage découvert, entre les fleurs, aux sons mêlés de la guitare et de la mandoline. La grêle mélodie, vibrante et fine comme un chant de cigale, accompagnait la mort, comme là-bas, sur la colline gitane de l'Albaycin, l'exubérance de la vie et les funèbres porteurs marchaient en cadence, comme ils auraient dansé. Dans la maison de prière et de charité où est mort don Juan, il est bon qu'un peu de volupté innocente accompagne le renoncement. Jusqu'au dernier jour, « le séducteur de Séville » a cultivé ses roses. Les vieillards qui terminent leur vie sous la règle tracée de sa main souffrent et meurent plus doucement au son de la musique andalouse.

Juin 1897.

MOLIÈRE FÉLIBRE

Molière a été félibre, quoiqu'il soit né à Paris, qu'il ait écrit en français et que le félibrige, dans ses plus anciennes origines, ne date guère que de 1855. Un félibre est un homme qui aime le Midi. Il peut en être, mais cela n'est pas indispensable. Renan, né à Tréguier, s'était découvert une âme provençale, entre plusieurs autres, car je l'ai entendu, un soir, déclarer au ministre de Chine qu'il eût été volontiers Chinois. Molière, lui, est pour le félibrige un vrai précurseur.

Il a vécu douze ans en pays félibresque, puisque ce pays, aux vagues frontières, embrasse toute la région qui s'étend au sud de la Loire. Bien avant M. Paul Mariéton, il a conduit des caravanes parisiennes le long du Rhône, avec les enfants Béjart, noyau persistant de sa troupe, nés au Marais, autour de l'église Saint-Paul. Il a festoyé en Avignon, flanqué du burlesque d'Assoucy. Surtout, il a écrit le premier morceau en langue d'oc qui soit entré dans la littérature française, — la scène de *Monsieur de Pourceaugnac* où les Parisiens de 1669 entendirent Lucette, la « feinte Languedocienne », sonore et vibrante comme une cigale, faire au gentilhomme limousin une scène d'une saveur toute méridionale : « Ah! tu es assy, et à la fy yeu te trobi, après abé fat tant de passés. Podes-tu, scelerat, podes-tu souteni ma bisto? »

Le morceau est long et conduit avec la plus sûre connaissance de ce langage, alors que les autres « jargons » employés par Molière sont pleins d'à peu près. Il est visible que le poète a profité de son séjour en Languedoc pour apprendre la langue du pays. Il a donc fait largement ses preuves félibréennes. Juste deux siècles avant la mémorable réunion de Fontségugne où le félibrige fut fondé, il appliquait l'article premier de ses statuts : il « sauvait la langue du pays d'Oc ». Il est le premier des *capouliés*.

Voilà pourquoi Pézenas, aujourd'hui même, lui élève un monument. Ce monument est l'œuvre d'Injalbert, enfant de Béziers et félibre enthousiaste; Injalbert, l'imagier en titre des gloires méridionales; Injalbert l'éclectique, qui, du même entrain, modèle la tête de Jean-Pons-Guillaume Viennet (de l'Académie française) pour leur commune ville natale, fait revivre Paul Arène à Sisteron, décore à Paris le pont Mirabeau, prépare l'image colossale du même Mirabeau pour le Panthéon et un Pierre Puget, non moins colossal, pour la ville de Marseille.

L'artiste a représenté Lucette offrant au buste de Molière les fleurs et les fruits du Languedoc. Cette Lucette reproduit les traits de Mlle Ludwig, de la Comédie-Française, fort agréable à regarder, en sculpture comme au naturel. Un satyre observe et rit sur le piédestal. A côté s'épanouit le masque de Coquelin cadet.

Il y a eu pique entre Cadet et Injalbert, une pique bruyante, avec lettres, articles, interviews, etc., toute la lyre. Cadet voulait être représenté sous les traits du satyre et Injalbert refusait parce que Cadet est rasé, alors que la mythologie et les lois de l'art exigent qu'un satyre soit barbu, non seulement des jambes, mais de la figure. « Je suis Coquelin! » disait Cadet. « Je fais Poquelin! » ripostait Injalbert. Cadet est homme d'esprit et Injalbert homme de cœur. Je ne dis pas que Cadet manque de cœur, ni Injalbert d'esprit, mais chacun d'eux avec de l'esprit et du cœur, a plus de l'un ou de l'autre. J'espère bien qu'ils vont s'embrasser devant le monument, aux accents de la *Marseillaise* et aux applaudissements d'une foule idolâtre.

*
* *

Non seulement le Midi doit à Molière, mais Molière doit au Midi. Je ne songe nullement à pousser un paradoxe en avançant que, sans les voyages de Molière au sud de la Loire, la France n'aurait pas le Molière qu'elle a. Elle en aurait un autre, aussi grand, mais un autre.

Le génie de Molière s'est nourri de sève provinciale. Alors que les poètes et les orateurs du grand siècle se formaient à la Cour et à la Ville, comme on disait alors, Molière recevait une éducation inverse. Racine et la Fontaine, Bossuet et Fénelon quittaient leur province, plus ou moins lointaine, pour venir à Paris; il quittait Paris pour la province et y passait, de vingt-quatre à trente-six ans, ces années de jeunesse qui forment pour la vie. C'est là qu'il observait et faisait ses provisions pour l'avenir. C'est là qu'il se mettait en mesure d'ajouter à la littérature courtisane et citadine de son temps une part d'inspiration provinciale.

Parcourez, en effet, la série de ses pièces. *L'Étourdi* est joué à Lyon et *le Dépit amoureux* à

Béziers. Dans *les Précieuses ridicules*, Cathos et Madelon sont des « pecques provinciales ». Dans *Tartuffe*, sans nécessité spéciale du sujet ou de l'action, pour le plaisir, Dorine lance tout à coup un couplet, merveilleux de verve et de couleur, qui évoque la vision de la petite ville, avec ses relations de parenté, ses visites cérémonieuses, sa « société », hiérarchique et gourmée, ses tristes plaisirs :

> Vous irez par le coche, en sa petite ville,
> Qu'en oncles et cousins vous trouverez fertile...

Monsieur de Pourceaugnac, c'est, en farce, le provincial ahuri par la vie parisienne, emprunté de la tête aux pieds, l'air « de chez nous » et « pas d'ici », avec cette aptitude singulière à la mystification que certaines têtes attirent, comme les arbres attirent la foudre.

La Comtesse d'Escarbagnas, c'est l'espèce toujours redoutable de la provinciale « qui est allée à Paris », et, dans son trou de province, sotte et prétentieuse à faire fuir, imite « la capitale ». Écoutez, par exemple, Julie, qui, pour avoir logé, rue de Seine ou rue Dauphine, dans un hôtel de dixième ordre, a plein la bouche de ce souvenir aristocratique : « On sait mieux vivre à Paris, dans ces hôtels dont la mémoire doit être si chère. Cet hôtel de Mouhy, madame, cet hôtel de Lyon, cet hôtel de Hollande! Les agréables demeures que voilà! » Telle, dans *Numa Roumestan*, d'Alphonse Daudet, tante Portal qui, de Paris, ne connaît que le passage du « Somon ». Et M. le conseiller Tibaudier, et M. Harpin, receveur des tailles, et Jeannot et Criquet, petits paysans transformés en valets et si gauches à singer le service élégant! C'est la tirade de *Tartuffe* mise en action. Depuis le *Roman comique* de Scarron, ces grotesques avaient disparu de la littérature.

Je viens de citer Alphonse Daudet. Au temps où, critique dramatique du *Journal officiel*, le maître romancier embarquait, comme le disait Sainte-Beuve, à propos de Théophile Gautier, je crois, sa poudre d'or sur les coquilles de noix du journalisme, il écrivait, à propos du *Malade imaginaire*, une « galéjade » charmante d'humour sur un fond de vérité. Il soutenait que le malade de Molière, Argan (prononcez, en français, Orgon, ville de Provence), était du Midi et que la pièce, traduite en provençal, doublerait d'effet. Argan, c'est un Roumestan malade, avec le dorlotement, l'attendrissement, les promptes colères, la docilité au remède, l'égoïsme forcené du Provençal inquiet pour sa précieuse personne; Béline, sa femme, est du même pays, avec ses vocables de tendresse caressante : « Mon cœur, mon fils, mon pauvre petit mari... »

Dans l'œuvre de Molière, il reste pour Paris *l'École des maris*, *l'École des femmes*, *Tartuffe*, *le Misanthrope*, *les Femmes savantes*, c'est-à-dire le meilleur de Molière. Mais pour l'œuvre entier du grand comique, remarquez ceci. En quinze ans de carrière parisienne, acteur et directeur, courtisan et mari, malheureux dans son ménage et inquiet de la faveur royale, accablé de fatigues et de soucis, il a mené l'existence la plus pleine dont l'histoire dramatique offre l'exemple. Et au milieu de tout cela, il a fait jouer vingt-neuf pièces ! Pour suffire à cette production, il a fallu qu'une bonne part ait été écrite en province, c'est-à-dire que, une fois à Paris, Molière ait pu refondre de vieilles scènes. Ainsi s'expliquerait la composition de telle de ses pièces, comme *Don Juan*, visiblement improvisée, mais où sont entrés, tant bien que mal, des morceaux travaillés à loisir.

⁎
⁎ ⁎

La carrière provinciale de Molière a touché nombre de villes au sud de la Loire : Angoulême et Limoges, Agen et Toulouse, Lyon et Bordeaux,

Avignon et Montpellier, etc. Alors, pourquoi placer à Pézenas le monument de « Molière félibre », plutôt qu'à Lyon, où fut joué *l'Étourdi*, qu'à Béziers, où fut joué *le Dépit amoureux*?

C'est que Pézenas a été vraiment, pour Molière, le centre de ses courses à travers le Languedoc et a marqué un moment décisif de sa carrière. Jusqu'au 17 décembre 1650, où sa présence à Pézenas est constatée par un des deux autographes sans lesquels nous n'aurions de lui que des signatures — l'autre, du 24 février 1656, est aussi daté de Pézenas, — son étoile est restée voilée. Dès lors, la fortune commence à lui sourire. Une fixité relative pose un moment sa carrière de comédien errant et il trouve de puissants protecteurs. D'abord Messieurs des États de Languedoc, puis Armand de Bourbon, prince de Conti.

Le prince avait été élevé, comme Molière, au collège de Clermont, le futur Louis-le-Grand; mais, outre leur différence d'âge, une énorme distance sociale séparait le comédien et le prince du sang. Conti autorisa Molière à jouer chez lui, au château de la Grange-des-Prés, sa résidence d'été, simplement parce que sa maîtresse, Mme de Calvimont, après avoir préféré la troupe du charlatan Cormier, finit par accepter Molière. Bientôt le prince, d'ailleurs homme d'esprit, traitait Molière, sinon avec égards, du moins avec une familiarité flatteuse, — en attendant de devenir dévot et d'écrire le plus sévère traité contre la comédie et les comédiens.

Sur ce séjour à Pézenas, les anecdotes abondent, recueillies par la tradition locale. « Le Contemplateur » s'est assis dans la boutique du barbier Gély, sur le fameux fauteuil. Il y a improvisé pour une paysanne la lettre de son galant sous les drapeaux. Il a composé, pour la fontaine de Gignac. une inscription à double entente. On connaît aussi la valise perdue, l'auberge des comédiens, l'attelage aveugle, etc.

Voilà pourquoi Pézenas a fait prévaloir son droit sur le monument. de Molière. Le temps met chaque chose en sa place. Si l'âme des grands hommes flotte encore dans l'air où il ont passé, Molière, du haut de son piédestal, aura plaisir à voir les Lucettes d'aujourd'hui farandoler devant son marbre. Quant au prince de Conti, nul ne songe à lui élever quoi que ce soit. Admirable matière pour un dialogue des morts.

8 août 1897.

Le discours suivant a été prononcé le 8 août 1897 au château de la Grange-des-Prés, près de Péze-

nas, devant le buste de Molière, inauguré ce jour-
là en souvenir du séjour que le poète fit dans cette
ancienne résidence du prince de Conti :

Messieurs,

Aux premiers jours de septembre prochain, il y aura
deux cent quarante-quatre ans que « la troupe de
Molière et de la Béjart », comme disaient les contemporains, se présentait au château de la Grange-des-Prés,
pour solliciter l'honneur de jouer devant Armand de
Bourbon, prince de Conti. Sa demande ne fut pas
accueillie du premier coup. Molière avait été élevé au
collège de Clermont, comme le prince, mais il y avait
entre eux une différence de sept ans, si considérable
dans la première jeunesse, et surtout l'énorme distance du rang. Le souvenir d'études dans la même
maison ne fut pour rien dans l'accueil fait au comédien nomade par le prince du sang. L'influence d'une
femme, très belle, mais fort sotte, Mme de Calvimont,
fit hésiter le prince entre Molière et le charlatan Cormier. A constater une telle mise en balance, dit
Sainte-Beuve, « on se sent pénétré d'une amère
pitié ».

Pitié pour Molière, Messieurs, mais surtout pitié pour
le prince. Quelle revanche aujourd'hui, au même
endroit, pour le comédien, et comme le temps a remis
chaque chose à sa place! Votre pays est en fête pour consacrer le passage de Molière sur votre sol. Il n'y a pas,
dans son patrimoine de traditions, un souvenir dont il
soit plus fier. Hier, le gouvernement de la France s'as-
sociait à cette consécration. Aujourd'hui, les possesseurs
de cette demeure princière y dressent l'image du grand

acteur, en présence de ses héritiers, les artistes de la Comédie-Française. Ils ne sont pas plus fiers qu'il ne convient de succéder ici à un prince du sang; ils n'ont pas songé un moment à placer le buste d'Armand de Bourbon à côté de celui de Poquelin de Molière. Chacun d'eux a pris sa place définitive, l'un dans l'oubli, l'autre dans la gloire.

Voilà ce que, à l'aube de la Révolution, un des plus légitimes successeurs de Molière appelait « la revanche de l'esprit humilié ».

Non pas que le prince de Conti ait été simplement, pour reprendre encore un mot fameux de Beaumarchais, un de ces grands seigneurs qui se sont donné la peine de naître. Il était instruit et spirituel, brave et galant. Il porta les armes avec honneur et ses succès en Catalogne compensent ses malheurs en Italie. Ce qui surtout nous intéresse de lui, c'est que, après l'accueil hésitant des premiers jours, il fut pendant dix ans le protecteur de Molière, protecteur égoïste et capricieux, mais enfin protecteur éclairé, sachant reconnaître ses qualités d'esprit et de cœur, son goût littéraire, son talent comique, peut-être même le génie qui achevait sa formation. Un contemporain nous apprend qu'il « conféroit souvent avec ce chef de troupe, qui étoit le plus habile comédien de France, qu'il lisoit souvent avec lui les plus beaux endroits et les plus délicats des comédies tant anciennes que modernes, qu'il prenoit plaisir à les lui faire exprimer naïvement ». Voilà surtout ce dont nous lui savons gré aujourd'hui.

Puis, fatigué de ses intrigues, de ses galanteries et de ses grandeurs, le prince se convertit et, suivant l'habitude de ses pareils, il fit pénitence sur le dos d'autrui. Il écrivait à son directeur de conscience, un an après les dernières représentations données par Molière devant lui : « Il y avoit ici des comédiens qui portoient

mon nom autrefois ; je leur ai fait dire de le quitter et vous croyez bien que je n'ai eu garde de les aller voir ».
Il écrivait contre le théâtre, et Racine, alors votre voisin, à Uzès, nous apprend avec quelle brutalité il « chassait », en 1662, une troupe de comédiens qui s'était établie dans une ville de la province.

Messieurs, le même Racine qui, lui aussi, eut des torts envers Molière, mais que Boileau, leur ami commun, a réconciliés dans la gloire, Racine, qui aima trop Louis XIV et les grands, Racine disait dans un discours célèbre, où se trouve le plus bel éloge des lettres qui soit sorti d'une plume française :

« Que l'ignorance rabaisse tant qu'elle voudra l'éloquence et la poésie, et traite les habiles écrivains de gens inutiles dans les États, nous ne craindrons pas de le dire à l'avantage des lettres : du moment que des esprits sublimes, passant de bien loin les bornes communes, s'immortalisent par des chefs-d'œuvre, quelque étrange inégalité que durant leur vie la fortune mette entre eux et les plus grands héros, après leur mort cette différence cesse. La postérité ne fait point difficulté de les égaler à tout ce qu'il y a de plus considérable parmi les hommes, fait marcher de pair l'excellent poète et le grand capitaine. »

Conti n'était pas tout à fait un grand capitaine et Molière était plus qu'un excellent poète, pour conserver les expressions simples et fortes de Racine. Des princes de Conti, je veux dire des personnages considérables dans l'État, à divers titres et sous divers noms, il y en aura toujours. Les Molière sont un si rare bienfait du Ciel, que jusqu'ici le monde n'en a eu qu'un.

Voilà pourquoi, messieurs, Molière seul est honoré dans cette fête. Entre tous les hommages qu'il a reçus, il n'en est pas de plus significatifs que celui-ci. Dans un endroit où ont marqué leur passage un prince du sang et un comédien, nous honorons le comédien.

Si, aux lieux où les grands hommes ont passé, quelque chose de leur âme erre et flotte dans l'air jusqu'à la fin des âges, Molière assiste à cette fête et son regard plane sur ce paysage, où, rêveur et encore joyeux, il avait la jeunesse et l'espérance, dans la fête continuelle de votre beau ciel. Il aimait et il espérait. En attendant de souffrir pour son Armande, il souriait à sa jeunesse qui se mirait dans les yeux de Marquise du Parc.

Depuis, il a connu les trahisons et les désespoirs, les mornes tristesses de l'expérience. Il a bu jusqu'au fond la coupe amère que la vie présente à ceux qui, la comprenant et la jugeant, expient par l'épreuve le privilège redoutable d'avoir épelé quelques mots de l'éternel mystère. Comme tous les Prométhées, il s'est brûlé lui-même à la flamme divine qu'il avait dérobée. Il a vu le fond de l'amour et de l'amitié; il a fait sortir de l'âme humaine ce qu'elle renferme de vil et de bas; il l'a châtiée et consolée par le rire, ce rire éclatant, qui est la revanche de notre nature sur elle-même et qui retentira aussi longtemps qu'il restera une oreille humaine pour le recueillir.

Lorsque, dans la plus brillante cour que le monde ait connue, dans le plus écrasant labeur qui ait pesé sur les épaules d'un homme, « le Contemplateur » trouvait le loisir de rêver au passé, soyez sûrs que sa pensée revenait ici, aux beaux lieux où il avait promené ses vingt ans. La Grange des Prés lui faisait oublier Versailles. Il rafraîchissait son âme au souffle de ces ombrages; elle errait au bord de ces eaux. Il évoquait sa jeunesse, comme le voyageur au soleil de midi songe à la fraîche oasis d'où l'aurore l'a vu partir.

Nous vous sommes reconnaissants, messieurs, d'être

associés à cette fête. Nous remercions les deux femmes de cœur qui, entre tous les hommages que peut recevoir la mémoire du grand poète, ont eu l'idée féminine et charmante de consacrer la jeunesse de Molière dans ce temple de verdure que parera chaque printemps.

MARIVAUX A BERNY

Prince du sang, abbé de Saint-Germain des Prés et homme de guerre, grand amateur de théâtre et de comédiennes, Louis de Bourbon, comte de Clermont, fut, somme toute, un caractère original, dans un siècle où les physionomies expressives commençaient à se faire rares. Aussi a-t-il eu le double honneur d'une enquête biographique très complète de la part de M. Jules Cousin [1] et d'une des plus pénétrantes études de Sainte-Beuve [2]. Après des campagnes où il s'était montré fort brave soldat avec des parties de général, le comte de Clermont, mécontent de la Cour, avait, comme dit Mascarille, pendu l'épée au croc et, vers 1747, à

---

[1]. *Le comte de Clermont, sa cour et ses maîtresses, lettres familières, recherches et documents inédits, publiés par* Jules Cousin, de la Bibliothèque de l'Arsenal, 1867.
[2]. *Nouveaux Lundis*, t. IX, 1867, trois articles.

trente-huit ans, s'était retiré au château de Berny[1]. Riche des énormes revenus que lui donnait son abbaye, il y menait une existence très large et très libre, dont la galanterie et la littérature légère étaient les occupations dominantes.

Galant, il l'avait toujours été, de préférence au théâtre, qui l'attirait de toute manière, par le goût de l'art et celui de ses interprètes. Après avoir aimé dans le monde, du plus haut au plus bas, de la duchesse de Bouillon à la fille d'un rôtisseur, Mlle Quoniam, il avait fixé ses goûts à l'Opéra, d'abord avec la Camargo, la célèbre danseuse, puis avec Mlle Leduc, danseuse, elle aussi.

Fille d'un suisse du Luxembourg, Mlle Leduc avait fait une double carrière, également brillante, au théâtre et dans la galanterie. Le premier soin du comte, qui voulait bien faire ses choix sur la scène, mais qui ne consentait pas à les y laisser, fut de lui faire quitter l'Opéra et de l'installer dans

---

1. « BERNY, beau château de l'Ile-de-France, diocèse, parlement, intendance et élection de Paris, situé sur la route d'Orléans, à deux lieues un quart à l'ouest de Paris. Ce château appartient à l'abbé de Saint-Germain des Prés ; il est d'une belle architecture et remarquable par la beauté de ses canaux. Les jardins sont des plus beaux et des mieux entendus ; ils produisent des fruits qui sont excellents. » (EXPILLY, *Dictionnaire géographique des Gaules et de la France,* 1762). *Berny* ou *La Croix-de-Berny* est aujourd'hui un hameau de la commune d'Antony. Le château a été détruit pendant la Révolution.

un hôtel de la rue Richelieu. Il l'aimait beaucoup et la demoiselle semble l'avoir payé de retour. Au moment de la campagne de 1742, Mlle Leduc voulait à tout prix suivre son amant à l'armée et s'était déguisée en cornette de cavalerie ; on eut grand'-peine à l'empêcher de partir. Au retour du comte, la liaison reprit, de plus en plus affichée, et, sous le nom de Mme de Tourvoie, Mlle Leduc régna sur la petite cour de Berny. Un rapport de police dit à ce sujet : « Elle devint absolue dans la maison du prince et fit tout ce qu'elle voulut. Les personnes, même de qualité, qui composent la cour du prince se sont accoutumées, depuis à plier sous les caprices de cette fille et ont pour elle toutes les déférences qu'on aurait pour une honnête femme ». Sauf une fantaisie passagère, le comte s'en tint désormais à Mlle Leduc qui, de son côté, lui fut à peu près fidèle ; au rapport des policiers, elle ne lui fit que « quelques petites infidélités fort secrètes » ; et il semble bien qu'il finit par l'épouser.

En possession de Mlle Leduc et retiré à Berny, le comte de Clermont s'empressa d'y faire construire un théâtre et de constituer une troupe. La comédie de société était alors une fureur. A la Cour et à la Ville, chez les bourgeois comme chez les grands seigneurs, les théâtres se multipliaient, avec ou sans l'aide des professionnels ; quiconque savait à peu près se tenir, parler ou chanter, s'essayait à l'imitation des Français, des Italiens ou de l'Opéra. Le comte de Clermont recruta ses acteurs parmi sa maison. Pourvu d'un beau ventre et d'un triple menton, il jouait lui-même « les paysans, les rôles à manteaux et les financiers ». Comme chefs, la troupe avait, pour le chant, le flûtiste Michel Blavet et le violoniste André Pagin ; pour la comédie, c'étaient Duchemin, vieux comédien retiré du théâtre ; Rosely, un bon tragédien, et M{le} Gaussin, excellente dans les deux genres, également fameuse par sa beauté, sa sensibilité dramatique et sa galanterie accueillante, car c'est à elle que l'on prête le mot fameux : « Cela leur fait tant de plaisir et cela nous coûte si peu ! » Bien entendu, le comte de Clermont avait jadis été de ses amis.

Parmi la troupe, Mlle Leduc faisait « les meunières, les soubrettes, les coquettes, les ridicules et les Cassandres dans les parades ». Puis, c'était un mélange sans préjugés de nobles personnages et de filles galantes : le marquis de Ray et le comte de Polignac, avec les sœurs Gallodier et la demoiselle Leclerc. L'orchestre était nombreux et recruté, lui aussi, pour la grande part, dans la maison du prince. L'âme de la troupe, comme régisseur et auteur, c'était le chansonnier Laujon, secrétaire intime du prince, et avec lui un autre chansonnier, celui-ci presque célèbre, Collé, arbitre suprême des théâtres de société. Comme répertoire, la troupe jouait tous les genres, depuis les parades jusqu'à la haute comédie. Le prince lui donnait des pièces de sa composition, fort médiocres, il faut le dire; ainsi *Barbarin ou le Fourbe puni*, comédie en trois actes et en prose, jouée en 1747, pour l'inauguration du théâtre de Berny.

Au mois de mars 1754, le comte de Clermont, se trouvant plus de titres littéraires qu'une bonne part des académiciens, conçut l'idée d'entrer à l'Académie française. Les gens de Cour eurent beau lui objecter qu'un prince du sang ne pouvait descendre à l'égalité académique. Il eut le bon goût de passer outre et de se soumettre à la formalité de l'élection. A vrai dire, ce fut pour esquiver bientôt après la réception publique, parce qu'il n'aurait pu, comme dernier venu, y occuper que la dernière place. L'Académie dut prendre son parti de cette dérogation aux usages; mais, si le prince académicien n'assista en sa vie qu'à une seule séance, il semble qu'il entretint avec ses confrères les meilleures relations.

Entre autres preuves de ses bons offices, nous avons le répertoire du théâtre de Berny, où figurent des pièces de Voltaire, Destouches, Gresset, La

Chaussée et Marivaux. Pour celui-ci, le prince semble l'avoir favorisé d'un goût particulier. Non seulement il fit jouer *le Legs* et *les Serments indiscrets*, mais il lui demanda de composer, spécialement pour lui, deux comédies, *la Femme fidèle* et *la Provinciale*. De celle-ci, nous ne connaissons que le titre; quant à *la Femme fidèle*, elle fut jouée pour la fête du prince, les 24 et 25 août 1755.

Longtemps on l'a considérée comme perdue et, quoique mentionnée dans les catalogues dramatiques du dernier siècle, on n'en connaissait pas même la donnée. M. Jules Cousin a eu la bonne fortune d'en retrouver la plus grande partie, en 1867, dans un recueil de rôles manuscrits conservé à la Bibliothèque de l'Arsenal [1]. Toutes les pièces qu'il contient ont été jouées sur le théâtre de Berny et les rôles sont ceux-là mêmes que les acteurs ont eus entre les mains. De ces pièces, les unes s'y trouvent au complet; des autres, il n'y a qu'une part. *La Femme fidèle*, malheureusement, appartient à la seconde catégorie. Elle comprenait huit rôles et le recueil n'en contient que quatre. Ceux-ci ont permis à M. Cousin d'analyser le sujet et de reconstituer trois scènes, dont la plus importante,

---

[1]. Fonds d'Espagnac, pièces de théâtre, rôles détachés, t. I, n° 3112, ancien 53, belles-lettres françaises.

« la scène à faire », pour laquelle, visiblement, toute la pièce a été conçue.

C'est une comédie par le dénouement, qui est heureux, et par la gaieté répandue sur plusieurs scènes; c'est un drame par la scène capitale, qui va jusqu'aux larmes. Marivaux s'essayait ici dans un genre mixte, la comédie larmoyante, dont il est, à mon sens, le créateur autant que La Chaussée. Je me permets de renvoyer le lecteur au livre que je lui ai consacré et dans lequel ses tentatives dans ce sens sont appréciées en détail [1]. Il me suffira de répéter ici que, si nous avions la pièce complète, ce serait un petit chef-d'œuvre de comique, d'analyse morale et de sentiment, car ce qui en reste permet de supposer ce qui est perdu, et ce reste est de premier ordre. C'est autre chose que le meilleur Marivaux, plus et mieux à quelques égards. Déjà, dans *la Mère confidente*, Marivaux avait visé à l'émotion et il y était arrivé. Mais la tentative, encore discrète, ne dépassait pas les règles du genre tel qu'il était constitué à ce moment. Avec *la Femme fidèle*, il veut exciter la pitié et, par une gradation des plus délicates, il amène, conduit et ramène, au moment culminant de ce petit drame, un sentiment de douleur chez le per-

---

1. *Marivaux, sa vie et ses œuvres d'après de nouveaux documents*, 1882, in-8°; nouvelle édition, 1894, in-12.

sonnage principal, de compassion chez le spectateur.

Le sujet, c'est le retour dans sa famille d'un personnage qu'on a cru mort : sujet bien vieux, car il est déjà dans l'*Odyssée* d'Homère, mais toujours neuf, puisque, en 1854, Mme de Girardin en tirait un petit chef-d'œuvre, demeuré au répertoire, *la Joie fait peur*, et tout près de nous, en 1887, le Théâtre-Libre, dans ses audaces de nouveauté, en faisait *Jacques Damour* [1]. Chez Marivaux, le revenant est un mari, dix ans captif chez les Maures d'Alger, comme il pouvait arriver en un temps où les Barbaresques écumaient la Méditerranée. Sa femme l'aimait ; elle l'a attendu et pleuré, mais sa mère veut la remarier, et la prétendue veuve, obsédée, est à bout de résistance. Comment le mari se fera-t-il reconnaître de la femme ? De cette donnée, Marivaux a tiré un petit drame intime, d'une sincérité de sentiment rare en tout temps, unique du sien, et d'une franchise d'exécution qui n'est pas commune chez lui.

Sur l'interprétation primitive, le manuscrit de l'Arsenal ne donne que deux indications : Mlle Lavault, pour le rôle de la marquise, et Mlle Asvedo,

---

[1]. Pièce en un acte, tirée de la nouvelle de M. Émile Zola, par M. Léon Hennique. *Jacques Damour* a été représenté depuis au théâtre de l'Odéon.

pour celui de Mme Argante. Mlle Lavault est peut-être la même que Mlle Lamy, portée dans le tableau de la troupe (où il n'y a pas de Mlle Lavault) avec l'emploi que voici : « Les premières amoureuses, les premières soubrettes, les jeunes paysannes, les rôles chantants dans les opéras et les opéras comiques ». Si c'est Mlle Lamy, voici ce que M. J. Cousin nous apprend à son sujet : « Mlle Lamy, fille de condition, pauvre mais vertueuse — dit-on — jouait la comédie et chantait l'opéra comique comme une artiste de profession. La rigoureuse susceptibilité de sa famille lui interdisant le théâtre, elle trouvait à Berny un asile honorable qu'égayaient à l'envi sa jeunesse, sa beauté, ses grâces et son esprit ». Pour Mlle Asvedo, nous savons simplement qu'elle jouait « les ridicules, les soubrettes en second, les rôles sensés, les secondes amoureuses et les mères ».

Dans la saison de 1893-94, le théâtre de l'Odéon représentait, dans ses matinées classiques, les principales comédies de Marivaux et j'étais chargé des conférences préparatoires. Il me semblait que c'était là une occasion unique de mettre *la Femme fidèle* en lumière, et aussi que, sans cette pièce, Marivaux ne serait pas complètement connu. C'était aussi l'avis des directeurs du théâtre, MM. Marck et Desbeaux. Mais, je viens de le dire, il y a huit rôles dans la pièce et le manuscrit de l'Arsenal ne nous en donnait que quatre. Déjà, en 1882, j'avais étudié ce manuscrit et il m'avait paru que le travail de reconstitution pouvait être poussé plus loin que n'avait fait M. Cousin. Ce travail, chez ce dernier, était aussi complet que le comportait une publication dont Marivaux n'était pas l'objet principal ; dès qu'il ne s'agissait plus que de lui, ce qu'avait négligé M. Cousin devait être recueilli. Je revins donc à l'Arsenal et je transcrivis dans le recueil de Berny tout ce qui appartenait à *la Femme fidèle*.

Restait à combler les lacunes, car il manquait toujours quatre rôles. Je ne suis pas auteur dramatique et j'ai passé l'âge où on le devient. Je ne songeais donc pas à collaborer moi-même avec Marivaux. Mais un de mes plus intimes amis, M. J. Berr de Turique, avait fait ses preuves à la Comédie-Française, à l'Odéon et au Gymnase, par plusieurs pièces pleines de finesse et d'esprit. Il voulut bien accepter de compléter *la Femme fidèle*. Son travail fini, nous le relûmes ensemble et la pièce fut jouée à l'Odéon, le 8 mars 1894, avec *la Mère confidente*. Je confesse que nous redoutions un peu sur une affiche contemporaine ce titre à la façon de Diderot, où même de Bouilly, *la Femme fidèle*, et nous prîmes sur nous d'y substituer *les Revenants*, qui nous sembla moins poncif et aussi expressif.

Le succès de représentation fut très vif devant le public spécial des matinées classiques, public lettré et d'impressions très sûres [1]. La presse n'avait pas été convoquée; mais M. Francisque Sarcey n'a pas besoin d'être mandé au théâtre pour y venir, et il dit aux lecteurs de son feuilleton ce que valaient les fragments de Marivaux, le travail de M. Berr de Turique et l'interprétation [2]. La pièce ainsi reconstituée était, suivant lui, « un pur bijou ». Au lecteur de juger si l'éloge était mérité; mais ce que nous ne pouvons lui rendre ici, c'est l'interprétation, qui fut de premier ordre. Mise en scène par M. Marck avec le soin qu'il apporte aux matinées classiques et qui est des plus méritoires, dans l'énorme travail dont l'Odéon s'est fait une manière d'être, la pièce fut jouée comme elle avait été écrite par Marivaux, dans un mouvement à la fois mesuré et rapide, avec un mélange délicat d'émotion et de comique, surtout avec la sincérité indispensable.

Les acteurs, c'étaient MM. Delaunay (le marquis), Duard (Frontin), Duparc (Dorante), Janvier (Colas) [3]

---

1. La pièce fut ensuite jouée le soir; elle eut vingt-huit représentations, du 8 mars au 3 mai 1894. Elle fut jouée aussi le 26 avril, dans la matinée donnée au Trocadéro pour la caisse de secours de la Société des gens de lettres.
2. *Le Temps*, 12 mars et 9 avril 1894.
3. M. Janvier, tombé malade au cours des représentations, fut remplacé pendant onze fois par M. Darras.

et Paumier (Scapin), et Mmes Fège (la marquise), Dunoyer (Mme Argante) et Basset (Lisette). Tous furent excellents et ils donnèrent cette impression exquise et rare, qui est le but dernier de l'art théâtral, l'accord parfait de la pièce et de l'interprétation, des détails et de l'ensemble. Deux d'entre eux surtout portaient le poids de la pièce et, à l'exemple de M. Sarcey, je dois marquer leur part spéciale dans le succès. M. Delaunay, fils du célèbre jeune premier, rendait aux spectateurs l'élégance et la chaleur de son père; il était plein d'autorité dans un rôle où le grand seigneur, le mari et le maître doivent percer, sans se trahir, sous les loques d'un vagabond. Mlle Fège, déjà remarquée pour l'adresse et la vérité piquante de son jeu, montrait ici, avec une fine observation des nuances, une faculté d'émotion qui, jointe à ses autres qualités, forme un talent des plus souples.

Si habile que fût le pastiche exécuté par M. Berr de Turique, il ne saurait lui convenir, pour Marivaux et pour lui-même, de confondre son travail avec la prose originale. Voici donc ce qui appartient en propre à Marivaux et ce qui revient à son collaborateur. Le manuscrit de l'Arsenal contient au complet les rôles du *marquis*, de la *marquise*, de Mme *Argante* et de *Colas*; M. Berr de Turique a suppléé ceux de *Frontin*, de *Lisette*, de *Dorante* et de *Scapin*. Dans l'impossibilité où il se trouvait, en l'état des fragments, de reconstituer complètement le plan de Marivaux, il a dû ajouter quelques répliques aux rôles du marquis, de Colas et de Mme Argante. Pour le même motif, il a dû, vers la fin, laisser quelques fragments des autres rôles en dehors de son travail. Ces fragments sont reproduits à la suite de la pièce, afin que le lecteur ait sous les yeux tout ce qui se trouve dans le manuscrit de l'Arsenal. Le texte original est en caractère ordinaire, les additions sont en italique dans la réimpression de la pièce, qui se trouve en appendice à la fin du présent volume.

Décembre 1894.

PAPILLON DE LA FERTÉ [1]

La mode est plus que jamais aux publications sur le théâtre et, comme notre temps préfère les documents originaux, dans leur sécheresse positive, aux considérations esthétiques les plus éloquentes, les chercheurs exhument des archives tout ce qu'elles peuvent fournir de pièces, officielles ou privées, intéressant notre passé théâtral. Il y a quelques années, la Comédie-Française éditait, avec un luxe digne d'elle, le registre dans lequel

1. Ce morceau est d'une date plus ancienne que ceux qui composent le présent volume. Il appartient à une série d'articles publiés dans le *Parti national*, de 1887 à 1888, où je faisais mon apprentissage de journaliste. Si je le réimprime sans y rien changer, c'est d'abord parce que le sujet qui y est traité, étant d'histoire pure, conserve l'intérêt qu'il peut avoir. C'est aussi parce que, peu de mois après sa date, des circonstances imprévues m'appelaient à des fonctions en partie analogues à celles qu'exerça Papillon de la Ferté. Je ne partage pas, sur les comédiens de notre temps, tous les sentiments que lui inspiraient ceux du xviii° siècle; cependant, en ce qui touche les théâtres d'État, il y a quelques points sur lesquels je lui donnerais encore raison.

un camarade de Molière, La Grange, avait raconté au jour le·jour l'histoire de la troupe illustre dont il faisait partie. Tout récemment, M. Édouard Thierry, l'ancien directeur du même théâtre, tirait un gros volume du journal personnel, où il avait consigné pour lui-même les faits notables de son administration. Avec ces deux volumes d'intérêt inégal, mais de même nature, nous tenons par les deux bouts la chaîne de la tradition dramatique sur notre première scène littéraire. Voici que M. Ernest Boysse, en publiant le journal de Papillon de la Ferté, intendant des Menus-Plaisirs du roi, de 1756 à 1780, apporte une large contribution à l'histoire des théâtres royaux sous l'ancien régime.

Ce volume est l'un des plus riches en renseignements et aussi l'un des plus intéressants par lui-même que nous ayons dans cet ordre d'études. Il y a là de quoi rectifier bien des erreurs et préciser bien des notions vagues; on ne saurait plus écrire sur les questions qui s'y rattachent sans l'avoir sous les yeux. Je n'en parlerais pas à cette place s'il n'avait qu'une valeur documentaire; mais j'en vois ressortir une curieuse physionomie, celle de Papillon, l'auteur du journal. Peut-être aura-t-on, à la regarder pendant quelques instants, un peu du plaisir que j'ai eu moi-même en la voyant se préciser à mesure qu'avançait ma lecture. Dans un genre de fonctions très difficiles et très délicates, Papillon de la Ferté fut un fonctionnaire hors ligne et, par lui-même, il était quelqu'un. Double originalité qui vaut bien qu'on la signale. Aujourd'hui comme autrefois, tant d'hommes ne sont rien que par leurs fonctions et se contentent d'y suivre une commode routine!

*
* *

Imaginez un homme actif, intelligent, méthodique et économe, obligé de lutter sans relâche contre la paresse et l'esprit brouillon de ses chefs, le désordre et la prodigalité invétérés dans le service qu'il dirige; vous aurez le caractère et la vie de Papillon de La Ferté.

Comme intendant des Menus-Plaisirs, il administre les finances de la maison du roi, il organise les fêtes de la cour et surveille les trois théâtres pensionnés sur la cassette, Comédie-Française, Comédie-Italienne et Opéra. Or, on lui demande de tenir tout sur un grand pied et le surintendant des finances ne veut pas lui donner d'argent; la cour exige des fêtes brillantes et il n'y a pas de quoi les payer; les premiers gentilshommes de la chambre, chefs suprêmes des théâtres, veulent que l'ordre y règne et ils·y mettent continuellement le désordre.

Le grand Dauphin est malade et les draps de son lit, trop rudes, lui font mal. Un courrier est expédié à Papillon qui fait immédiatement préparer des draps de fine toile. L'auguste malade meurt et, vite, il faut préparer une double pompe funèbre, car le corps est emporté en province. Le deuil terminé, les fêtes recommencent et l'intendant des Menus-Plaisirs est partout, à Paris, à Versailles, à Marly, discutant avec les entrepreneurs, les décorateurs, les charpentiers, plaçant et déplaçant son matériel, obligé de changer ses plans de fond en comble, du soir au lendemain, sur un caprice du roi, d'un prince ou du gentilhomme en exercice. Il devait y avoir bal, il y aura comédie ; on voulait un feu d'artifice, on exige un souper. Et l'argent coule, coule, toujours rare et toujours prodigué, tandis que Papillon se lamente et suffit à tout.

Un petit fait qui en dit long sur les dessous misérables de ces dehors brillants. Le roi, satisfait d'un comédien, veut lui offrir une tabatière, avec son portrait. Papillon reçoit des ordres en conséquence, mais il n'a pas d'argent et les bijoutiers de Compiègne refusent de livrer la tabatière à crédit; il faut s'arranger encore pour sauvegarder le respect de la maison royale.

Non seulement le dévouement, la talent et l'activité de l'intendant sont mis à de rudes épreuves, mais sa dignité elle-même ; il sort à son honneur de tous ces embarras, de quelque nature qu'ils soient. Entre les ordres contradictoires qu'il reçoit, il choisit pour le bien du service et laisse l'honneur de l'exécution aux brouillons qui n'ont fait que le gêner ; ce sont gens considérables, et sans flatterie ni bassesse il leur permet de croire qu'il est entre leurs mains un docile instrument.

⁎⁎⁎

Mais c'est dans ses rapports avec les théâtres qu'on apprécie le mieux Papillon. Il a horreur des comédiens, de leur fatuité, de leur humeur intrigante et querelleuse ; il écrit à plusieurs reprises des réflexions dans le goût de celle-ci : « Le plus sage parti est de se mêler le moins possible de ce tripot » ; et, malgré qu'il en ait, il n'est pas un jour ou il ne soit obligé d'intervenir dans leurs affaires, présidant leurs assemblées, vérifiant leurs comptes, apaisant leurs querelles.

Ici, la souplesse et le tact de notre homme deviennent le génie même de l'administration. Chacun des quatre gentilshommes de la chambre a ses idées à lui, ses favoris et ses favorites, ses goûts d'art dramatique; ils se jalousent et ne cherchent qu'à se contrarier; ils ne doivent agir que de concert et chacun d'eux se fait un point d'honneur de ne consulter que lui-même. Sur la même affaire, Papillon reçoit généralement quatre ordres différents. Il va donc du duc de Duras au maréchal de Richelieu, du duc d'Aumont au duc de Thury, rédige des programmes et des mémoires qu'il leur fait approuver séparément, neutralise les tracasseries de l'un par l'apathie de l'autre, et, usant lui-même d'une discrétion, d'une droiture, d'un désintéressement à toute épreuve, il réussit le plus souvent à assurer le bien du service au milieu de tous ces tiraillements.

Avec les comédiens et surtout les comédiennes, il s'est imposé la règle très sage et très méritoire de ne céder à aucune familiarité. Cela lui permet de mettre à la raison les deux têtes les plus indociles de la comédie, Mlle Hus, qui se grise de vin blanc, et Mlle Clairon, qui se grise d'orgueil. Il n'est pas flatteur pour ces reines de théâtre, vantées à l'envi par les poètes contemporains, d'être vues à travers la sèche précision des notes administratives.

*
* *

Regardez d'abord Mlle Hus qui était venue jouer à Fontainebleau : « La demoiselle Hus, ayant bu en chemin du vin rouge mêlé de blanc, par erreur de son domestique, est arrivée, avec les sieurs Brizard et Molé, complètement dans les vignes du seigneur, et prétendant que ceux-ci l'avaient empoisonnée. Ce n'est qu'à force de café que j'ai pu parvenir à la mettre en état de paraître sur le théâtre. J'avais prévenu le roi et la reine de ce petit incident. Cela les a divertis, d'autant que la peur et la présence du public lui ont remis assez bien la tête et qu'elle a joué gaiement ».

Pour Mlle Clairon, il la montre arrogante, remuante, d'une vanité pointilleuse et taquine, toujours prête à se répandre en discours, aussi interminables que majestueux. Le jour où, — justement blessée, cette fois, dans sa dignité d'artiste, — la tragédienne secoue sur la Comédie la poussière de ses cothurnes, Papillon pousse un cri de soulagement. Le duc de Duras voulait la décider à rester et s'épuisait en raisonnements ; Papillon, lui, garde le silence : « Mlle Clairon a mis en avant toutes sortes de prétentions ridicules, entre autres la demande des entrées des comédiens à la chambre au roi. M. le duc de Duras était à la torture par tous ces raisonnements. Pour mon compte, j'ai jugé à propos de n'être que spectateur d'une scène aussi déplorable ».

Les hommes de théâtre lui sont encore plus odieux que les femmes ; il en est peu qui trouvent grâce devant lui. Molé surtout, pétri d'égoïsme et d'orgueil, vrai type du cabotin de talent, a le don de lui porter sur les nerfs.

Et comme s'il avait à justifier son antipathie vis-à-vis de lui-même, il en résume ainsi les raisons, en indiquant sa règle générale de conduite : « Le moins qu'un galant homme puisse avoir affaire aux comédiens, mieux cela vaut. Il n'y a qu'ingratitude, tracasserie et peut-être pis à en attendre, surtout lorsque les grands seigneurs voudront les gâter en se familiarisant trop avec eux. Autant je pense qu'on doit encourager et récompenser leurs talents, autant je suis d'avis qu'il faudrait punir leur insolence et leur insubordination ».

En débarrassant cette profession de foi d'un excès de mauvaise humeur et de quelque injustice, elle se trouve pleine de sens et justifiée par les faits. On a la preuve continuelle, avec le journal de Papillon, que les comédiens étaient aussi empressés à solliciter l'intervention de leurs chefs, lorsqu'ils y trouvaient profit, qu'à la discuter et à y résister lorsqu'elle s'exerçait contre leurs caprices, au détriment des égoïsmes individuels et pour le bien de leur maison. Or, les gentilshommes de la chambre n'intervenaient guère que par humeur ou pour servir des intérêts privés. Il fallait, à côté d'eux, un homme personnellement désintéressé et guidé par la ferme notion de l'intérêt général. Papillon de la Ferté fut cet homme. Il n'aimait pas les comédiens et personne peut-être, au siècle dernier, ne rendit autant de services à la Comédie-Française.

28 novembre 1887.

NÉPOMUCÈNE LEMERCIER
ET « PINTO [1] »

Mesdames, Messieurs,

Vous allez assister à la représentation de *Pinto*, *ou la Journée d'une conspiration*, comédie historique de Népomucène Lemercier. Né en 1771, l'auteur est mort en 1840. Son existence s'est donc partagée entre la fin du XVIIIe siècle et le commencement du XIXe. Aussi nul écrivain plus que lui ne porte la marque d'une époque de transition. *Pinto* est de 1801 (1er germinal an VIII), sous le Consulat, trois ans avant l'Empire, c'est-à-dire que la pièce vint à un moment décisif de l'histoire. Joignez à cela que l'auteur fut incontestablement un homme de génie, mais d'un génie gauche, incomplet, comme estropié. Pour tous ces motifs, Lemercier

---

1. Conférence faite au théâtre national de l'Odéon le 19 mars 1896.

et *Pinto* sont, je ne dis pas les meilleurs ni les plus parfaits, mais les plus originaux, les plus complexes et les plus curieux des auteurs et des pièces qui ont défilé devant vous au cours de ces matinées. Je voudrais, en vous présentant l'homme et l'œuvre, démêler ces divers éléments d'intérêt.

⁎⁎⁎

Lemercier s'appelait Népomucène. C'est un de ces malheurs dont on n'est pas responsable, mais qui pèsent sur toute la vie, et même durent après la mort, lorsqu'on arrive à la postérité. Malgré ce vocable fâcheux, gardez-vous de prendre notre auteur pour un de ces fades écrivains, dont les noms semblent prédestinés à couronner les œuvres. Il n'est pas, mais du tout, de la même race que Luce de Lancival, Écouchard-Lebrun, Collin d'Harleville, Fabre d'Églantine ou Baour-Lormian, troubadours ou pompiers, dont les œuvres conventionnelles exhalent un si mortel ennui. Celui-là était un homme, un vrai, qui, en d'autres temps et avec moins de gênes, se serait fait une place parmi les grands écrivains.

Ce premier malheur fut immédiatement suivi d'un second, beaucoup plus grand. L'enfant, qui avait eu un parrain cruel, eut une nourrice barbare. Il était au berceau lorsqu'elle le laissa tomber : il se fit à la tête une blessure si grave qu'une paralysie du côté droit se déclara immédiatement et dura toute sa vie. Lemercier semblait donc condamné à mener une existence languissante. Telle était la force originelle de son âme, qu'il parvint à triompher de son infirmité à force de courage et d'énergie. Entre tous les témoignages que nous avons à ce sujet, en voici un, le plus autorisé et le mieux informé, celui du poète Ducis, qu'une étroite amitié unissait à Lemercier et qui, dans sa candeur pompeuse de bonhomme, se connaissait en héroïsme. Ducis écrivait dans une lettre particulière :

Je pars demain matin pour Paris avec mon jeune et charmant ami Lemercier. Je l'aime avec une profonde et tendre affection, et je l'admire comme un être extraordinaire. Au sortir de l'enfance, pour guérir son jeune corps, dont la moitié a été frappée de paralysie, il a passé par toutes les tortures. C'est sur la roue de ses douleurs qu'il a appris à mépriser toutes les infortunes et à braver tous les méchants. Il a trempé son âme dans le courage de la patience. Il a monté de supplice en supplice dans la sphère supérieure qu'il habite. Il a étudié son corps en souffrant, comme une chose qui lui était étrangère. La partie vivante et la partie morte de ce corps d'Antinoüs, qui cache les muscles d'Hercule, il en tient les rênes dans ses mains ; il les conduit, ces deux parties de son moi physique, avec sagesse et fermeté. La douleur l'a aussi rendu médecin. Il me semble que son âme tout entière existe dans la partie vivante avec des redoublements d'esprit, de raison, de sagacité, et une étendue de vue, une audace de conception, qui en fait pour moi un phénomène charmant, tandis que la partie non vivante en fait pour moi un phénomène qui m'attendrit et le héros de la douleur qui m'étonne. C'est tout cela qui m'explique les grandes passions qu'il a inspirées et senties : car les femmes supérieures ont des yeux pour voir et adorer tous ces prodiges, surtout quand ils se rassemblent dans une figure pleine de charme où toutes ces puissances jouent à la fois et s'embellissent et se doublent par leur mélange.

Malgré l'emphase du vieux tragique, reconnaissant envers l'ami qui le conseillait, corrigeait ses pièces et en dirigeait pour lui les répétitions, tout cela est vrai, au pied de la lettre. Le doyen de notre littérature dramatique, qui, lui aussi, a connu et aimé l'auteur de *Pinto*, M. Ernest Legouvé, a écrit sur lui la plus intéressante notice et m'a fait l'honneur de causer longuement avec moi de Lemercier. Il dit dans sa notice : « Lord Byron, comme on le sait, était pied bot. Cette difformité a joué un grand rôle dans sa vie. Comme tous les hommes de combat, il a éprouvé le besoin de lutter contre cette injustice de la nature et de la convaincre d'impuissance. Il voulut mieux nager, mieux boxer, mieux monter à cheval que les hommes pourvus de membres complets et parfaits. Quand il traversa le détroit d'Abydos à la nage, ce n'était pas seulement une prouesse de nageur, c'était un défi de pied bot. Ainsi s'explique en partie la violence avec laquelle M. Lemercier se précipita dans tous les exercices physiques, dans les romanesques aventures de courage et d'amour : ses témérités et ses passions étaient des protestations. La nature l'avait plus maltraité encore que lord Byron ; eh bien, l'escrime, l'équitation, les vaillantises de toutes sortes, n'avaient ni fatigues ni périls qu'il ne se fît un jeu de braver[1] ». Aussi, pendant le Directoire et le Consulat, l'époque de notre histoire où l'on fut le plus galant et le plus brave, Lemercier était-il renommé parmi les plus braves et les plus galants.

De sa bravoure, voici un trait, que rapporte M. Legouvé, et qui offre bien la marque du temps. Le joli sujet d'aquarelle pour un Flameng ou un Cain ! Lemercier est au Théâtre-Français. Arrivé un jeune officier, beau et fat, brillant et bruyant comme le sabre qu'il traîne derrière ses talons éperonnés. Il se plante devant Lemercier et, de son large dos, lui cache la scène : « Monsieur, fait doucement Lemercier, vous m'empêchez de voir ». L'officier se retourne, toise son interlocuteur, ne répond rien et ne se dérange pas : « Monsieur,

---

1. ERNEST LEGOUVÉ, *Soixante ans de souvenirs*, t. I, chap. IV

reprend le poëte avec douceur, je vous ordonne de vous retirer de devant moi ». Cette fois, l'officier daigne parler, et, le sang aux joues : « Vous m'ordonnez! fait-il. Savez-vous à qui vous parlez? A un homme qui a rapporté les drapeaux de l'armée d'Italie! — C'est bien possible, réplique Lemercier. Un âne a bien porté des reliques ». De là provocation et duel. L'officier eut le bras cassé.

L'infirme qui parlait et agissait de la sorte était, lorsque M. Legouvé eut avec lui sa première entrevue, « un homme d'une soixantaine d'années, petit de taille, mais d'une figure encore charmante, avec ses cheveux d'un gris d'argent soigneusement ondulés sur les tempes. Son front, partagé au milieu par la mèche napoléonienne, était tout couvert d'un léger réseau de petites veines frémissantes, comme sur le cou des chevaux de race; ses yeux bleus, grands, humides, avaient un éclat d'escarboucle; son nez, recourbé en bec d'aigle, retombait sur une bouche remarquablement petite, aux lèvres minces, mobiles, contractiles, prêtes également à lancer un trait mordant ou à se détendre en un sourire plein de finesse, le tout enveloppé d'une grâce, d'une courtoisie, qui rappelait les manières de l'ancienne société française où il avait beaucoup vécu ». J'ai eu sous les yeux le beau médaillon que David d'Angers a modelé d'après Lemercier, et je n'y vois qu'un trait de plus à faire entrer dans le portrait à la plume de M. Legouvé. Lemercier, outre son nez caractéristique, avait une mâchoire qui dénotait une énergie singulière. Joignez à cela qu'il était fort élégant dans sa mise et choisissait ses cravates avec un soin particulier.

L'enfant si cruellement blessé était devenu un des hommes les plus séduisants de son temps. Il resta jusqu'au bout un beau vieillard, remarquablement vert. Dans le monde, son esprit était fameux. Talleyrand, lorsqu'on l'appelait le plus brillant causeur de Paris, répondait : « Ce n'est pas moi qui mérite ce nom, c'est Lemercier ». Il fréquentait beaucoup chez la charmante Mlle Contat, qui créa Suzanne du *Mariage de Figaro*. Dans son salon, où elle était « entourée d'hommes aussi honorables que spirituels », Lemercier plaisait beaucoup, dit Arnault, « soit par le charme de son esprit, soit par la singularité de ses doctrines ». L'auteur des *Souvenirs d'un séxagénaire* ajoute : « Ses propositions nous semblaient tant soit peu hétérodoxes, mais il les défendait d'une manière si piquante, mais il en supportait la critique avec tant de bonne grâce, qu'on eût été presque fâché de le convertir et de lui faire abjurer des systèmes qui fournissaient un aliment perpétuel à la conversation la plus amusanté ». Ces théories de Lemercier étaient, en effet, le contraire de la tradition, et, appliquées dans ses pièces, elles provoquaient ces résistances furieuses que toute tentative originale, toute secousse imprimée aux habitudes prises, toute recherche de vérité neuve, toute irrévérence envers les vieilles conventions soulève au théâtre, le plus routinier des genres, chez les directeurs, les acteurs, le public et les critiques.

Enfant prodige, Lemercier avait débuté à dix-sept ans par une tragédie antique, *Méléagre*, coulée dans le vieux moule, si usé depuis cent ans. Cette expérience lui avait montré combien la manière française de représenter l'antiquité était fausse et incolore. Il voulait revenir à la simplicité, à l'énergie, à la couleur grecques. Sans timidité, avec respect, il se plaçait en face d'Eschyle et essayait de hausser son âme à la hauteur de ce génie colossal. Il y réussissait dans un *Agamemnon* où se trouvent des scènes d'une grande beauté, infiniment supérieures, non seulement à tout ce qu'a produit la littérature tragique de l'Empire, mais aux meilleures inspirations de Voltaire. Le critique Geoffroy se mit dans une colère furieuse. Disciple de La Harpe, qui ne voulait à aucun prix de l'horreur grecque, il trouva la nouvelle tragédie « atroce et dégoûtante ».

Lemercier tint bon, et jusqu'au bout, avec des succès divers, il tendit à la vérité. Dans *Ophis*, il s'efforçait d'être égyptien. A travers toute une série de pièces : *Clovis, la Démence de Charles VI, Frédégonde et Brunehaut, Charlemagne, Baudoin, Saint Louis en Égypte*, il tentait d'imposer à la tragédie française le sens et le respect de l'histoire. Il reprenait la tentative de *Zaïre*, de *Tancrède* et d'*Adelaïde du Guesclin*, pour la pousser plus avant et créer une tragédie nationale. Il était temps, disait-il, d'appliquer l'art tragique « aux faits et aux mœurs de notre pays, comme les Grecs l'avaient appliqué aux traditions de leur patrie, et de peindre non les héros de l'histoire ancienne ou étrangère, mais ceux de la nôtre ». Il respectait l'unité d'action, essentielle au théâtre; mais, pour l'unité de temps et l'unité de lieu, il ne les trouvait nullement indispensables.

C'était là du romantisme avant le romantisme, et, en 1829, l'auteur de la préface de *Cromvell* ne dira pas autre chose. Malheureusement, bien des choses manquaient à Lemercier pour donner à ses théories l'indispensable consécration du succès.

D'abord l'égalité de l'inspiration et le don du style. Tantôt excellent, tantôt détestable, privé de tact et de goût, sublime et trivial, il s'élevait d'un coup d'aile aux sommets d'où se découvrent les vastes horizons, puis il retombait dans les bas-fonds de la médiocrité. Il était inquiet et confus. Son ami Ducis, qui le connaissait bien, lui écrivait : « Avec votre prodigieuse richesse dans les idées, avec votre sagacité et la finesse de vos aperçus, avec cette audace du génie qui fait les braves sur les terribles champs de bataille de Melpomène, il ne vous reste plus que de laisser toutes ces acquisitions, toute cette puissance se reposer, s'éclaircir et se mettre en place et harmonie ». Cette liqueur bouillonnante et fumeuse ne parvint que rarement à se reposer et à s'éclaircir.

Puis, Lemercier faisait trop de choses. Outre la tragédie nationale, il voulait créer la comédie historique ; de là *Pinto, la Journée des Dupes, l'Ostracisme, Christophe Colomb*. Il voulait créer la comédie politique et sociale ; de là le *Tartuffe révolutionnaire*. Il voulait, comme pour la tragédie, ramener la comédie à ses origines et, dans *Plaute ou la comédie latine*, il se proposait « d'offrir la source d'où elle est née et l'esprit de son créateur ». Il abordait des sujets terribles, comme *la Panhypocrisiade ou la Comédie infernale du XVIe siècle, l'Atlantique ou la Théogonie newtonienne, la Mérovéide ou les Champs catalauniques*. Entre temps, un déluge ininterrompu de petits poèmes et d'écrits de circonstance, sans parler d'un cours de littérature générale en quatre volumes pleins d'idées.

Devant tout cela, critiques et public étaient ahuris et hurlants. Lemercier, intraitable et serein, luttait, indifférent aux échecs. Dans cette production chaotique, les parties admirables abondent. Quelques-uns le reconnaissaient, comme Charles Nodier, qui disait de la *Panhypocrisiade* : « Il y a dans cette œuvre tout ce qu'il fallait de ridicule pour gâter toutes les épopées de tous les siècles, et, à côté de tout cela, tout ce qu'il fallait d'inspiration pour fonder une grande réputation littéraire ». Il ajoutait : « C'est quelquefois Rabelais, Aristophane, Lucien, Milton, à travers le parodiste de Chapelain ». Il avait raison : Lemercier est parfois l'égal de ces génies.

Il rappelle aussi Dante et Shakespeare, que, seul en son temps, il acceptait tout entiers, sans faux goût ni fausse délicatesse. C'est qu'il était de leur famille. Il le sentait et ne craignait pas de le laisser entendre. Il écrivait directement à l'auteur de la *Divine comédie* : « Impérissable Dante, où recevras-tu ma lettre ? Quels lieux habites-tu depuis que tu n'es plus dans ce monde vicieux, où, de jour en jour, nous sentons que ton génie vengeur nous manque ?... Je t'adresse cet écrit dans ces régions inconnues, séjour ouvert par l'immortalité aux âmes sublimes d'Homère, de Lucrèce, de Virgile, d'Arioste, de Camoëns, de Tasse, de Milton, de Klopstock et de Voltaire ». Ce dernier est de trop, mais le poème ainsi adressé était en partie digne de son destinataire. A côté de divagations illisibles, les vers exquis ou forts abondent. On dirait Victor Hugo, lorsqu'il est apocalyptique, moins la sûreté constante de la facture chez l'auteur des *Quatre Vents de l'esprit*.

Le malheur, en effet, est que, dans quatre vers de Lemercier, il y en ait généralement deux de faibles. Il se sert d'un mauvais instrument, la langue fatiguée du xviiie siècle. Il lui faudrait une forme neuve, hardie, colorée, et il s'en tient à celle de Delille. Elle revêt une pensée trop forte. Sur ce corps robuste, la mince étoffe craque à chaque instant. Lemercier aurait dû créer sa langue, comme firent les romantiques. Il ne pouvait ni ne voulait. Cet homme de toutes les hardiesses dans la pensée avait dans le style toutes les timidités de son temps.

Aussi, renié par ses contemporains, il reniait ses successeurs, ceux qu'il aurait pu déclarer pour ses enfants. Il ne voulait rien avoir de commun avec Chateaubriand et Victor Hugo. Membre de l'Académie française, il votait obstinément contre la nouvelle école. Il déclarait que, lui vivant, il lui barrerait toujours la porte. Il arriva ce qui arrive d'habitude en pareil cas. On n'arrête pas une génération qui s'élève. Elle est la jeunesse, elle est l'avenir. Lemercier eut pour successeur à l'Académie le chef de l'école romantique, Victor Hugo, qui lui rendit pleine justice dans son discours de réception, superbe étude, où, vraiment, il parlait de lui comme d'un ancêtre. Quant à Lemercier, lorsqu'on lui disait qu'il était le père des romantiques, il les traitait d' « enfants trouvés ».

* *

Tels furent, à grands traits, l'homme et le poète dans Népomucène Lemercier. Il y avait chez lui la moitié au moins d'un grand écrivain. Rappelez-vous ces monstres dont parle la Fable. Fils de la terre primitive, moitié hommes et moitié bêtes, leur front est sublime et leur regard hardi; mais leur croupe est encore de l'animal. Lourde et rampante, elle les arrête et les retient. N'y eut-il point chez Lemercier un triste mystère de physiologie? Je vous ai dit l'accident d'enfance, qui l'avait frappé. Son génie ressemblait à son corps. Un médecin eût sans doute trouvé chez lui une intelligence d'hémiplégique, à moitié vigoureuse, à moitié atrophiée.

Parfois cependant, la partie vivante de Lemercier suffisait sinon à des chefs-d'œuvre, du moins à des œuvres de premier ordre. Tels *Agamemnon* et *Plaute*. Tel surtout ce *Pinto*, qui est l'objet de cette matinée. Vous allez vous trouver en présence d'une œuvre complète, intéressante d'un bout à l'autre, sans analogue dans le passé, animée d'un souffle puissant, féconde si elle avait pu produire tout ce qu'elle portait dans ses flancs. Un des critiques de Lemercier, Charles Labitte, ne craint par de dire que de *Pinto* « aurait daté la rénovation de la scène française, s'il n'eût été coupé court à ses hardiesses par la régularité de l'Empire ». Ce grand éloge est mérité.

Pinto a comme sous-titre *la Journée d'une conspiration* et est qualifié de *comédie historique*. Lemercier, à vrai dire, ne savait pas bien exactement ce qu'il avait fait. Inadvertance ou parti pris, les premiers feuillets de l'édition originale de *Pinto* portent alternativement, de page en page, le titre courant de « drame » et celui de « comédie ». La pièce est l'un et l'autre. Elle agite les plus graves intérêts, la conquête d'une couronne et l'indépendance d'un peuple. L'un des personnages, le ministre Vasconcellos, est égorgé dans la coulisse.

Vous le verrez, traqué comme une bête fauve, décharger ses pistolets sur la meute des conspirateurs et sauter par la fenêtre au bas de laquelle les piques sont dressées pour le recevoir. Par là c'est un drame. C'est aussi une comédie, car le ton est presque toujours comique. Vous verrez une dame d'honneur, Mme Dolmar, espiègle et rieuse, bondissante et bruyante comme un grelot sur un tambour de basque, traverser l'action en fusée, brouiller et débrouiller à l'étourdie la trame du complot, se coucher par jeu dans le lit de la duchesse de Bragance, et enfermer dans une armoire un muet, qui, à son tour, y enferme Vasconcellos. Vous entendrez la querelle d'un capitaine brutal et d'un moine paillard; vous verrez un poltron qui fait le brave et que la peur oblige à se montrer héroïque; un archevêque bredouillant, et plus optimiste que jamais, au moment où va réussir la conspiration qui ruine son parti; vous entendrez un juif parler français avec l'accent germanique, sous prétexte que l'action se passe en Portugal.

Ne retrouvez-vous pas dans tout cela de vieilles connaissances, que le drame romantique, voire le mélodrame, vous ont rendues familières, depuis Victor Hugo et Alexandre Dumas père, jusqu'à Anicet Bourgeois et M. d'Ennery? Don Carlos dans son armoire, au début d'*Hernani*, Casilda et don César de Bazan de *Ruy Blas*, Gorenflot de la *Reine Margot*, Poulain de la *Sorcière des États de Blois*, le juif de *Marie Tudor*, les courtisans ridicules ou odieux d'un peu partout seraient à l'aise dans *Pinto*, comme chez eux. Le héros de la pièce, brave et gai, habile et agile, est le frère aîné de tous les héros de drame. Il est un peu laquais et beaucoup patriote, comme Ruy Blas. Le ministre Vasconcellos, pris à son propre piège, est non seulement un premier crayon de don Salluste, mais de tous les troisièmes rôles, les traîtres. Je me contente d'indiquer les principales de ces analogies; vous en reconnaîtrez bien d'autres au cours de la représentation.

Après réflexion toutefois, Lemercier s'est rendu compte de son dessein et il nous dit lui-même, en 1828, dans la préface de ses *Comédies historiques* :

> Voici quelle occasion fit naître ce nouveau genre de composition théâtrale... Dans un cercle de personnes amies de la littérature et des beaux-arts, j'entendis affirmer que le *Mariage de Figaro* était la dernière innovation possible, après tant de productions variées qu'avait fournies la fécondité des auteurs dramatiques. On assurait que tous les ouvrages futurs rentreraient nécessairement dans les mêmes moules, et qu'on ne saurait plus rien créer de nouveau, sans s'écarter défectueuse-

ment des règles étroites de l'art. Quoique jeune encore, mais ayant déjà donné au théâtre plusieurs pièces soumises aux formes classiques, j'osai m'élever contre le sentiment général et soutenir, contre la banalité de cette opinion, que l'imitation de la nature en tous ses modes était inépuisable, infinie. On combattit vivement mon avis : je le défendis avec chaleur, et, dans le feu de la discussion, on me défia de prouver le système que j'avançais par une composition entièrement neuve. Poussé à bout, j'acceptai la gageure assez étourdiment et m'engageai même à lire bientôt un ouvrage dramatique formé d'éléments inconnus au théâtre.

Le résultat de cette gageure fut *Pinto*, écrit en vingt-deux jours. Lemercier avait reconnu que la « perfection de la comédie domestique de mœurs, de caractères ou d'intrigue, et que les extensions du drame comprenaient toutes les formes imaginables »; d'autre part, il avait constaté « que la tragi-comédie ou comédie héroïque contenait le type des passions élevées et du noble langage qui les exprime, ainsi que la tragédie dont le spectacle représente, conformément à sa beauté idéale, les vertus et les crimes des rois et des héros ». Mais, en même temps, il s'était aperçu « qu'en dépouillant ces éminents personnages du faux appareil qui les couvre, et qu'en appliquant à leurs vices et à leurs actions perverses la force du ridicule, il en résulterait un genre vrai, moral, instructif, qui apprendrait au peuple à démasquer la basse politique, et lui montrerait les grands en déshabillé, et, pour ainsi dire, mis à nu sous le fouet de la satire ». Il conclait avec assurance :

> Mon problème résolu m'inspira la comédie historique de *Pinto*, qui lui servit de preuve évidente. Examinez la date de cette création, et vous verrez que jamais l'histoire n'avait été traitée de cette manière au théâtre, et qu'aucune pièce de ce genre n'y avait encore paru ; car on aurait tort de lui comparer quelques drames antérieurs où le langage noble et le familier sont unis, où les situations risibles et pathétiques se confondent. Aucun de ceux-là ne sont uniquement dirigés vers le but satirique, ni précisément écrits du ton de la franche comédie qui n'admet que le ridicule.

Voilà bien des choses. Cependant toutes sont dans *Pinto*.

Jusqu'à Lemercier, la tragédie se réservait les grandes infortunes, et la comédie les vices ridicules. Même dans les tentatives qui mêlaient les deux genres, on évitait de faire rire aux dépens des grands personnages, si l'on ne craignait plus d'émouvoir au profit des petits. Lemercier avait vu comment une grande royauté peut tomber d'une chute terrible et, à quelques égards, ridicule. Louis XVI et sa cour avaient prêté à rire et à pleurer. Les journées de la Révolution avaient montré comment les plus grandes catastrophes sont provoquées souvent par de petites causes : si

Henriot ne s'était pas grisé le 9 thermidor, Robespierre n'aurait pas été renversé.

Les petits côtés ne sont qu'une part de l'histoire, mais ils en sont une part. La comédie historique met ces petits côtés en lumière; elle n'omet pas les grands, mais elle les présente avec gaieté. Combinez ces deux éléments, en accordant plus ou moins à l'un ou à l'autre, et vous aurez la poétique non seulement de *Pinto*, mais de toutes les comédies historiques.

Ainsi Lemercier est dans son droit en réclamant le titre d'inventeur, « si précieux en toutes choses ». Tous ceux qui ont abordé après lui la comédie ou le drame historiques sont ses obligés. A cette heure, deux des plus grands succès de notre temps, *Madame Sans-Gêne* et *Thermidor*, relèvent de *Pinto*. Mais, sur *Thermidor*, je reviendrai tout à l'heure.

.˙.

Pinto, comédie historique, est emprunté non seulement à l'histoire, mais aussi à un historien, que l'auteur ne nomme pas, mais que ses contemporains ont nommé pour lui. S'ils ne l'eussent pas fait, il nous serait facile de le découvrir, car Lemercier l'a suivi pas à pas, très fidèlement.

Cet historien est l'abbé de Vertot, l'auteur, entre autres ouvrages, des *Révolutions de Portugal*. Vertot n'est plus à la mode, et les rénovateurs des études historiques en ce siècle l'ont sévèrement traité. Aujourd'hui qu'il ne gêne plus personne, nous pouvons lui rendre justice. J'ai lu les *Révolutions de Portugal*, à propos de *Pinto*, et j'y ai pris plaisir. Vertot écrit une langue excellente. S'il manque tout à fait de critique et de couleur locale, il a de l'action et de la vie.

Il raconte la révolution qui, en 1640, délivra le Portugal du joug de l'Espagne et fit le duc de Bragance roi d'un pays indépendant. A cette date, le Portugal est gouverné au nom de l'Espagne, par une vice-reine, qui n'a de l'autorité que l'apparence. Le vrai maître du pays est le ministre Vasconcellos, âme damnée du premier ministre d'Espagne, le duc d'Olivarès. Vasconcellos est un Portugais traître à son pays. Il l'écrase d'impôts, met tous ses emplois aux mains des Espagnols, ruine sa noblesse et la fait décimer sur les champs de bataille. La haine de cette oppression couve sourdement et n'attend qu'une occasion pour éclater. Le peuple et les grands mettent leur espoir dans le duc de Bragance. Celui-ci est un prince « d'une humeur douce et agréable, mais un peu paresseux »; il hait les Espagnols, « mais non pas jusqu'à se donner beaucoup de peine pour se venger de leur injustice; il a de l'ambition et il ne désespère pas de monter sur le trône de ses ancêtres, mais il se contente de ne pas perdre de vue ce dernier, sans hasarder mal à propos, pour une couronne fort incertaine, une vie agréable et une fortune toute faite ». En attendant, il mène joyeuse vie dans son château de Villaviciosa. Ce ne sont que parties de chasse et fêtes.

Il faut secouer cette apathie. C'est à quoi s'emploient de tout leur cœur et de toute leur habileté la duchesse sa femme et son intendant, Pinto Ribeiro. Le moment est venu, en effet, de prendre un parti, car Olivarès et Vasconcellos redoutent que le duc ne devienne le chef d'un complot. Ils songent d'abord à le faire arrêter par l'amiral espagnol, Lopez Ozorio, puis, le coup ayant manqué, à le faire venir en Espagne, pour l'y garder. Le duc se tient d'autant plus sur ses gardes que la duchesse et Pinto ne cessent de l'avertir et de l'exciter à prendre un parti. La duchesse a l'âme haute et énergique : « elle est née avec une forte inclination pour tout ce qui paraît grand et cette inclination est peu à peu devenue une passion démesurée pour la gloire ». Pinto est « un homme actif, vigilant, consommé dans les affaires et qui a une passion violente pour l'élévation du duc ». Il prend sur lui de convoquer les conjurés, les présente au duc, et, malgré les hésitations de celui-ci, le plan est formé : le palais royal sera attaqué, Vasconcellos tué, la vice-reine arrêtée, le duc de Bragance proclamé roi de Portugal.

Ce plan s'exécute de point en point et cette exécution forme le sujet de *Pinto*. La pièce, en effet, n'est que la mise en œuvre dramatique du récit de Vertot. Lemercier lui emprunte tous ses personnages, non seulement les principaux, mais les comparses : l'archevêque de Bragues, aveuglement dévoué à la vice-reine, lourd, confiant et bredouillant; les conjurés Mello, Mendoce et Almada, le poltron Alvaro, le juif Lemos. Il n'introduit de son chef que Mme Dolmar, la dame d'honneur, Flore Catarina, fille du duc de Bragance, le capitaine Fabricio, le cordelier Santonello et le muet Pietro. Encore Vertot lui fournissait-il l'indication de tous ces personnages, sauf le rôle de Mme Dolmar. Comme intrigue, il se contente d'imaginer un projet de mariage entre Pinto et Mme Dolmar, d'un côté, et, de l'autre, une passion de l'amiral Lopez pour la duchesse de Bragance. Ces deux combinaisons lui procurent les incidents et les jeux de scène dont il a besoin. Tout le reste, faits, caractère, mœurs, vient de Vertot.

La pièce ainsi conçue parut devant le public le
1er germinal an VIII, et voici le compte rendu de
la représentation. Il nous est offert par Geoffroy,
le fondateur de la critique dramatique en ce siècle,
l'oncle de notre oncle Sarcey.

Geoffroy est extrêmement dur pour *Pinto*, « drame
historique, comédie, tragédie, c'est-à-dire composé bizarre, assemblage monstrueux de toutes les
parties qui constituent ces divers genres ». Il
signale sans bienveillance l'imitation de Vertot :
« Les caractères, la plupart des situations et des
scènes traduits par Lemercier se trouvent conçus
et exprimés d'une manière plus dramatique peut-
être dans l'excellent ouvrage de Vertot sur les
révolutions de Portugal ». Il en relève une autre,
plus importante :

> On a vu en Pinto un Figaro révolutionnaire (tout le
> monde est d'accord sur cette expression), consacrant à
> l'intrigue politique, le talent, l'imagination et la pré-
> sence d'esprit que l'ancien barbier de Séville apportait
> à l'intrigue amoureuse, aux tracasseries domestiques,
> aux bouderies conjugales; mêmes moyens, des carac-
> tères à peu près semblables, but pareil, marche égale
> des deux ouvrages.

Que vaut le résultat de cette double imitation et
de cette fusion des genres?

On a vu, dans le plan de *Pinto* et dans la manière
dont le sujet est traité, moins une innovation qu'un pas

rétrograde dans l'art dramatique; et on s'est étonné de voir un si funeste exemple donné par un des hommes les plus faits pour imiter les bons modèles et pour en servir lui-même. Le danger parut extrême; car les hommes de lettres, les amis vrais de Lemercier, le reconnurent et n'eurent à cet égard qu'une voix, qui proscrivit *Pinto*.

Pauvre *Pinto*! Il eut aussi contre lui les politiciens, ceux de droite et ceux de gauche :

Abandonné de ceux dont tôt ou tard le jugement fait loi, restait à *Pinto* le secours des hommes qui, reportant tout à leurs idées politiques, ne vont chercher au spectacle que des applications, des allusions qui flattent leurs goûts, leurs préjugés, leur manière de voir. Ceux-là furent encore les ennemis du malheureux secrétaire et se réunirent pour l'accabler. Les ennemis de la Révolution furent blessés de voir mettre à nu la faiblesse, l'impéritie, la nullité de quelques cours; les autres d'y voir détruit le prisme brillant à travers lequel nos yeux se sont accoutumés à regarder les événements politiques. Les révolutionnaires s'indignèrent de se voir démasqués, les royalistes de se voir avilis : ils firent chorus! Qui diable, eût dit Basile, y résisterait!

Voici enfin pour l'interprétation et le sort de la pièce :

Opiniâtrément sifflé à son éternelle première représentation, *Pinto* s'est un peu relevé à la seconde. Aux suivantes, on annonça des changements dans le cinquième acte; ces changements se réduisent à rien ou presque rien. Les sifflets reprirent le dessus. *Pinto* n'a pas reparu depuis, et, sans doute, il a vécu. Il n'est pas un acteur qui, dans cet ouvrage, n'ait mérité des éloges particuliers. Talma y a déployé un talent qu'on était loin de lui soupçonner. Il s'y est montré à ce point comédien que lui conseiller actuellement de jouer *Figaro* ne serait l'avis ni d'un ennemi ni d'un fou.

Lemercier était de ces auteurs entiers et ardents qui ruent à la critique comme les chevaux de sang à l'éperon. Il réclama vivement : « On s'est efforcé de comparer Pinto à Figaro. Le barbier parle sans cesse, très spirituellement, pour obtenir une dot; Pinto dit peu de chose, et donne un royaume à son maître. Quels rapports trouve-t-on entre ma comédie et celle du célèbre Beaumarchais? » Pinto dit peu de chose! Ce n'est pas, j'en suis sûr, l'avis de l'acteur qui va interpréter le rôle devant vous. Mais il parle tout le temps, Pinto! Et vous vous apercevrez vite qu'il emprunte la langue de Figaro : même vivacité, même accent vibrant, même coupe du dialogue, mêmes monologues. C'est aussi le même caractère, confiant, content de lui, hardi, toujours « supérieur aux événements ». De même pour les autres personnages : le duc de Bragance, c'est le comte Almaviva; la duchesse, c'est la comtesse; Mme Dolmar, c'est Suzanne; Vasconcellos, c'est Bartholo; l'archevêque de Bragues, c'est Bridoison; Santonello, c'est Basile, avec des analogies plus ou moins franches, des modifications plus ou moins dissimulées.

Où Lemercier a raison, c'est de dire que, dans le *Mariage de Figaro*, il s'agit d'une dot et, dans *Pinto*, d'un royaume. Cette seule différence constitue l'originalité de sa pièce et l'exécution du programme qu'elle affichait. Lemercier voulait appliquer aux événements publics les ressorts que la comédie appliquait aux événements privés et montrer la part des petites causes dans les grands effets. Il y a réussi, et, par là, il a créé la comédie historique.

Geoffroy et le public étaient encore dans le vrai lorsqu'ils voyaient dans Pinto un personnage de comédie, comme celui de la comédie de Beaumarchais. Lemercier, lui, voulait que ce fût un premier rôle. Aussi le confia-t-il à Talma, puis, sous la Restauration, lorsque Pinto fut sur le point d'être repris au Théâtre-Français, à défaut de Talma, bonapartiste et mal en cour, il songeait à Michelot. En 1831, le personnage était repris par Bocage. Mais il se trouva que le génie tragique de Talma eut assez de souplesse pour se plier à la comédie, car il joua franchement le rôle en comique, au rapport de Geoffroy et de la tradition théâtrale, comme il eût joué Figaro, s'il eût suivi le conseil de Geoffroy. Aujourd'hui vous verrez Pinto joué par un comique. Et pour que l'analogie entre le *Mariage* et *Pinto* ressorte pleinement à vos yeux, vous retrouverez, à peu près, dans *Pinto* la distribution que vous avez applaudie l'an dernier dans le *Mariage*.

* *

Geoffroy nous apprend que « longtemps *Pinto* avait été défendu ». C'était le sort habituel des pièces de Lemercier. Aussi n'aimait-il pas la censure. Je crois même que personne n'a témoigné plus de haine à l'odieuse Anastasie. Écoutez-le :

La hauteur de mes vues dans l'invention du genre de la *Comédie historique*, la puissance qu'il exercerait plus universellement que tout autre sur les esprits, l'utilité qu'il aurait pour l'instruction morale du vulgaire, et le châtiment que, par sa réussite, le rire infligerait aux intrigants civils, ecclésiastiques et militaires, aux grands et petits factieux, ou parvenus ou assis au pouvoir, enfin à tous les fourbes qui se jouent des hommes et des empires, l'ont d'avance proscrit dans les obscurs comités des cabales qu'une noire malice engendra toujours et partout à ma suite, et dans les bureaux de la censure mutilatrice, lâche receleuse des vols qu'on me fait, quand ses ciseaux n'achèvent pas d'énerver les plus mâles enfants de ma muse interdite.

Ceci était écrit en 1828. Comme vous allez le voir, après la censure consulaire et impériale,

Lemercier avait eu à subir la censure bourbonienne; il devra passer encore par la censure orléaniste. Sa rancune est donc particulièrement motivée. Oserai-je dire que, parfois, la censure est accusée de crimes qu'elle n'a pas commis, qu'elle montre plus d'obéissance que d'initiative, qu'elle se borne à exécuter des ordres venus de haut? Cela s'est vu.

Pour *Pinto*, le grand censeur avait été Bonaparte lui-même, et il s'était montré d'autant plus sévère que, longtemps ami de Lemercier, il s'était brouillé avec lui. Rien de tel qu'une amitié rompue pour faire une haine solide. Or, l'amitié du général et du poète avait été longtemps fort étroite. Lemercier était, sous le Directoire, du cercle de Barras, de Mme Tallien et de Joséphine. Celle-ci hésitait à accepter la main du petit aventurier corse, qui n'avait encore que la cape et l'épée : « Ma chère amie, croyez-moi, lui avait dit Lemercier, épousez Vendémiaire ». Après le mariage, il était admis dans l'intimité de la Malmaison, et le soir Bonaparte se faisait raconter par lui l'histoire de France. Au départ pour l'Égypte, le général avait voulu emmener le poète.

Le 18 Brumaire les brouilla. Lemercier avait été légitimiste avant 1789; la Révolution avait fait de lui un républicain; il se retrouva légitimiste en 1814. Mais s'il fut bonapartiste un moment, il ne fut jamais impérialiste. *Pinto*, comme nous allons le voir, commença la brouille. Elle alla toujours s'aggravant, avec courage chez Lemercier, avec d'assez mesquines taquineries chez Napoléon. Ils se voyaient encore, malgré *Pinto*, au moment où l'Empire fut proclamé. Lemercier dit à Bonaparte : « Soyez roi, empereur, ce que vous voudrez; vous faites le lit des Bourbons; vous n'y coucherez pas ». Il avait reçu une des premières croix de la Légion d'honneur. L'Empire proclamé, il la renvoya avec une lettre restée fameuse : « Bonaparte, car le nom que vous vous êtes fait est plus mémorable que les titres qu'on vous fait... je suis profondément affligé de ce qu'ayant pu vous placer dans l'histoire au rang des fondateurs, vous préfériez être imitateur ». Un jour, en 1812, aux Tuileries, pendant une réception de l'Institut, Napoléon aperçoit Lemercier confondu dans la foule de ses confrères. Il va droit à lui et lui dit : « Eh bien! Lemercier, quand nous ferez-vous une belle tragédie? — Sire, répond le poète, j'attends ». Toute sa fortune consistait dans une maison, rue de Rivoli. Il est exproprié et on lui fait attendre neuf ans le paiement de son indemnité. Plutôt que de solliciter l'empereur, il se condamne pendant ce temps à une gêne étroite. Son ancienne amie, Mme Tallien, « Thermidorine », qui n'avait jamais péché par excès d'austérité, lui reprochait d'avoir manqué sa carrière : « Je suis, lui répondait Lemercier, comme les autres fous de ce monde; la liberté est ma coquine ».

Pinto ne pouvait plaire à Bonaparte, sur le point de relever le trône : les hésitations du duc de Bragance devant une couronne étaient d'un mauvais exemple. Il songeait à rétablir le culte catholique et un rôle comme celui de l'archevêque de Bragues, sot et ridicule, présentait sous un jour fâcheux un dignitaire de l'Église; d'autant plus que l'acteur chargé du rôle, le bon vieux Vanhove, d'origine belge, le jouait avec un accent des plus comiques. J'ai vu le manuscrit de *Pinto* aux archives de la Comédie-Française. Tout le rôle de l'archevêque est sabré de larges coupures, faites sans doute entre la première représentation et la seconde. A la troisième, le personnage est supprimé; il reparaît le 28 germinal, mais c'est la dernière (septième). Le Premier Consul avait donné des ordres pour que des congés fussent accordés aux acteurs, ce qui, tout naturellement et en douceur, retirait la pièce de l'affiche.

En 1814, Lemercier demande la reprise de *Pinto*. Elle est accordée sous réserves. Je relève la note suivante sur un exemplaire conservé aux archives de la Comédie-Française :

Vu à la Direction générale de la police du royaume, conformément à la décision de Son Excellence en date de ce jour, à la charge de remplacer l'archevêque de Brague par un commandeur et le cordelier Santonello par un familier de l'Inquisition; et de supprimer les passages indiqués aux pages....

Paris, 22 décembre 1814.

Le Secrétaire général,
SAULNIER.

Ces suppressions, très nombreuses, portent de préférence sur les passages qui ont trait aux choses religieuses. Lemercier s'y conforma et établit une distribution de sa main. La reprise n'eut pas lieu.

Le 19 novembre 1834, *Pinto* reparaissait sur la scène de la Porte-Saint-Martin. Le principal rôle était joué par Bocage, qui avait des opinions très républicaines. Il en faisait grand bruit et les affichait en toute occasion, parfois hors de propos. On demandait à son directeur Harel, homme d'esprit : « Pourquoi laissez-vous partir Bocage? C'est un acteur éminent; son autorité sur le public est incontestable. — Que voulez-vous, répondait Harel, il me demande la république, je ne peux pas la lui donner ». Il y a dans la pièce un « A bas Philippe! » Philippe, c'est le roi d'Espagne. Mais le roi de France, en 1834, c'était aussi Philippe. Bocage ne pouvait manquer cette occasion de manifester. Écoutez-le :

> J'arrive au passage, je prononce ces mots : « A bas Philippe! » de telle façon que j'enflamme tous les spectateurs. Le lendemain, on défendit la pièce. M. Thiers exigea des coupures. La première fois que *Pinto* ainsi mutilé fût joué de nouveau, la curiosité publique avait été excitée ; il n'y avait plus une seule femme dans les loges, la salle était comble et on n'y voyait que des habits noirs. A la place des mots retranchés et à côté, je mis des gestes, je glissai des allusions qui firent plus d'effet encore que les mots n'en avaient produit.

Voilà ce qui s'appelle servir une pièce et, surtout, subordonner l'acteur au personnage.

En vous racontant cette histoire de *Pinto*, je songe à *Thermidor*, à M. Sardou, à M. Coquelin. Vraiment les analogies sont si nombreuses que je ne puis les relever toutes ; elles sont d'une actualité si voisine, que je vous laisse le soin de les constater vous-même. A l'époque où *Thermidor* occupait beaucoup la censure, le gouvernement et la presse, je me suis laissé dire que le directeur des Beaux-Arts avait glissé la pièce de Lemercier et son histoire dans le portefeuille officiel, le jour où la Chambre interpellait sur la pièce de M. Sardou. Elles n'eurent pas l'occasion d'en sortir. Aujourd'hui, qui se souvient encore de l'interdiction de *Thermidor*? Aussi me suffit-il de constater que *Thermidor* est une comédie historique, obtenue par les moyens dont Lemercier s'est servi le premier, c'est-à-dire les grands événements observés de la coulisse. Labussière surtout, le héros de M. Sardou, c'est Pinto; d'autant plus que celui-là aussi parle beaucoup.

***

Avec la matinée d'aujourd'hui, Mesdames et Messieurs, se termine la série des quinze conférences que comprenait cette saison. Il y a quatre ans, mon maître, Francisque Sarcey, et moi, nous avions entrepris de passer en revue notre répertoire dramatique, depuis le *Cid* jusqu'aux origines du théâtre contemporain. Pendant deux ans, nous avons rempli seuls cette tâche. Les deux dernières années, nous l'avons partagée avec ceux de nos confrères que leurs études et leurs goûts désignaient naturellement pour traiter les questions d'histoire dramatique [1]. Je ne me permets de juger ni mon maître ni mes confrères. Je dirai simple-

1. Cette revue du théâtre français en quatre années avait commencé avec la saison de 1892-1893. Les soixante conférences qu'elle comprend ont été analysées ou reproduites, sans revision des auteurs, dans la *Revue des cours et conférences*. Pour ma part, j'en ai fait trente.

ment que, dans ce labeur commun, mon amitié avec Francisque Sarcey serait encore devenue plus étroite, si c'eût été possible. Mais voilà déjà longtemps, depuis mes débuts, que j'aime tout de lui, jusqu'à celles de ses opinions que je ne partage pas; car elles sont toujours l'expression de sa loyauté et de sa bonhomie. Pour nos collaborateurs, je m'honore de les compter au nombre de mes amis personnels. Non seulement nous cultivons la même vigne, celle de Dionysos, dieu du théâtre, mais nous appartenons au même corps. J'ai quelque fierté d'avoir vu mon nom figurer à côté du leur.

Pour ma part, je me retire, et c'est la dernière fois que je parle sur la scène de l'Odéon. Ce ne sera pas sans remplir un double devoir.

J'ai vu à l'œuvre, au cours de ces quatre années, les artistes de l'Odéon, vétérans et conscrits. J'ai apprécié ce qu'ils ont mis en commun avec nous de travail, de talent, de souplesse, de dévouement à leur art. Ils savent bien que toutes ces représentations n'étaient pas parfaites. Ils avaient, chaque fois, trop peu de temps. Mais quelle flamme de jeunesse chez les uns! quelle solidité chez les autres! quel zèle chez tous! Je les prie d'accepter ici l'hommage de ma profonde estime.

Pour vous, Mesdames et Messieurs, vous avez été nos principaux collaborateurs. Toujours, vous

nous avez fait crédit de votre confiance, de votre
attention, et, au besoin, de votre patience. Nous
étions ici pour nous instruire, et, dans l'occasion,
nous nous sommes rappelé que l'instruction est
chose sérieuse. Certes, la plupart de ces matinées
ont été aussi intéressantes qu'instructives. Mais
enfin, quelquefois il se trouvait que des œuvres
réputées vivantes étaient mortes. Nous avons constaté plusieurs décès; nous avons fait quelques
exhumations. Même en ce cas, votre zèle a secondé
celui des artistes et le nôtre. C'est que vous n'étiez
pas un public ordinaire, la foule anonyme et incohérente qui remplit une salle de théâtre. Peu à peu
vous formiez un corps animé d'un même esprit.
L'honneur d'avoir parlé quatre ans de suite devant
vous me sera toujours un des meilleurs souvenirs
de ma carrière.

LA DIRECTION DU CONSERVATOIRE

Lorsqu'un poste considérable devient vacant par la mort d'un titulaire âgé, il y a deux manières d'y pourvoir. Aussitôt après la durée morale du deuil administratif, on peut faire la nomination nouvelle, en suite d'une prévision déjà lointaine et d'un choix arrêté d'avance. On peut aussi attendre, laisser couler le temps, mûrir la question et mettre l'opinion de moitié dans la décision à intervenir.

Chacun de ces systèmes a ses avantages. Avec le premier on coupe court aux polémiques d'idées et de personnes; on résout le problème aussitôt posé et on devance l'opinion au lieu de la suivre. Le débat n'a pas le temps de s'aigrir et la critique, se trouvant en présence du fait accompli, se réserve pour en discuter les conséquences. En ce cas, l'administration se décharge sur le nouveau titulaire du soin de justifier son choix. Le grand âge d'Ambroise Thomas et l'intention connue d'opérer au Conservatoire, dès le début de la nouvelle direction, des réformes annoncées, pouvait laisser croire que son successeur, désigné *in petto*, serait proclamé dans la huitaine.

Tel n'est pas le parti adopté. La nomination reste encore au futur et la presse s'est emparée de la question. Une vaste enquête est instituée et il faut désormais lui laisser le temps de retourner le débat en tout sens. Cet autre système permet de tâter le pouls à l'opinion et de la suivre. Sous un régime où elle règne, il a toute raison d'être. C'est pour cela, sans doute, que l'administration s'y est arrêtée. Elle écoute et note. Son dossier va être volumineux, car chacun dit son mot.

*
* *

Depuis une dizaine d'années, la presse demandait des réformes au Conservatoire pour l'acquit de sa conscience, sans espoir de les obtenir à bref délai. Ambroise Thomas ne pouvait changer de théorie et de pratique. Les critiques le peinaient sans l'ébranler. Chaque année, après les concours, il en faisait le bilan et regardait comme un devoir de le soumettre au ministère. Loyalement, avec ce mélange de solennité et d'esprit, de sérieux et d'ironie, qui était un trait de sa nature, il examinait et discutait. Sa conclusion était toujours la même : il n'y avait rien à changer au Conservatoire et il eût été juste de le laisser tranquille.

Il avait raison. Puisqu'il restait en fonctions — et personne ne parlait de le remplacer — on ne pouvait pas lui demander de renoncer à sa conception de l'art et de l'enseignement. Il représentait avec gloire un genre et des formes dont les idées nouvelles étaient la négation. C'est au nom de ces idées que l'on attaquait le régime du Conservatoire. L'auteur de *Mignon* et d'*Hamlet* n'eût fait amende honorable qu'en se niant lui-même. On n'a jamais obtenu pareil sacrifice d'un grand artiste et d'un vieillard.

Ambroise Thomas dirigeait la maison de haut. Il était attentif et scrupuleux à remplir tous ses devoirs. Pour la partie la plus pénible de sa tâche, les examens et les concours, il s'imposait une assiduité exemplaire. Il y déployait une résistance physique et une force d'attention, surtout un scrupule de jugement et une équité d'esprit qui resteront des modèles difficiles à égaler.

Pour le gouvernement délicat d'un personnel très spécial, maîtres et élèves, le maintien de la discipline, l'application des règlements, il laissait faire son secrétaire général, M. Réty. Celui-ci était le type de ce que les Anglais appellent *the right man in the right place*. Né au Conservatoire, il l'aimait comme sa maison paternelle. Actif et habile, prudent et plein de tact, autoritaire sous des formes douces, respecté et craint, il était le maître et il n'avait pas d'ennemis. On ne l'accusait pas d'empiétement, car, s'il aimait le pouvoir, il ne l'exerçait que pour le bien du service. Déférent pour ses chefs et discutant avec eux, il leur disait la vérité et les éclairait sans les froisser. Il savait céder et résister. Artiste de goûts, lui aussi avait ses idées. Elles étaient les mêmes que celles d'Ambroise Thomas, avec plus d'initiative et une moindre crainte du changement. Pour tous deux, le principe admis, ces idées étaient justes. Ils estimaient, en somme, que l'art ancien avait fait ses preuves et que l'art nouveau faisait attendre les siennes. Il fallait donc maintenir l'art ancien et résister à l'art nouveau.

Aussitôt après la mort d'Ambroise Thomas, pour lequel il avait la plus profonde et la plus respectueuse affection, M. Réty déclarait qu'il allait prendre sa retraite. On ne peut l'en blâmer et on devine aisément les motifs de sa décision : sous un nouveau directeur, quel qu'il fût, le secrétaire général d'Ambroise Thomas estimait qu'il eût été gêné et gênant. Tout ce qu'il pouvait accorder aux instances de ses amis et de l'administration supérieure, comme à son dévouement pour le Conservatoire, c'était de rester en fonctions jusqu'à la fin de l'année en cours, pour laisser au nouveau directeur le temps de s'installer et mettre à la disposition de celui-ci sa vieille expérience, pour la préparation d'une œuvre nouvelle.

Car celle-ci doit être nouvelle. L'organisation et l'enseignement du Conservatoire appellent des réformes profondes dans plusieurs de leurs parties. Le régime de la maison était, jusqu'à ces dernières années, ce qu'il devait être. Il n'y avait pas à le modifier tant que les idées nouvelles évoluaient vers un échec ou un succès. Aujourd'hui, pour le chant et la déclamation, les preuves attendues sont faites. Nous sommes en présence d'une nécessité constatée. Il y a lieu de former autrement nos compositeurs, nos chanteurs et nos comédiens. Plus tôt eût été trop tôt.

*
* *

Pour atteindre ce résultat, il faut trois hommes nouveaux au Conservatoire, un directeur musicien, un sous-directeur dramatique, et un secrétaire général administrateur.

Une idée avait été d'abord émise, assez timidement. Il n'était pas nécessaire, disait-on, que le directeur du Conservatoire fût un artiste. Un administrateur pourrait y suffire, si l'on mettait à côté de lui un triumvirat d'artistes et de critiques. Ainsi, les réformes seraient proposées par un conseil de compétences et appliquées docilement par un homme habitué à organiser et gouverner, conférer et correspondre, sans parti pris d'écoles ni préférences personnelles. Je crois que l'idée est abandonnée à cette heure. Elle eût été funeste au bien des études et à l'autorité de la fonction. Les triumvirats et les directoires ont fait leurs preuves historiques. En tout et toujours ils ont donné des résultats déplorables. Il n'en résulte que rivalités et tiraillements entre les personnes. Le bien général, l'intérêt d'un État ou d'une institution, y sont fatalement sacrifiés aux intérêts particuliers. Une maison comme le Conservatoire a besoin d'un chef, un seul et un vrai, responsable et ayant l'autorité suffisante pour exercer cette responsabilité. Surtout, il faut que ce chef soit un artiste, là comme dans toutes nos grandes écoles d'art.

Il en a toujours été ainsi, et changer de méthode serait une grave erreur. Pour diriger des artistes, leur parler avec autorité ou simplement les traiter d'égal à égal, discuter avec eux en connaissance de cause, rédiger des programmes et en suivre l'application, il faut avoir soi-même des titres d'art, et les plus considérables qu'il se peut. Un simple administrateur serait ici sans autorité ni dignité, même dans un pays de vieille soumission, frondeur et déférent envers l'administration, comme est la France. Absorbé par les dossiers, la correspondance et la discipline, tracassé par ses supérieurs et dédaigné par ses subordonnés, sa position deviendrait vite intolérable. C'est pour cela que l'Académie de France à Rome est dirigée par M. Eugène Guillaume et l'École des Beaux-Arts par M. Paul Dubois. Il n'en est pas autrement dans nos grands établissements scientifiques et littéraires. On ne voit pas un chef de bureau remplaçant M. Gaston Paris au Collège de France, M. Georges Perrot à l'École normale, M. Paul Meyer à l'École des chartes. L'administration française suit une tendance naturelle en essayant de dominer partout. Il convient, lorsque cette tendance risque de compromettre le bien du service, de la conseiller et de l'avertir. En l'espèce, si l'idée de mettre un des siens au Conservatoire lui est venue, l'opinion lui aura rendu service en la détournant d'y donner suite.

Le principe admis d'une nomination artistique, il n'est pas douteux que cet artiste doive être un musicien. C'est pour la musique et par elle que le Conservatoire a été fondé, et elle y occupe toujours une place prépondérante. Il y a lieu d'y développer l'enseignement de la déclamation, mais on ne peut songer à faire primer l'art qui ne prend au Conservatoire que des interprètes par celui qui lui demande des compositeurs, des instrumentistes et des chanteurs. Il y a au Conservatoire soixante et onze professeurs de musique pour six de déclamation.

Qui doit être ce musicien ? Par l'illustration personnelle et les preuves faites, il en est trois qui s'offrent au choix du ministère avec des titres égaux. Si l'on veut imprimer au Conservatoire une impulsion énergique et décisive vers la musique nouvelle, rompre avec les vieux errements de la musique italienne et ses virtuosités égoïstes, l'auteur de la *Statue*, de *Sigurd* et de *Salammbô* serait l'homme de cette entreprise, pourvu que les goûts personnels de M. Reyer ne le détournent pas des besognes administratives et que la fermeté de son caractère consente à s'y appliquer. Si l'on veut aider l'école française à subordonner de plus en plus l'élément symphonique à la mélodie et à développer son originalité propre, sans superstition pour les idées wagnériennes, on a le compositeur de *Samson et Dalila* et d'*Ascanio*, l'écrivain de *Maté-*

rialisme et *Musique*. Reste à savoir si M. Saint-Saëns voudra renoncer à ses courses en lointains pays et à sa poursuite annuelle du soleil. Si l'on veut, enfin, ménager la transition entre le présent et le passé, réformer sans révolution et améliorer sans détruire, si l'on tient à ce que les deux formes françaises de la musique dramatique soient représentées avec un éclat par un seul maître, on a l'auteur des *Erinnyes*, de *Manon*, du *Cid* et d'*Esclarmonde*. Tout ce que la souplesse du talent et la facilité d'assimilation peuvent ajouter à l'originalité personnelle se trouve réuni chez M. Massenet. Il faudrait alors que, en pleine activité de production et joué sur toutes les scènes musicales d'Europe, il consentît à prendre sur son travail personnel le temps nécessaire à la direction d'une maison aussi absorbante que le Conservatoire. Il est assez actif pour concilier tout cela.

Voilà pour les trois maîtres, à cette heure, de la musique française. A côté d'eux, s'ils se récusaient, on aurait, avec M. Paladilhe, le charme et la grâce de l'inspiration, colorés par un rayon de soleil méridional; on trouverait le sérieux de la musique religieuse, joint au sens dramatique, chez M. Théodore Dubois. Tous deux, au reste, sont des professeurs éprouvés, formés par le Conservatoire et le connaissant bien.

Ainsi l'administration n'a, c'est bien le cas de le dire, que l'embarras du choix. Elle est certaine de trouver un artiste désigné pour la tâche qu'elle veut lui confier. Quant aux mérites du nouveau directeur en tant que directeur, on ne les connaîtra qu'après l'avoir nommé, en le voyant à l'œuvre. L'administration d'une maison d'enseignement, surtout aussi complexe que le Conservatoire, est si malaisée, et il faut ici tant d'application et de tact, que l'on peut être un homme de grand mérite et y échouer. On peut espérer un bon directeur ; on n'est pas certain de le trouver du premier coup.

Par les seules indications des chiffres que je donnais tout à l'heure, on voit quelle petite place la déclamation occupe au Conservatoire en comparaison de la musique. Cette place doit être augmentée et, la première mesure à prendre dans cet effet, ce serait de créer un poste de sous-directeur pour les études dramatiques.

On peut dire que, jusqu'ici, la déclamation n'a été que tolérée au Conservatoire. Beaucoup de musiciens la verraient sans peine reléguée ailleurs, chez elle et au large, si l'on veut, mais le Conservatoire devrait, d'après eux, être réservé à la musique, maîtresse absolue et jalouse. Entre acteurs et chanteurs, il y a l'inévitable rivalité de la profession. Les concours publics viennent chaque année l'exaspérer, au profit des acteurs, par le plus grand empressement de la foule vers leurs exercices, l'éclat de leurs succès et la rapidité de leur réputation.

Ce n'est là qu'un petit côté de la question, fort sensible aux intéressés, indifférent au public, et que doit dominer le bien des études. Or, celui-ci est intéressé à ce que les deux branches d'un même art ne soient pas séparées. Ce voisinage tourne au profit mutuel. Chant ou diction, l'interprétation dramatique doit obéir à la même loi de vérité et de justesse; ici comme là il importe que l'interprète se subordonne à l'œuvre. La réforme des méthodes dans ce sens doit s'appliquer non seulement de la même manière, mais côte à côte. Il faut que chanteurs et acteurs, destinés à pratiquer, en somme, un seul et même art, celui du théâtre, respirent la même atmosphère artistique. Il faut aussi qu'un sous-directeur, responsable des études dramatiques, leur assure la place dont elles ont besoin, et surtout qu'il leur impose l'unité de méthode.

Le titulaire de ce nouvel emploi pourrait être un auteur dramatique ou un acteur. En principe je préférerais un auteur, car c'est l'œuvre qui doit commander l'interprétation, mais je reconnais qu'il y a ici une impossibilité. Cet auteur devrait être un maître et même, s'il se pouvait, le maître de son art. Mais, le directeur du Conservatoire étant un musicien, aurait-on pu demander à un auteur dramatique tel qu'un Augier ou un Dumas, pour ne citer que des morts, de se subordonner comme sous-directeurs même à un Ambroise Thomas ou à un Gounod? On pourrait, au contraire, sans désobliger des artistes tels que M. Delaunay ou M. Worms, leur demander de faire au Conservatoire ce qu'ils font au théâtre, c'est-à-dire d'accepter la loi même de leur art, qui est de traduire par leurs moyens propres la pensée d'autrui. En outre, ils ont au Conservatoire tous les bénéfices de la situation acquise. Il leur suffirait de mettre au service de la direction ce qu'ils mettent à cette heure au service de l'enseignement. Il serait difficile de choisir entre l'un de ceux que je viens de nommer et impossible de mettre aucun des deux sous l'autorité de l'autre. Cet obstacle va disparaître par l'admission à la retraite de M. Delaunay.

Pour le secrétaire général, je n'ai aucun nom à citer. Plus encore qu'un directeur, le titulaire d'un tel emploi ne s'apprécie que lorsqu'il est en fonctions. Je souhaite, si M. Réty persiste à prendre sa retraite, que son successeur ait seulement la moitié de ses qualités. Les hommes de sa valeur sont plus que rares; ils se forment lentement; ils créent eux-mêmes leur fonction. Heureusement, leur tradition ne se perd pas et ils laissent un exemple.

L'administration ainsi constituée, la première des réformes consisterait à donner une organisation nouvelle au conseil supérieur d'enseignement. Ce conseil est actuellement divisé en deux sections, l'une pour les études dramatiques, l'autre pour les études musicales. Ces deux sections délibèrent séparément; il importerait de les réunir. C'est le seul moyen de donner l'unité de méthode au deux enseignements et aussi de faire ressortir par la comparaison l'importance propre et les intérêts de chacun d'eux. Les choses se passent ainsi à l'École des Beaux-Arts, où l'architecture, la peinture, la sculpture et la gravure ne sont pas plus différentes entre elles que la musique et la déclamation. Là, l'épreuve du système est faite. A discuter ainsi en commun, on voit les choses de plus haut; l'intérêt général domine les intérêts particuliers et ceux-ci se subordonnent à celui-là.

Surtout que ce conseil ne soit pas constitué de manière à restreindre et à gêner l'autorité du directeur; qu'il ait pour but, au contraire, de la fortifier et de l'aider. On a pu reprocher à la commission de réformes instituée en 1892 d'avoir conçu le rôle du conseil d'enseignement comme, autrefois, à

Venise, celui du Conseil des dix en face du doge : une oligarchie aurait exercé le pouvoir sous le nom d'un seul. Ce système eût été néfaste. Partout, le chef doit être le maître, conseillé mais obéi. Sinon, au lieu d'un effort commun vers le bien général, il n'y a que tiraillements et mauvaise besogne.

*
* *

Je viens de dire que le conseil d'enseignement devrait appliquer l'unité de méthode. Pour cela, il aurait à fixer les programmes d'enseignement et, surtout, de concours. Il ne s'agit pas ici de formuler des prescriptions étroites qui conviennent plutôt à l'enseignement primaire et secondaire. Encore peut-on trouver que, pour ceux-ci, l'initiative des maîtres est beaucoup trop gênée par la lettre des programmes. Il faudrait simplement, comme on établit des listes d'auteurs à expliquer dans les classes et les examens des lycées et des facultés, établir une liste des œuvres qui seraient matière aux exercices des classes et aux concours de fin d'année.

La musique vocale surtout bénéficierait de cette mesure, car les classes d'instruments sont à peu près parfaites. A cette heure, les morceaux de chant étudiés au Conservatoire maintiennent une tradition étroite et, trop souvent, sont empruntés à des œuvres secondaires. Les chefs-d'œuvre de l'ancienne musique française ou étrangère, les grands maîtres et les petits maîtres d'autrefois, les vrais créateurs de leur art dans notre pays, sont négligés pour des œuvres de transition, d'un caractère médiocre et d'une conception inférieure. On s'attache trop à la virtuosité et pas assez à l'art. La brillante invasion italienne a dévié en ce siècle la musique française et plié notre goût à des défauts devenus peu à peu insupportables : trop de tours de force, de mélodies faciles, de vocalises, de *cantabile*. La musique dramatique n'a été tout cela que pour un temps, et qui a trop duré. Elle est redevenue autre chose : plus sérieuse et plus expressive de passions.

Puis, la musique dramatique n'est pas toute la musique. Il y a la symphonie, plus conforme à l'essence de l'art, s'il est vrai que la musique commence où la littérature finit, qu'elle vise moins à traduire le geste et le cri qu'à remuer les couches profondes de l'âme, à satisfaire le désir du mystère et de l'inconnaissable, à rythmer la plainte confuse qui s'échappe du cœur humain. Il faudrait que le goût de la symphonie, la vraie musique, fût ranimé au Conservatoire.

Pour avoir de bons élèves, il ne suffit pas de leur donner de bons maîtres et de leur appliquer de bonnes méthodes. Il faut d'abord les recruter, puis les obliger au travail. Les voix ne manquent pas en France, et il est encore relativement facile d'en trouver, malgré la diminution et l'affaiblissement des maîtrises religieuses. Malheureusement il est certain que beaucoup, une fois à l'école, ne donnent pas ce qu'elles promettaient : elles dévient ou « se crèvent ». Ces mécomptes ont deux causes. D'abord, l'abus de la virtuosité à l'italienne; la méthode peut remédier à cela. Puis, le surmenage et la mauvaise hygiène. Beaucoup d'élèves du Conservatoire chantent trop et trop tôt. Beaucoup aussi, jetés dans la vie de Paris, ne ménagent pas comme il faudrait cet instrument délicat entre tous et si dépendant des autres organes, la voix humaine.

Pour les défendre contre ce dernier danger, hommes et femmes, un internat avait été organisé au Conservatoire. Il a été supprimé, il y a vingt-cinq ans. Le bâtiment où il était installé tombait en ruines et l'on songeait alors à autre chose qu'à le reconstruire. En outre, cet internat était le cauchemar des directeurs. Rien de plus laborieux et de plus malaisé que de maintenir l'ordre, le travail et la décence parmi ce jeune personnel des deux sexes. Mais il n'y a pas d'avantages sans inconvénients. Ceux-ci l'emportent-ils ou bien ceux-là ? Les avis diffèrent. Plusieurs des anciens internes regrettent le pensionnat. Ainsi M. Gailhard, dont l'avis se produit avec la double autorité d'un artiste et d'un directeur de théâtre. D'autre part, l'internat, si combattu en principe, est peut-être une nécessité des mœurs françaises. Il est certain qu'avec notre caractère, la liberté de l'existence, succédant à la contrainte de la famille ou du collège, produit un énorme gaspillage de forces. La vie d'étudiant libre donne à la société française une quantité de jeunes gens fourbus et gâtés. Nos plus florissantes écoles, l'École polytechnique et l'École normale, sont des internats. Va donc pour l'internat au Conservatoire et soumettons nos chanteurs à cet emprisonnement salutaire. Mais, pour cela, il faut aménager à nouveau, sinon reconstruire, toute une aile du Conservatoire. J'ai idée que cela ne se fera pas de sitôt.

Internes ou libres, formés par des programmes mieux conçus, préparés à la musique nouvelle par l'étude de la musique ancienne, détournés de l'Italie vers l'Allemagne, ou plutôt ramenés à la vraie tradition française, celle d'autrefois et celle qui se forme depuis vingt ans, les élèves du Conservatoire de musique ne feront vraiment partie d'une maison cohérente que lorsqu'il y aura dans l'enseignement unité de méthode et de direction. Ceci est autrement difficile que les mesures d'ordre intérieur ou même que le choix des programmes. En effet, l'unité résulte de la subordination et de la discipline; or, l'individualisme, c'est-à-dire l'indépendance personnelle, est la première condition du talent. Tout artiste, tout maître d'art est exclusif, n'admet que ses idées et combat celles d'autrui.

Pour remédier à cet inconvénient de nature, on a proposé de faire passer sucessivement tous les élèves dans la classe de tous les maîtres, c'est-à-dire d'obliger chacun de ceux-ci à réunir périodiquement à leurs propres élèves ceux de leurs collègues. Je crois que le résultat serait déplorable. On n'a jamais qu'un maître. On va voir les autres par curiosité et désir de comparaison, puis on choisit. Je voudrais qu'en ceci plus d'initiative fût laissée à l'élève, mais lorsqu'il aura trouvé dans une classe l'enseignement qui lui convient, il s'y tiendra.

Pour l'inspiration générale de l'enseignement, elle ne peut résulter que des programmes, des examens semestriels et des concours de fin d'année. Ceci est affaire au directeur et au conseil d'enseignement.

Il y a six classes de déclamation au Conservatoire. Je voudrais, puisqu'une réforme générale est à l'ordre du jour, que ce nombre fût au moins doublé. Songez qu'il existe à Paris, peuplés et florissants, une cinquantaine de cours de déclamation! Trois ou quatre sont excellents, plusieurs sont bons, la plupart sont médiocres ou mauvais. En élargissant l'enseignement du Conservatoire, on y ferait entrer nombre de maîtres et d'élèves pour le plus grand profit de l'art. Je regrette de n'y pas voir des comédiens qui pourraient, non seulement y enseigner utilement, mais rajeunir l'enseignement de la déclamation. En première ligne M. Le Bargy, parce qu'il est, à mon sens, le type même du jeune premier d'aujourd'hui. Peut-être aussi pourrait-on y introduire des acteurs d'autres théâtres, comme M. Saint-Germain, qui, s'il n'a plus de scène attitrée, connaît mieux que personne le théâtre ancien et moderne, et M. Mayer, du Vaudeville, dont chaque rôle est une leçon de justesse et de vérité. Je prends à dessein un jeune et un ancien.

Par quelle anomalie et pour quels motifs mystérieux notre Conservatoire n'a-t-il pas un seul professeur femme dans ses classes de chant et de déclamation, alors que les chanteuses et les actrices forment au moins la moitié de notre personnel lyrique et dramatique? Cependant, les femmes enseignent aussi bien que les hommes, souvent mieux, avec plus de patience et de tact. Mme Arnould-Plessy, Mme Viardot, Mme Miolhan-Carvalho ont été de merveilleux professeurs. A Bruxelles, c'est une ancienne pensionnaire de la Comédie-Française, Mlle Tordeus, qui forme les élèves femmes de déclamation par une méthode excellente. Je ne vois pas un acteur homme, même de premier ordre, apprenant à une femme les rôles de Célimène et de Silvia. Il pourra la conseiller, il ne l'enseignera pas. Il ne saurait lui communiquer ce qu'il y a d'uniquement féminin dans ces rôles, c'est-à-dire leur essence même.

Quant aux programmes, ils existent, assez précis et assez larges pour ne gêner personne. Il n'y a qu'à les appliquer. La seule règle capitale ici, c'est de n'étudier que des morts. Pas de pièces contemporaines; surtout pas de pièces signées par les membres du jury!

Enfin, entre toutes les causes qui me semblent nuire aux études de Conservatoire, il n'en est pas de plus fâcheuses que les concours de fin d'année tels qu'ils sont organisés. J'ai déjà dit ici ce que j'en pensais [1] : il n'y a pas d'épreuves plus hasardeuses et moins probantes. Le directeur qui prendrait sur lui de faire à huis clos les épreuves de

---

[1]. Voir mon livre *l'Art et l'État en France*, 1895, formé d'une réunion d'articles publiés dans le *Temps*, où a paru la présente étude.

sortie, devant un public strictement composé des professeurs et des directeurs de théâtre, ce directeur serait un homme d'un tel courage que, l'héroïsme étant rare, je n'espère rien de tel. Je ne suis même pas sûr que ce héros pût résister à l'émeute que déchaînerait la seule annonce de ses projets.

De toutes les mesures que je viens d'indiquer, il n'en est qu'une qui doive et puisse être prise à bref délai : c'est le choix d'un nouveau directeur. La plupart des autres coûteraient cher et, avant de reconstruire le Conservatoire — la plus urgente des réformes, après la nomination du directeur, — on construira nombre de palais pour l'enseignement primaire. Je n'espère donc pas qu'elles aboutiront de sitôt. Il en est deux ou trois cependant, qui ne coûteraient rien ou peu de chose; ainsi la nomination d'un sous-directeur des études dramatiques et la formation d'un conseil unique d'enseignement. Il dépend de l'administration et du nouveau directeur de les mener à bien en peu de temps.

3 mars 1896.

Je me reprocherais de priver le public d'une lettre que m'a valu cette étude. Le nom illustre dont elle est signée lui donne une autorité unique. Je ne la discute pas et je laisse au lecteur le soin de conclure :

Le Caire, 28 mars 1896.

Mon cher confrère,

En arrivant au Caire, il y a quelques jours, j'y ai trouvé votre si remarquable article du *Temps* sur le Conservatoire, qu'une main amie m'y avait adressé; je l'ai lu avec toute l'attention qu'il mérite. Merci d'abord de la place que vous m'y faites. Il est trop vrai que je ne pourrais me charger d'une pareille tâche, condamné par la Faculté à m'expatrier six mois par an.

Vous dites, sur toutes ces questions du Conservatoire, les choses les plus sensées et je n'aurais qu'à y applaudir des deux mains, n'était la question du chant où je me sépare de vous complètement. Vous avez raison, cent fois raison, quand vous accusez du mauvais état des voix des élèves le surmenage, la mauvaise hygiène, le noctambulisme, etc.; mais pourquoi dites-vous *d'abord* l'abus de la vocalisation à l'italienne, du *cantabile* ? — — N'étant pas chanteur que je sache, vous n'avez pas trouvé cela tout seul; eh bien ! permettez-moi de vous le dire, vous avez été mal renseigné.

S'il y a quelque chose à reprocher aux élèves du Conservatoire, ce n'est pas d'abuser de la vocalisation, c'est de la négliger; et cela n'est pas de la faute des professeurs, mais des élèves, qui ne veulent pas travailler, des jurys, qui donnent les prix aux belles voix et aux physiques avantageux, sans s'inquiéter du mécanisme vocal. Si l'art nouveau doit reprendre, comme vous le dites excellemment, la voix de l'ancien opéra français, qui est celle de la déclamation, il ne s'ensuit nullement que les chanteurs doivent pour cela cesser de chanter, l'un n'excluant pas l'autre; autrement ils chanteront comme chantaient les chanteurs du siècle dernier, dont la méthode avait reçu le sobriquet d'*urlo francese*. Lisez les lettres de Mozart, vous verrez ce qu'il en dit. Ils devaient chanter, comme chantent actuellement les chanteurs allemands, d'éducation purement allemande, poussant à pleine voix de gros sons sans charme et sans expression, incapables de chanter parfaitement Hændel, Sébastien Bach, Mozart, Beethoven. J'ai entendu *Don Juan* à Berlin, *Fidelio* à Munich; c'était horrible!

Si encore ils chantaient bien Gluck et Wagner! Mais qui d'entre eux chantera jamais *Orphée* comme Mme Viardot, Elsa de *Lohengrin* comme Mme Alboni, que j'ai entendue dans ce rôle à Londres (lisez dans la *Revue de Paris* ce qu'en dit M. Catulle Mendès, que personne n'accusera de parti pris contre l'Allemagne), comme Mme Krauss et Fraschini l'ont chanté jadis aux Italiens de Paris?

Maintenant reprenons, si vous le permettez, les choses par la base. Je voudrais bien qu'on me montrât clairement cette nécessité, tant criée sur les toits, de *réformer* le Conservatoire. De tous les conservatoires du monde, c'est le plus prospère, celui où affluent le plus d'élèves, d'où sortent le plus de talents, *même en chanteurs*, malgré les jérémiades de la presse. On peut nier un fait; on ne peut l'empêcher d'exister. Quand un établissement est à ce point dans la faveur du public, il faut l'améliorer toujours, si faire se peut, mais avec prudence, et ne pas se lancer dans un inconnu plus ou moins dangereux.

La première chose à faire, ce serait d'agrandir un local déplorablement insuffisant. Ensuite, il y aurait, selon vos vues également, à rétablir le pensionnat, et, selon moi, à restaurer les exercices dramatiques en usage dans ma jeunesse. Mais cela, c'est un retour en arrière, ce n'est pas un pas dans le domaine du nouveau et de l'inconnu. De ce côté, je verrais aussi s'il n'y aurait pas lieu d'obliger les élèves des classes de composition à suivre le cours d'histoire de la musique de M. Bourgault-Ducoudray, à les faire assister comme auditeurs aux classes de déclamation. Nous n'aurions pas alors de ces jeunes compositeurs qui croient que leur art est né avec Richard Wagner et qui s'évertuent à faire du drame lyrique déclamé, sans savoir comment on déclame.

J'aurais encore bien des choses à vous dire, mais le travail me réclame. Brisons là, et croyez à ma cordiale sympathie.

C. SAINT-SAENS.

LA DIRECTION DE L'ODÉON

Cette fois, l'affaire n'a pas traîné. Coup sur coup, le public vient d'apprendre que l'un des directeurs de l'Odéon était malade et que les deux étaient remplacés. MM. Antoine et Ginisty succèdent à MM. Marck et Desbeaux.

Il était certain, depuis quelque temps, que M. Marck ne pourrait pas reprendre ses fonctions et probable que M. Desbeaux suivrait son associé dans sa retraite volontaire. Dès que ces deux prévisions se sont réalisées, le ministre a fait son choix en deux après-midi, sans laisser aux candidatures le temps de surgir et aux polémiques d'écoles ou de personnes celui de s'engager. Voilà de bonne administration.

Il semble même que, par une dernière et heureuse dérogation aux vieux usages, il n'ait pas été question, dans ce choix expéditif, de remanier profondément le cahier des charges. On nous dit que les traductions ou adaptations ne compteront pas dans le total des actes que le théâtre doit jouer. C'est là une concession anodine à cette récente manie de protectionnisme littéraire qui s'est développée chez nos auteurs, parallèlement avec le goût du public pour les littératures étrangères. Au demeurant, les nouveaux directeurs ne seront pas ligotés par les prescriptions écrites. Le meilleur cahier des charges est le plus court; il vaut exactement ce que vaut celui qui l'applique, et un bon directeur agit d'autant mieux qu'il est plus libre. Multiplier les articles qui imposent ou défendent, c'est mettre des entraves aux jambes d'un coureur. L'Odéon reçoit de l'État un local et cent mille francs pour être le second Théâtre-Français. S'il justifie ce titre, il remplit toutes ses obligations.

Il doit pour cela jouer le répertoire et produire des « œuvres littéraires ». Le répertoire est une école pour les acteurs et un enseignement pour le public. Il n'y a pas de bon acteur sans formation classique et le public a le goût d'autant plus ouvert aux nouveautés qu'il connaît mieux les vieux chefs-d'œuvre. D'autre part, le nombre des théâtres littéraires est fort restreint à cette heure. Jamais il n'y eut autant d'auteurs dramatiques et jamais ils n'eurent plus de peine à se faire jouer. Si l'Odéon n'existait pas, il faudrait l'inventer. Il est indispensable au maintien du patrimoine dramatique de la France et à l'activité de sa production.

Or, il devient assez difficile de concilier ces deux nécessités. Tandis qu'auteurs et acteurs cherchent avec inquiétude les conditions nouvelles de l'art dramatique, le public ne sait plus exactement où trouver son plaisir. Les acteurs dédaignent le répertoire, et à l'Odéon je pourrais citer tel (ou telle) d'entre eux qui se croit arrivé sans avoir dit un vers classique. Le public trouve donc qu'on lui joue mal le répertoire et il boude aux nouveautés.

Le meilleur directeur qu'ait eu l'Odéon, M. Porel, a fait de grands efforts pour résoudre cette antinomie. Il pliait tous ses acteurs au répertoire. Il l'avait mis à prix réduits; il avait institué des abonnements et développé les matinées-conférences. Il maintenait les genres supérieurs, drame en vers et haute comédie; il ouvrait largement la porte à la comédie contemporaine; avec Alphonse Daudet et Edmond de Goncourt, Jules Lemaître et Georges de Porto-Riche, il présentait à son public les mœurs et la langue d'aujourd'hui. Il faisait, en haut, sur un théâtre régulier, ce que M. Antoine tentait, en bas, sur une scène volante. Tous deux servaient à leur manière la cause de la liberté et de la vérité dans l'art.

Lorsque, tracassé et ambitieux, Porel quitta l'Odéon pour le Grand-Théâtre, il n'y avait qu'à continuer son œuvre. Ses successeurs ont lutté pendant quatre ans avec beaucoup de labeur et peu de succès. Il serait injuste de dire que cette période a été tout à fait stérile pour l'art : ils ont donné deux ou trois œuvres ou reprises de grand intérêt; sans eux, *Pour la Couronne* n'aurait pas été joué, ce qui eût été fâcheux, et s'ils ont compromis inutilement le nom d'Augier, ils ont travaillé à la consécration qui élevait au rang classique l'œuvre de Dumas. Mais, en somme, le mouvement commencé par Porel, au profit de l'art contemporain, s'est arrêté avec eux. On eût dit qu'un sort était jeté sur tout ce que l'Odéon tentait dans ce sens. Des œuvres qui auraient mérité un meilleur sort tombaient d'une chute lourde. Avec une troupe pleine d'ardeur et de dévouement, laborieuse et ambitieuse, ennuyée de l'insuccès et toujours prête aux revanches, riche en éléments de premier ordre, vétérans et conscrits, mais employée sans discernement et souvent découragée comme à plaisir, la distribution, la mise en scène et l'interprétation des œuvres nouvelles n'avaient plus rien de parisien. Une atmosphère provinciale, une poussière grise, je ne sais quoi d'arriéré et de vieillot enveloppait, estompait, ridait tout sur la scène de ce pauvre théâtre. Quant au répertoire, de plus en plus il y faisait souffrir par l'à peu près et la négligence. On sentait dans tout cela l'incertitude et l'entêtement.

MM. Marck et Desbeaux finissent sur une reprise heureuse du *Roman d'un jeune homme pauvre*. J'en suis bien aise pour la mémoire de Feuillet, qui fut un écrivain délicat et vigoureux; mais, vraiment, n'y avait-il pas autre chose à nous montrer, dans l'intérêt des auteurs et du public? Est-ce la faute de nos auteurs dramatiques si notre second théâtre littéraire n'a pu, durant toute une saison, attirer le public qu'avec le romanesque de 1858?

L'échec de la direction qui s'en va est venu surtout de ce que, entre l'art ancien et l'art nouveau, elle n'a pas eu la hardiesse de choisir. Elle a tâtonné consciencieusement; elle aurait voulu réussir une conciliation impossible entre le passé et le présent. Elle avait l'expérience, la bonne volonté et la droiture; il lui eût fallu la jeunesse et plus d'habileté. L'honneur est sauf, si l'intérêt a souffert. Même la sympathie se mêle ici à l'estime. L'un des deux directeurs se retire après une existence de labeur qui ne l'a pas enrichi. L'autre reprend avec une dignité simple sa carrière d'homme de lettres. Si tous deux n'ont fait ni la fortune de l'Odéon ni la leur, ils s'en vont par un cas de force majeure.

*
* *

J'essaye de démêler les causes de cet insuccès pour chercher celles du succès futur. La hardiesse et la jeunesse manquaient à l'ancienne direction ; la nouvelle les a. Si elle inspire une crainte, ce n'est pas, certes, un excès de tendresse pour l'art d'autrefois, c'est-à-dire la convention à procédés et la pièce trop bien faite. M. Paul Ginisty est un journaliste et un romancier estimé ; il compte dans la presse beaucoup de sympathies ; on le dit sûr et ferme de caractère. Ce sont les qualités les plus nécessaires à un directeur de théâtre. Il sera près de M. Antoine ce que M. Desbeaux était près de M. Marck. Le sens et la portée de la nomination nouvelle sont dans le choix de l'ancien directeur du Théâtre libre.

M. Antoine a connu toutes les épreuves de sa terrible profession. Il s'est fait seul ; il a été acteur et directeur. Peu à peu, au prix d'efforts inouïs, il s'est procuré tout ce qui fait vivre une scène, des acteurs, des pièces et un public. Il a créé en quelques années une école dramatique. Quand le succès d'art lui est venu, les difficultés matérielles ont recommencé et il a dû abandonner la direction de son œuvre. Il ne lui restait plus que son talent d'acteur. Il est entré chez autrui et, avec des camarades pliés à d'autres habitudes, devant l'attention hostile de ses rivaux, il a conservé sa supériorité.

En un temps où le métier dramatique est devenu fort routinier et précautionneux, où il y a chez l'acteur un fonds de bourgeois prudent et de bureaucrate rétif aux aventures, Antoine avait retrouvé les vieilles qualités de souplesse et d'audace qui faisaient les acteurs et les directeurs d'autrefois. Il voulait jouer, moins pour recevoir beaucoup d'applaudissements et gagner beaucoup d'argent, ce qui détermine à cette heure la plupart des vocations théâtrales, que pour représenter la vie telle qu'il la voyait, pour se donner et donner à autrui le plaisir de l'illusion par l'art, le plus vif que l'homme puisse éprouver.

Il aimait la vérité complète et débarrassée de la convention. Il prit celle de son temps, qui était brutale et triste. Comme il lui fallait, à tout prix, forcer l'attention, il fut outrancier et révolutionnaire. Il osa montrer à nu les laideurs de la nature et de la vie; souvent il ne montra qu'elles; parfois

14

il en ajouta. Mais, toujours, il fit de l'art. Il prêcha d'exemple ses acteurs et ses auteurs. En quelques années, il eut fondé une école excessive et violente, mais vigoureuse et hardie, le Théâtre libre, si exalté et si attaqué.

Deux gros dangers. Les adversaires, c'étaient les auteurs et les acteurs en possession des grandes scènes, la critique autorisée, le gros public. Les partisans, c'étaient un groupe de jeunes gens, une élite d'amateurs, un gros de snobs, quelques critiques d'avant-garde. Rompre avec les premiers, en les exaspérant à plaisir, c'eût été la mort à brève échéance, une fois passé l'attrait de la nouveauté. Abonder dans le sens des seconds, c'était prendre la tête d'une armée sans soldats.

Entre ces deux écueils, Antoine manœuvra avec beaucoup d'habileté. Il laissa les uns crier à la désertion et les autres au scandale. A côté des pièces « polymorphes et invertébrées », mais où il y avait une idée, une scène, quelque chose, à côté des grossièretés et des laideurs voulues, il produisait des œuvres incomplètes, comme tout ce qui commence, mais fortes comme tout ce qui est jeune, pleines de germes qui devaient lever et grandir. Presque toujours, il marquait un progrès vers la vérité de l'observation, la franchise de la facture, l'élargissement du goût. Il sut garder son indépendance et ne se faire l'homme-lige d'aucun intérêt personnel.

Lorsqu'il dut quitter la lutte, il semblait vaincu; en réalité, il triomphait. Par la force de la logique et de la justice, l'avenir lui préparait la revanche qu'il prend aujourd'hui. Porel avait suivi avec beaucoup d'attention ce qui se faisait au Théâtre libre et incliné dans le même sens le majestueux, l'officiel, le « pensif » Odéon. Il lui avait emprunté ses auteurs : il avait demandé *Amoureuse* à M. de Porto-Riche; il faisait signe à M. Maurice Donnay. Ce que le Théâtre libre a produit d'auteurs forme, à cette heure, la jeune tête de l'art dramatique. Directement ou indirectement, tous ceux qui écrivent pour le théâtre sont ses obligés.

Antoine a formé moins d'acteurs, hommes et femmes. On pouvait lui reprocher de tenir toute la scène. Pourtant quelques-uns, excellents, sont sortis de chez lui, comme M. Mayer. Au demeurant, par la vérité de son jeu et de sa mise en scène, il a rendu à la partie matérielle du théâtre le même service qu'à la partie intellectuelle. Les spectacles exquis et riches du Vaudeville, du Gymnase et de la Renaissance suivent l'exemple qu'il donnait avec peu d'argent. Même la Comédie-Française, l'illustre et lente maison, lui doit quelque chose.

Le voici à l'Odéon. Déjà, je lis ou j'entends dire qu'il y entre seul et que, auteurs ou acteurs, le Théâtre libre ne l'y suivra pas. Il est impossible qu'il n'en fasse pas entrer avec lui une partie, la bonne, celle qui lui a permis de fonder une école de vérité originale. Il laissera au boulevard de Strasbourg la défroque usée, l'ignoble et le brutal, le poncif « rosse », qui ne seraient pas de mise sur la rive gauche.

Désormais, en effet, il n'a plus affaire seulement aux outranciers et aux snobs. Ils peuvent être le ferment d'un public régulier, ils n'en sauraient être le fond. La direction de l'Odéon doit conserver le public de la rive gauche, public de quartier, et l'augmenter. Avec les étudiants, elle va trouver devant elle la moyenne bourgeoisie, lettrée et curieuse, pour qui le goût et la décence sont encore des conditions de l'art, mais qui s'ouvre aux nouveautés. Elle doit ramener vers ce théâtre la rive droite et le boulevard, qui commençaient à l'oublier.

Sans le répertoire, il n'y aurait pas plus d'Odéon que de Comédie-Française. Par la force des choses, Antoine devra s'en occuper. De l'art classique, il peut enlever l'aigrette, si elle le gêne; mais il doit garder le casque. C'est une bonne coiffure, qui a fait ses preuves de résistance et d'éclat. Qu'il ne craigne pas de devenir pompier : l'Odéon doit rester une citadelle classique. Comme il est le théâtre fait homme, il appliquera aux vieux chefs-d'œuvre le sens de vérité avec lequel il a monté les œuvres nouvelles. Il formera des acteurs, puisqu'il ne jouera plus lui-même, et il verra tout de suite que le meilleur, le seul moyen, c'est de les essayer dans le répertoire. Il trouvera dans les soirées d'abonnement une source de recettes alimentée par le répertoire. Il aura les matinées du jeudi, qui vivent par le même besoin de tradition classique et, avec le grand nombre de conférenciers qui se sont formés dans ces derniers temps, il n'aura que l'embarras du choix. Les anciens — même ceux qui ont fait leurs adieux au public odéonien, comme moi — se verront avec plaisir remplacés par des nouveaux venus dans cet art difficile et charmant, qui a créé un nouveau besoin du public lettré.

Je suis donc persuadé que l'on va travailler ferme à l'Odéon. Il n'est rien de tel que les révolutionnaires arrivés au pouvoir pour gouverner avec fermeté. La révolution qui triomphe avec Antoine est celle qui a suscité la jeune école dramatique, celle de Jules Lemaître, de François de Curel, de Georges de Porto-Riche, de Henri Lavedan, de Paul Hervieu, de Maurice Donnay, de

Brieux, de Marcel Prévost, etc. Espérons que cette école va prendre ou reprendre le chemin de l'Odéon [1].

1. Au bout de quelques semaines, la discorde éclatait entre les deux directeurs de l'Odéon; M. Antoine donnait sa démission et M. Ginisty conservait seul la direction du théâtre. Depuis on a travaillé beaucoup à l'Odéon, mais le théâtre n'a guère rencontré jusqu'ici qu'un succès franc et durable, le Chemineau, de M. Jean Richepin (voir ci-après, p. 261 et suiv.), et il s'est montré très éclectique, sans tendance bien marquée vers la jeune école.

5 juin 1896.

LA DIRECTION DE L'OPÉRA-COMIQUE

Rien ne semble plus facile que de faire un directeur de théâtre avec un Parisien quelconque, si ce n'est un homme politique avec un Français de n'importe où. Parmi les candidatures qui ont surgi dès que l'on a su Carvalho mourant, il en est deux ou trois qui, partout ailleurs que chez nous, auraient semblé prodigieuses. Je ne recherche pas si c'est une force ou une faiblesse, si la politique et le théâtre s'en trouvent bien ou mal. Je préfère constater que Carvalho a été un des rares hommes qui ont très bien fait ce qu'ils faisaient, parce qu'ils suivaient vraiment une vocation, et que son successeur, pour l'égaler, aura une tâche singulièrement délicate.

Au théâtre, comme partout, le présent est un champ de bataille entre le passé et l'avenir. Les anciens veulent durer et les jeunes les trouvent encombrants. De quart de siècle en quart de siècle les formes d'art se renouvellent. Le mérite d'un directeur consiste tantôt à résister, tantôt à céder. Il doit s'appuyer en même temps sur ceux qui ont fait leurs preuves, mais qui s'épuisent en durant, et sur ceux qui demandent à les faire, avec une impatience agressive. Carvalho était vieux lorsqu'il reprit l'Opéra-Comique, en 1891. Je ne crois pas que, dans le temps de sa pleine maturité, il ait montré plus de souplesse et d'activité que dans les six années de sa dernière direction.

Comme tous ceux qui ont dû le succès à un genre éprouvé, ses préférences étaient pour l'opéra comique d'autrefois, « le genre éminemment français », conventionnel et habile, moyen et factice, mais spirituel, gracieux et familial. Cependant, une nouvelle école, plus sérieuse et cherchant avec inquiétude à traduire un idéal plus élevé, tournait le dos aux vieux maîtres. Le public, lui, ne se rendait pas un compte bien net de ce qu'il voulait, mais, en continuant d'aimer le répertoire des vieux, il espérait que les jeunes allaient lui offrir du nouveau. D'autre part, après chaque tentative plus ou moins heureuse, les anciennes œuvres faisaient toujours de bonnes recettes. Carvalho continuait donc à les donner — en comptant beaucoup trop sur leur force propre et en les jouant par à peu près, — mais il acceptait bravement les pièces où l'harmonie empiétait de plus en plus sur la mélodie, où le dialogue bon enfant reculait devant un récitatif de prétention supérieure, où le costume moderne remplaçait les défroques historiques. Il remontait aussi de vieux chefs-d'œuvre, injustement délaissés, et auxquels il suffisait de revoir la lumière pour retrouver la vie.

Dans ce jeu d'équilibre, avec ces alternances d'archaïsme et de nouveauté, en faisant effort contre ses goûts personnels et ses vieilles habitudes, il avait ce que rien ne remplace : il était profondément artiste et il mettait la même ardeur à tout ce qu'il entreprenait. Aussi, entre les résistances chagrines des uns et les ardeurs exigeantes des autres, a-t-il conservé jusqu'au bout l'estime de ceux qui luttaient le plus vivement contre ses propres goûts. Notez ceci : jamais un critique de quelque autorité n'a osé dire qu'il fallait le remplacer et que son théâtre gagnerait à passer dans d'autres mains. Comme autrefois Perrin à la Comédie-Française, Carvalho était inséparable de l'Opéra-Comique.

Dans l'époque de convoitise sans scrupules et d'incompétence hardie, qui est la nôtre, pareil exemple est rare. Ceci ne l'est pas moins : Carvalho s'était donné corps et âme à son art. Il n'a

eu qu'un but dans la vie : diriger son théâtre. Il
l'a fait, jusque dans la vieillesse, avec une ardeur
passionnée. Il ne visait pas à la fortune : il était
payé de sa peine par sa peine elle-même et par le
bonheur intense que lui donnait l'exercice de sa
passion. Il en a été récompensé par ce qu'il y a de
plus rare aujourd'hui : l'autorité.

*
* *

Il laisse donc un exemple, mais son successeur
se tromperait étrangement s'il croyait l'imiter en
faisant comme lui. Carvalho avait le bénéfice de
son âge et de son passé. Il est à souhaiter que le
nouveau directeur de l'Opéra-Comique soit un
homme jeune, moins tenu par des goûts et des
habitudes invétérés. Il devra moins compter sur
la force propre du répertoire et moins se méfier
des tendances nouvelles. Il peut demander autant
à des œuvres dont l'action sur le public ne sera pas
épuisée de longtemps, mais en leur accordant des
soins dont Carvalho croyait trop qu'elles pouvaient
se passer. Il importe qu'il ait plus de confiance
dans les jeunes auteurs et qu'ils aient confiance en
lui. Par-dessus tout il devra se garder de l'esprit
sectaire et de l'inféodation à une école. Le double

devoir d'un directeur de théâtre, aujourd'hui plus que jamais, c'est d'être éclectique et novateur.

Dans le théâtre musical comme dans le théâtre littéraire, nous avons un répertoire qui est la richesse accumulée de l'art et son grenier d'abondance dans la disette. Ce répertoire impatiente et gêne les auteurs nouveaux, mais le public y tient et il a raison. Ces œuvres conservent une part de l'âme française. Dans l'opéra comique, elles sont un trésor d'esprit, de gaieté et de charme. On raille le répertoire d'Auber. Certes, il n'est pas toute la musique française, mais il en est une part nécessaire et nous serions à plaindre le jour où il serait délaissé, car nous renoncerions à des qualités essentielles. Celui de Victor Massé est riche de perles qui brilleront longtemps du même éclat pur et doux. La mélancolie rêveuse et la tendresse sentimentale d'Ambroise Thomas n'ont rien perdu de leur action. La couleur et la force de Bizet sont encore à surpasser. Parmi nos contemporains qui ne sont plus des jeunes, nous avons déjà des classiques. Cherchez à toutes les époques de l'art, vous ne trouverez guère de musiciens qui aient fait parler l'amour avec une sincérité plus émouvante que Massenet, et il a su rester lui-même en produisant avec une facilité et une souplesse prodigieuses, en tous sens et dans toutes les directions.

Je pourrais en citer beaucoup d'autres, vivants ou morts. Je ne prends que les plus typiques, les plus discutés aussi, car on n'attaque guère que ce qui dure, résiste et vaut.

Il n'y a pas à diminuer leur part dans les spectacles de l'Opéra-Comique. Il faudrait plutôt l'augmenter pour quelques-uns. Mais si l'on veut que les anciens continuent d'attirer la foule et, en assurant des recettes constantes, de permettre les nouveautés hasardeuses et coûteuses, il importe de les traiter avec soin. Or la mise en scène et l'interprétation de leurs œuvres étaient parfois bien insuffisantes sous la dernière direction Carvalho. Il n'y a pas ici, comme dans le théâtre littéraire, le correctif d'un autre théâtre. L'Odéon peut représenter par à peu près Corneille, Racine et Molière, voire Beaumarchais. Il peut même remplacer ces œuvres toujours vivantes par des exhumations archaïques, et passer des trop jeunes aux trop vieux. La Comédie-Française est la sauvegarde de ce répertoire. L'Opéra-Comique, au contraire, est seul à représenter un genre qui est à l'opéra ce que la comédie est à la tragédie. S'il ne le joue pas avec le même soin que les œuvres nouvelles, il en écartera graduellement la foule, et, sans le répertoire, l'Opéra-Comique n'est plus viable.

Mais ces œuvres du passé doivent laisser une place à celles du présent. Surtout, elles ne doivent pas imposer l'imitation, la plus honteuse et la plus stérile des contraintes. En art, l'originalité seule a du prix. Or, il est certain que le vieux moule de l'opéra comique est non seulement fatigué, mais usé. Il n'en sort plus guère que des épreuves sans relief. Nous demandons à la comédie musicale moins de convention et plus de vérité, une émotion plus sincère, une forme plus savante. Quelque chose de nouveau est né avec *Carmen*. Tout dirige la littérature et l'art vers un but encore incertain, mais que nous commençons à discerner. Les brumes dont ce but est encore voilé annoncent une aube. La jeune école, en tête de laquelle marchent MM. Charpentier et Bruneau, mérite, par ce qu'elle a donné, que l'on compte sur elle et que, en la produisant, on l'aide à se dégager.

Alors, c'est le wagnérisme? Il n'y a pas de wagnérisme dans l'opéra comique et il ne peut pas y en avoir. Le genre est trop français pour cela et trop voisin de la comédie, tandis que Wagner est un génie profondément germanique et tout lyrique, c'est-à-dire réfractaire à la comédie et emporté vers le drame de passion. Wagnérisme n'est ici qu'un mot pour effrayer ou attirer les snobs. Mais le génie français et la comédie musicale admettent non seulement l'aisance et l'adresse, mais le sérieux et l'idéal, la poésie et la science. Scribe est un grand auteur dramatique — oui certes, — et aussi Musset, quoique assez différent. Si les opéras comiques d'Auber se tiennent toujours, chaque année consacre ceux de Bizet. Je trouve un égal plaisir, quoique différent, à *Manon* et à *la Vie du poète*. Je ne vois pas pourquoi l'Opéra-Comique ne jouerait pas avec le même soin, et dans la même semaine, *les Dragons de Villars* et *l'Attaque du moulin*.

*
* *

Pour restaurer et agrandir le répertoire, comme pour produire des œuvres nouvelles avec courage et confiance, il faut un homme jeune, et qui soit un artiste. Il le faut indépendant et maître de son action. Il ne faut pas que la direction d'un théâtre subventionné lui soit une compensation de mécomptes politiques ou autres. Il ne faut pas qu'il y voie surtout une affaire. Il ne faut pas que l'administration des Beaux-Arts, par amour du vieux ou du neuf, cherche à le ligotter dans un cahier des charges. Il faut qu'il soit seul et ne relève que de lui-même, qu'il ait une responsabilité unique, nette et effective. Espérons que la malheureuse expérience faite à l'Odéon préservera l'Opéra-Comique d'un directeur bicéphale.

Parmi les noms des compétiteurs, il en est un qui a rencontré dans la presse une sympathie particulière, celui de M. Albert Carré. Neveu de Michel Carré, il porte un nom cher à l'Opéra-Comique; il est l'auteur, avec M. André Messager, de *la Basoche*, habile et heureux mélange de tradition éprouvée et d'inspiration personnelle. Il a dirigé en province de grands théâtres mixtes, comme ceux de Nancy et d'Aix-les-Bains. Avant son association avec M. Porel, qui lui amenait une de nos trois grandes actrices de comédie moderne, Mme Réjane, il avait déjà fait du Vaudeville le plus littéraire des théâtres parisiens, après la Comédie-Française, le plus élégant, comme il convient au boulevard, le plus ouvert enfin, sans parti pris d'exotisme, de grossièreté ou de nouveauté à tout prix. Il est dans la force de l'âge; son activité lui a permis, dans son association avec M. Porel, de maintenir le Vaudeville en pleine prospérité et de sauver le Gymnase, agonisant depuis la mort de Koning. C'est un parfait galant homme, de relations sûres et de parole ferme, en un temps et dans une profession qui admettent beaucoup d'à peu près.

Je dirais donc : « Voilà mon homme ! » si je ne craignais jusqu'au scrupule d'avoir l'air de faire de l'administration rétrospective. Au reste, le ministère des Beaux-Arts n'a pas attendu jusqu'ici pour avoir une opinion sur la compétence de M. Carré en matière de théâtre musical, puisqu'il le chargeait, l'hiver dernier, d'une mission à l'étranger pour y étudier l'organisation des scènes lyriques. Cela me permet de faire des vœux pour lui en toute simplicité et, comme on dit, par amour de l'art.

2 janvier 1898.

LA COMÉDIE NOUVELLE

I

LES AUTEURS

Dans ces dernières années, les jeunes parlaient du théâtre avec mépris ou colère, double forme d'un même sentiment, le regret de n'y avoir pas leur place. Jamais génération ne fut plus pressée d'arriver et plus lente à atteindre son but. Elle s'en prenait à ses devanciers, anciens ou récents; Scribe, fort innocent dans l'affaire, était sa tête de Turc; Dumas à peine mort elle s'acharnait sur son cadavre avec une fureur ridicule ou odieuse. Elle accusait les directeurs, la critique, le public.

Forme et mesure à part, les jeunes avaient-ils tort de réclamer leur tour et, surtout, d'opposer une nouvelle conception du théâtre à celle qui prévalait depuis quarante ans? Les résistances dont ils se plaignaient, toute génération les a rencontrées au seuil du théâtre, le plus routinier des genres. Augier et Dumas avaient dû, tout comme Racine et Molière, lutter contre les positions et les habitudes prises. Pourtant, il faut reconnaître que ces résistances ont été particulièrement longues pour la jeunesse contemporaine. C'est que, somme toute, Augier et Dumas poursuivaient une évolution commencée dès le milieu du siècle dernier; ils continuaient d'appliquer les moyens d'intérêt dont Scribe avait fait une mécanique si parfaite. Ils se bornaient à la peinture des classes moyennes et ne faisaient guère qu'offrir à la bourgeoisie son propre portrait.

Les jeunes trouvaient, au contraire, que l'habileté technique s'achetait par le sacrifice de la vérité et que l'abus du métier compromettait l'art. Ils voulaient porter sur la scène les mœurs de leur temps. Or, ce temps différait beaucoup de l'époque précédente. De nouvelles apparences revêtaient le fond éternel des sentiments humains. Surtout, la société s'élargissait jusqu'à faire craquer les anciens cadres. N'était-il pas légitime de chercher, pour ces changements, une forme plus souple?

Avant nos jeunes, une puissante école de romanciers avait tenté pareille réforme. Elle avait échoué pour avoir voulu appliquer au théâtre les moyens du roman. Maladroite avec Flaubert, provocante avec M. Émile Zola, tardive et fatiguée avec Edmond de Goncourt, exquise ou forte, mais intermittente, avec M. Alphonse Daudet, elle n'avait obtenu de ce côté que des succès individuels. La scène restait à prendre; si la voie était frayée, il fallait, pour atteindre le but, un effort plus concentré et plus soutenu.

Cet échec semblait présager celui des jeunes, car ils éparpillaient une activité brouillonne. Ils frappaient à toutes les portes, et, lorsqu'ils parvenaient à se faire ouvrir, ils présentaient des œuvres si prétentieuses et si gauches que directeurs et public s'empressaient de revenir aux anciens noms. La critique autorisée les raillait et ils avaient des défenseurs compromettants. Voilà pourtant qu'un soir, après ses *Corbeaux* — dont la grande portée fut d'abord méconnue — M. Henri Becque donnait, avec *la Parisienne*, non seulement le signal mieux compris, mais le modèle attendu de la comédie nouvelle. Le Théâtre libre était fondé. L'Odéon jouait coup sur coup *Révoltée*, de M. Jules Lemaître, et *Amoureuse*, de M. Georges de Porto-Riche. La Comédie-Française, timide et lente, mais, lorsqu'elle se décide, consacrant les victoires et décuplant leur effet, accueillait de petits actes selon la nouvelle formule, en attendant les grandes pièces. Les jeunes aboutissaient.

A cette heure, voyez ce qui se joue et ce qui est annoncé. Si le malchanceux Odéon, qui devait tant faire pour les jeunes, traverse une crise inquiétante, à la Comédie, au Vaudeville, au Gymnase, à la Renaissance, les pièces que le public applaudit ou attend réalisent, par le sujet, la conduite et la forme, un nouveau genre de comédie. Celui qu'ont illustré Augier et Dumas, voire Scribe, prend sa place au répertoire, mais la nouvelle génération s'empare du temps présent. Son apprentissage fait, elle arrive à la maîtrise.

*
* *

Les sujets qu'elle traite demandent de moins en moins aux complications factices de l'intrigue et de plus en plus à la peinture franche des mœurs. A l'heure actuelle, si fort que soit l'individualisme, la vie sociale nous emprisonne plus étroitement que jamais, par la loi et l'argent. Dans cette existence comprimée et besogneuse, les vieilles illusions ont péri. Nous ne savons plus rire; le spectacle de la vie nous inspire plus d'ironie que de gaieté.

Avec cela, des regrets et des rêves. Sous le positivisme perce une aspiration confuse vers le mystère et la poésie. De là, dans les âmes, un double et contradictoire besoin de nier et de croire. Tout cela s'amalgame dans un théâtre qui nous offre depuis toutes les variétés de la pièce rosse, jusqu'à la *Princesse Maleine* de M. Maeterlinck, à la *Yanthis* de M. Jean Lorrain et au *Voile* de M. Georges Rodenbach.

Jusqu'à ces derniers temps, la comédie de mœurs ne mettait guère en scène que des bourgeois et des nobles. Encore, sauf exceptions, ceux-ci n'étaient-ils que des bourgeois affublés d'un titre, par convention d'élégance. Depuis *le Gendre de M. Poirier*, la noblesse n'avait plus guère de protagonistes. Depuis *Michel Pauper*, de M. Becque, les ouvriers ont souvent occupé la première place. M. Jean Jullien a voulu montrer de vrais paysans dans *le Maître* et de vrais marins dans *la Mer*. Entre les deux, *le Prince d'Aurec*, de M. Henri Lavedan, ne prend à la noblesse que des victimes. Depuis le *Rabagas*, de M. Sardou, le théâtre n'osait plus guère toucher à la politique : elle est traitée avec la plus tranquille ironie dans *le Député Leveau*, de M. Jules Lemaître, et *Une journée parlementaire*, de M. Maurice Barrès, est au moins une indication.

La même largeur d'observation s'applique aux sentiments, moins exceptionnels, moins factices et plus profonds. Outre *Révoltée* et *Amoureuse*, le théâtre d'il y a vingt ans n'offrirait rien d'analogue aux *Amants* de M. Maurice Donnay, rien non plus qui annonce les *Fossiles* de M. de Curel, *Blanchette* de M. Brieux, *les Résignés* de M. Céard, *l'École des veufs* de M. Ancey, *Tante Léontine* de MM. Boniface et Bodin, et cette série de pièces du Théâtre libre où n'est pas seulement appliqué ce que l'on a justement appelé « le poncif de l'ignoble », mais où se marque un souci de vérité et de courage. Le conflit d'un cœur tendre et d'un caractère gauche avec une nature égoïste et fine, la satiété de l'amour et l'erreur irréparable d'une impatience, une bonne fortune tournant au drame intime, voilà ce que les jeunes nous présentent au nu et au vrai, comme aussi le pharisaïsme bourgeois, la morne tristesse des petites existences, le cynisme accommodant des amours tardives.

On peut trouver que, au fond, plusieurs de ces sujets sont forts anciens. Ils rappellent plus ou moins *George Dandin*, *l'École des femmes*, *Bérénice*, etc. Mais, après tant de convenu, le retour, par delà deux siècles, aux situations simples et aux sentiments primordiaux n'est-il pas une remarquable nouveauté?

D'autre part, le théâtre aborde des questions toutes neuves. Il ne craint pas de donner la forme dramatique à des problèmes de morale et de sociologie que se réservaient la religion ou la loi, à des cas de physiologie dont la science cherche encore la solution. Poussant avec une fermeté froide la logique de Dumas, M. Paul Hervieu, dans *les Tenailles*, a dénoncé la tyrannie de l'égoïsme appuyé sur le code, et M. Brieux va traiter, dans l'*Evasion*, la révolte du libre arbitre contre l'hérédité.

Tous ces auteurs s'efforcent d'être simples. Après s'en être pris injustement à Scribe, ils ont cherché l'intérêt ailleurs que dans l'ingéniosité de l'intrigue. Ils poussent la sobriété jusqu'à la sécheresse; ils croient, à tort, que le théâtre peut se passer d'adresse et de clarté. Peu à peu, cependant, ils arrivent à débarrasser l'action des complications inutiles; ils prouvent que la vie telle qu'elle est offre autant d'intérêt que la fiction trop combinée. Dans la forme, ils s'interdisent l'esprit brillanté. Plus de Desgenais aux tirades cravachantes; plus même d'Olivier de Jalin au dogmatisme supérieur. Plus de cette écriture artiste, curieuse dans le livre, insupportable à la scène. Tandis que la poésie et le roman s'empêtrent de plus en plus dans une nouvelle forme du précieux, le théâtre, par la forme comme par les sujets, revient à la simplicité classique.

Enfin, les éléments dramatiques se distribuent autrement. Tandis que la haute comédie gagne en sérieux, la comédie moyenne perd en gaieté. Le rire est abandonné au vaudeville et à la farce. L'ironie — une ironie scénique, car il y en a une — produit l'amertume. C'est que la vie contemporaine, même ridicule, n'est pas toujours gaie, et que la comédie s'efforce de lui ressembler. L'intérêt n'en souffre pas toujours. Le comique triste, essayé dans *la Visite de noces* par le génie de Dumas, a produit en ces derniers temps des œuvres de premier ordre.

⁎
⁎ ⁎

Ainsi, après une longue attente et nombre de soirées maussades, il semble bien que nous ayons enfin une comédie nouvelle. Voilà plusieurs saisons théâtrales, qui commencent avec de grands succès obtenus par des jeunes. Cette année, nous venons d'avoir *le Partage*, de M. Guinon.

Les jeunes ont grand mérite à ce triomphe tardif : ils l'ont obtenu à force de ténacité et par eux-mêmes. La grande majorité de la critique a longtemps affecté de ne voir chez eux que maladresse ignorante et grossièreté plate. D'autre part, leurs amis les conseillaient mal. Au lieu de les avertir, avec le souci de vérité et l'indépendance de jugement sans lesquels il n'y a point de critique, ils approuvaient surtout leurs excès et leurs erreurs. Ils les suivaient au lieu de les guider et se poussaient en les servant : rôle facile, sans danger sous des apparences hardies, mais plus nuisible qu'utile. La comédie nouvelle a trouvé sa voie sans guide et en tâtonnant. Ou plutôt, elle a fait elle-même sa critique : tel des jeunes a donné en même temps la théorie et la pratique de son art, tour à tour juge et justiciable.

Les jeunes, enfin, sont en train de réfuter le plus grave des reproches qui leur étaient faits. Ils avaient commencé par la même erreur que les romanciers naturalistes, qui croyaient non seulement pouvoir mener deux moulins à la fois, mais tirer deux moutures du même sac. Ils s'éparpillaient à travers toutes les besognes du journalisme, chroniqueurs, dialogueurs, conteurs, etc. C'est qu'il fallait vivre, et pendant longtemps, le théâtre ne les nourissait pas. Du jour où ils ont pu tirer de leurs pièces « un profit légitime », ils ont restreint leur polygraphie. A cette heure, ceux qui ont trouvé le succès au théâtre ne font plus guère que du théâtre.

Ainsi, les jeunes ont partie gagnée sur leurs anciens, les directeurs, la critique, le public et eux-mêmes. Non seulement les jeunes auteurs, mais avec eux, les jeunes acteurs.

II

LES ACTEURS

Chaque génération d'auteurs dramatiques forme à son image les acteurs dont elle a besoin. Par affinité naturelle et action réciproque, les œuvres et les interprètes finissent par s'adapter si exactement les uns aux autres que l'histoire du théâtre déroule, parallèle et continue, la double liste de leurs noms. Musset a surtout représenté des amoureux, Augier des bourgeois et Dumas des femmes; M. Delaunay, M. Got, Desclée, restent pour nous la synthèse de leurs personnages.

En attendant que les auteurs aient ainsi trouvé leurs acteurs, ils luttent contre ceux qu'ils trouvent maîtres de la scène. On sait les démêlés tenaces de Victor Hugo et de Mlle Mars aux répétitions d'*Hernani*. Ainsi, partout cette transition difficile d'une génération à une autre, qui est la loi du théâtre comme de la vie. Tant que cette formation mutuelle ne s'est pas produite, les anciens n'ont pas cédé la place, et les jeunes ne l'ont pas occupée.

S'il n'était évident, par ailleurs, que les jeunes de notre temps sont à la veille de mettre la main sur le théâtre, mais ne le tiennent pas encore, la règle que je viens de dire le démontrerait. Ils com-

mencent à avoir leurs acteurs à eux, mais ils ne
font que commencer. Longtemps ils ont dû combattre les habitudes d'interprètes formés par d'autres œuvres et résistant à des nouveautés où leur
expérience même les gênait. Les colères réciproques
de M. Becque et des siens, non seulement lorsque
les Corbeaux furent représentés d'original, mais
lorsque *la Parisienne* fut reprise, sont restées célèbres à la Comédie-Française. De même, les jeunes
acteurs attendent longtemps les auteurs qui leur
permettront d'être eux-mêmes et de remplir tout
leur talent.

*
* *

Les jeunes ont d'abord trouvé leur homme au
Théâtre libre, avec M. Antoine, mais cet homme
n'était qu'un homme et le théâtre a besoin de
femmes. En outre, M. Antoine ne représentait
guère qu'un vieil homme, vieux bourgeois ou vieux
paysan. Son réalisme vigoureux excellait à montrer des favoris poivre et sel, une face tannée et un
dos rond, mais les déclarations d'amour n'étaient
pas son fait. Or, en France, le théâtre ayant l'amour
comme ressort principal, il lui faut des amoureux.
Ceux du Théâtre libre ne faisaient que passer, si
leurs qualités propres diminuaient trop la place

des vieux messieurs. De même les femmes, éclipsées encore plus vite. Tant que les jeunes n'auraient pas montré sur la scène la manière dont ils entendaient l'éternel sentiment, ils pouvaient dessiner des types secondaires avec un ragoût d'originalité ; ils ne forçaient pas le public à reconnaître le jeune homme et la jeune femme d'aujourd'hui dans le couple d'amoureux qui attire et retient.

C'est à l'Odéon de M. Porel, dans *Révoltée* et *Amoureuse*, que les premiers exemplaires de ce couple firent leur apparition, en plusieurs fois, d'abord les hommes, puis les femmes, tant sa réalisation complète est difficile et lente.

Révoltée mettait en lumière M. Candé et M. Calmettes. Tous deux attendaient leur heure depuis longtemps. M. Candé avait joué, en France et en Russie, nombre de jeunes premiers dans l'ancien et le nouveau répertoire avec une solidité un peu lourde, sans imprimer sa marque sur aucun. Dans le mari de *Révoltée*, il incarnait un type personnel, celui de l'amoureux en qui la délicatesse intime et l'énergie concentrée suppléent à l'élégance mondaine. Non seulement la fermeté sèche de M. Calmettes ne lui avait pas encore donné sa place, mais elle passait pour un manque de charme ; avec le sportsman brutal et poli qu'il représentait cette fois, elle imprimait une vérité frappante à un personnage pris dans le vif de la réalité contemporaine.

Mais *Amoureuse*, en attendant *Germinie Lacerteux*, mettait surtout en pleine lumière, comme artiste de premier ordre, Mlle Réjane. Jusqu'alors, elle n'avait été qu'une piquante actrice de genre. Elle aussi avait cherché sa voie, du Vaudeville aux Variétés et de l'Ambigu au Palais-Royal. Parmi les meilleurs auteurs dramatiques, plusieurs avaient écrit pour elle, mais elle ne pouvait ni remplir entièrement leurs rôles ni s'y mettre tout entière : entre elle et eux, il y avait l'espace d'une génération. Mlle Réjane était la Parisienne du boulevard, voire du faubourg. Cette sorte de Parisienne n'avait encore montré sur les planches que des profils perdus. Le théâtre n'osait pas la faire voir au complet, ramage et plumage. A partir d'*Amoureuse*, Mlle Réjane lui faisait une place grandissante. Comme fond de nature, ce nouveau personnage avait la finesse et l'esprit; comme extérieur, l'élégance hardie et légère; comme sentiments, le goût constant de la galanterie et l'aptitude intermittente à la passion; comme langage, un ton d'ironie blagueuse, où tous les parlers parisiens mêlaient leur saveur.

Et, rapidement, comme l'heure était enfin venue,

les acteurs de la comédie nouvelle prenaient leur élan et partaient, guidés par la main remarquablement sûre de M. Porel. Ainsi M. Duményi, qui avait indiqué, depuis plusieurs années, dans *Henriette Maréchal*, une silhouette juste et neuve de « monsieur en habit noir »; M. Guitry, remarqué pour la première fois en 1879, dans l'*Age ingrat*, et qui ne devait donner toute sa mesure que l'année dernière, dans *Amants*, à côté de Mlle Jeanne Granier, qui, de son côté, avait longtemps éparpillé dans l'opérette un naturel exquis de comédienne; Mlle Yahne, qui dans l' « innocent » de *l'Arlésienne* n'annonçait guère l'ingénue nullement innocente de *l'Age difficile* et des *Demi-Vierges*.

Au Vaudeville, M. Albert Carré poussait dans la même voie que M. Porel, en attendant leur association prochaine. Il aidait Mlle Brandès à dégager son énergie inquiète; il produisait M. Mayer, dont le Théâtre libre n'avait fait qu'indiquer l'art de composition sobre et juste; il trouvait de vrais rôles comiques pour M. Galipaux, qui n'avait encore pu dessiner que des caricatures amusantes.

Enfin, tandis que l'Odéon allait des trop jeunes aux trop vieux, sous la direction indécise de MM. Marck et Desbeaux, MM. Porel et Carré, recueillant au Gymnase la succession de Koning, ouvraient aux jeunes le théâtre où le *Maître de forges* avait longuement triomphé et leur offrait, avec M. Noblet et Mme Hading, une troupe prête pour *Pension de famille* et *les Demi-Vierges*.

* * *

A la Comédie-Française, les choses se passaient de même avec, en plus, la lenteur et l'excellence qui sont la marque de l'illustre maison. Il fallait ici que le succès des jeunes fût bien dans la force des choses, car la constitution de la troupe leur opposait une résistance particulière. Il n'y suffit pas à un acteur d'avoir du talent pour ariver au premier plan; il lui faut encore l'ancienneté qui s'acquiert au détriment de la jeunesse. Les femmes y ont moins à compter que les hommes avec cette nécessité, car la beauté a son mérite propre et il arrive même, si elles sont exceptionnellement jolies, que cet avantage leur tienne lieu de talent et de travail. Pour les hommes, ils n'y parviennent d'ordinaire à représenter l'amour qu'à l'âge où l'on ne le fait plus. La Comédie-Française est pour beaucoup pour la convention qui permet à notre sexe d'aimer en cheveux gris. Si les mœurs y sont pour quelque chose, elle n'y a pas nui en nous montrant des quinquagénaires toujours aimés, à l'âge où le rôle que l'on tient le mieux est celui de père ou de grand-père.

Dans cette troupe, gardienne de la tradition et à la hauteur de toutes les nouveautés, plusieurs acteurs, tels M. Worms et M. Febvre, excellents dans le répertoire, étaient plus particulièrement des acteurs modernes, mais un homme et une femme, Mlle Bartet et M. Le Bargy, préparaient l'entrée de la Comédie-Française à la comédie nouvelle.

Le jeu de Mlle Bartet est aussi chaste et réservé que celui de Mlle Réjane est piquant et hardi. Pourtant, elle aussi est éminemment Parisienne. C'est que le type de la Parisienne est si complexe qu'il faut plus d'une femme pour le réaliser. Mlle Bartet est aussi la Française. Elle a le charme discret, la grâce décente et ce tact suprême qui évite tout excès. L'énergie ne lui manque pas et, à l'occasion, des notes profondes vibrent dans sa voix d'argent, mais elle adoucit par la mesure harmonieuse jusqu'aux éclats de colère et de douleur. Tout ce qui peut contenir d'esprit dans une intonation, de grâce dans un sourire et d'élégance dans une toilette, elle l'y fait entrer sans effort apparent. Ce talent est souple, vigoureux et fin comme notre race et notre pays.

Ces qualités étaient déjà indiquées et éparses,

dans les femmes de Molière ; Mlle Bartet les résume, avec la marque particulière de notre temps. Feuillet lui faisait dire, dans un des meilleurs rôles qu'il ait écrits : « J'ai un faible pour les personnes qui se conduisent mal ». C'est qu'il la montrait spirituelle et bonne, par opposition à la morgue pédante de l'esprit pharisien. Il est admis aujourd'hui qu'une femme n'est intéressante sur la scène que si elle a commis, commet ou va commettre une faute. La faute était généreuse, l'imprudence vaillante et la chute décente avec l'héroïne de *Denise* et de *Francillon*. Rappelez-vous surtout sa manière de résister et de céder dans *le Pardon*.

Notre temps est ironique et égoïste, mais, heureusement, il ne peut se passer tout à fait d'émotion et de passion. Il cache ce que l'on étalait autrefois, au temps du lyrisme romantique et de la brutalité réaliste. Aussi, l'un des plus vifs plaisirs que puisse nous donner le théâtre, c'est de nous faire deviner, sous la réserve élégante, la source profonde qui, du cœur, affleure les lèvres et les yeux. Derrière le sourire de la mondaine, Mlle Bartet dissimule une faculté d'aimer exquise et frémissante. Tous ceux qu'elle a charmés au théâtre ont envoyé de loin à la femme la sympathie que l'artiste leur avait inspirée, lorsqu'ils ont appris que la plus cruelle des douleurs, celle des mères qui ne veulent pas être consolées, traversait cette existance discrète et digne.

M. Le Bargy, de son côté, établissait peu à peu sur la scène cette sorte d'amoureux qui ramène à la fin de notre siècle le scepticisme ironique et la sécheresse égoïste du siècle dernier. Ce n'est là qu'un côté de son talent, car il est aussi l'interprète des poètes, de MM. Richepin et Rostand comme de Musset. Mais, le jour où il a repris le duc de Septmonts et, surtout, le jour où il a eu dans les mains un rôle écrit par M. Hervieu, il a dû éprouver la joie intense de l'artiste devant ce qu'il est sûr de faire excellemment. Les amoureux qu'il représente le mieux sont ceux dont la tête est froide et le cœur lucide. Pour eux, l'amour est un duel, où il ne faut pas donner trop de fer ni s'engager à fond. On a tant fait de phrases avant eux et de si creuses, que, pour éviter ce ridicule, ils parlent net et cinglant. Leur extérieur est élégant et réservé. La vie est pour eux un combat et une parade; ils y vont en tenue soignée et sombre, sans panaches ni fanfares. Ils font la guerre à la moderne.

Je ne dis pas que ces mœurs nouvelles et cette sorte de théâtre soient plus séduisants que les mœurs et le théâtre d'autrefois. Les amoureux confiants du romantisme avaient plus d'éclat et de charme. Je constate simplement entre le théâtre et la vie de notre temps un rapport qui est une des deux fins de l'art. Tantôt l'art nous intéresse par sa ressemblance et tantôt par son contraste avec la vie. A côté des œuvres qui nous offrent notre image vraie, nous continuons d'aimer celles qui nous embellissent. Une Sarah Bernhardt et un Mounet-Sully nous donnent des fêtes sans égales. Mais nous admettons de moins en moins la convention habile et vide, qui n'est ni l'idéal ni la vérité.

*
* *

Le mérite commun aux divers acteurs de la comédie nouvelle, c'est la simplicité. Ils ne cherchent pas les effets faciles; ils ne truquent pas. Comme leurs auteurs, ils s'efforcent de représenter la nature et la vie telles qu'elles sont, avec cette logique et cette clarté, ce degré de précision et de relief, cette mise en saillie du caractère qui sont l'art.

Auteurs et acteurs rendent par là un grand service à la littérature dramatique, car ils remontent un courant qui, depuis le début du siècle, déviait le génie français. Certes, le romantisme a singulièrement élargi notre domaine, mais il nous avait tellement éloignés du naturel et de la vérité qu'il faut un long effort pour y revenir. Même dans la comédie réaliste son influence a longtemps persisté. Le drame, avec son besoin de complication et de coups de théâtre, pesait lourdement sur elle. Par *la Femme de Claude* et *l'Etrangère*, on voit quels étranges éléments il y faisait entrer. Comme toutes les réactions, celle-ci se chiffre par des pertes et des gains, mais, somme toute, le gain l'emporte.

26 novembre-12 décembre 1896.

TROIS SUCCÈS AU THÉATRE

MM. PAUL HERVIEU. — MAURICE DONNAY
JEAN RICHEPIN

En huit jours, trois théâtres littéraires de Paris, la Comédie-Française, l'Odéon et le Vaudeville, viennent d'obtenir trois succès retentissants avec trois grandes pièces, *la Loi de l'Homme*, de M. Paul Hervieu, *le Chemineau*, de M. Jean Richepin, et *la Douloureuse*, de M. Maurice Donnay. Des trois auteurs, le second est dans la force de l'âge, le premier n'a pas quarante ans, et le troisième a tout juste dépassé la trentaine. Cette rencontre de jeunesse et de succès prouve non seulement qu'une nouvelle génération arrive au théâtre, mais qu'elle en a pris possession. La preuve est d'autant plus claire que les trois auteurs ne se ressemblent pas plus que les sujets de leurs pièces et les scènes où elles sont jouées. Il ne s'agit pas ici d'un terme heureux amené par le hasard. La différence même des talents et des genres montre que l'occupation du domaine dramatique est complète.

La première de ces pièces, en effet, est une comédie à thèse, c'est-à-dire d'un genre qui a remplacé l'ancienne comédie de caractères; la seconde est une étude de psychologie amoureuse dans un tableau de mœurs contemporaines; la troisième un drame en vers. M. Hervieu est un logicien, M. Donnay un sceptique sentimental et M. Richepin un lyrique. Joignez-leur quelques-uns de ceux qui, dans ces derniers temps, ont réussi de même au théâtre, — ainsi M. Brieux, avec *l'Évasion*, — et vous aurez un groupe dramatique dont les chefs de file s'appellent Augier, Dumas, Meilhac et Halévy, Coppée. Complétez-le avec trois ou quatre autres et vous aurez la monnaie de Labiche et de Sardou.

Ces nouveaux venus rappellent leurs devanciers, parce que, dans tout genre littéraire, surtout au théâtre, il y a continuité, mais ils n'imitent personne; ils sont eux-mêmes. Leur façon d'entendre leur art diffère même grandement de celle qu'appliquait la génération précédente. Peu à peu, avec beaucoup de ténacité et de courage, ils ont imposé leur originalité à la critique rétive et au public routinier.

La première pièce de M. Hervieu, *les Paroles restent*, fut donnée, il y a quelques années, au Vaudeville, que M. Albert Carré ouvrait largement et courageusement aux jeunes et aux étrangers. La manière brusque du débutant avait choqué les habitudes prises. Elle semblait méconnaître, de propos délibéré, la fameuse règle que le théâtre est l'art des préparations. On résistait à cette rudesse d'attaque et à cette vigueur de touche. Ce style solide et contourné, d'un relief métallique et coupant, paraissait à beaucoup le contraire d'un style de théâtre, et charitablement ils détournaient l'auteur d'un genre pour lequel il ne leur semblait pas fait. Il fallait bien reconnaître cependant qu'une scène au moins de la nouvelle pièce, par un rare mélange de colère vibrante et d'émotion contenue, attestait une maîtrise.

Avec *les Tenailles*, cette manière, au lieu de s'atténuer, se faisait encore plus âpre, plus énergique et plus pressante. Elle rejetait tous ornements inutiles ; elle ressemblait à une arme de combat, solide et brillante, mais pratique et nue. Il y avait encore, dans *les Paroles restent*, quelque sacrifice au pur agrément, des personnages accessoires, de l'élégance mondaine, des coins de dialogue reposants. Il ne restait dans *les Tenailles* que les acteurs strictement indispensables à l'action, rouages d'un mécanisme où chaque pièce avait sa fonction. Cinq personnages suffisaient à la discussion d'un problème social et moral, à l'exposition tragique d'un duel meurtrier entre deux volontés.

La lutte de deux volontés enfermées par la loi, forteresse pour l'une, pour l'autre prison, et exaspérées l'une par l'égoïsme, l'autre par la souffrance, tel est le thème de *la Loi de l'Homme*, qui était déjà dans les *Tenailles*. Et, dans la nouvelle pièce, ce combat devient encore plus tragique et plus douloureux. Une femme trompée par son mari ne trouve pas dans la loi le moyen de prouver ses griefs, alors que, en pareil cas, la loi le procure largement au mari. Elle doit se contenter d'une séparation à l'amiable qui lui laisse sa fille et lui prend sa fortune : sa fille, à la condition de la donner au père un mois par an; sa fortune, en lui réservant juste de quoi vivre. Ainsi le mari ayant tous les torts et la femme tous les droits, la loi est oppressive pour celle-ci et tutélaire pour celui-là.

M. Hervieu pousse cette situation dans ses dernières conséquences. Car il a donné son âme à ses personnages : ils luttent pour se maintenir dans une impasse légale ou en sortir; il lutte pour démontrer l'iniquité de la loi.

La logique d'un tel sujet conduit les personnages jusqu'au bout de l'oppression imposée ou subie et l'auteur à la conclusion nécessaire de sa thèse. Le mari infidèle a conservé sa maîtresse ; la femme trompée élève sa fille. Mais la maîtresse a un fils et, dans le séjour annuel de la fille chez son père, les deux jeunes gens se sont aimés. Ainsi le code, en refusant à la femme le moyen de faire valoir ses droits à la première atteinte et en maintenant l'autorité du père coupable sur sa fille, prépare à la femme une nouvelle et plus cruelle tyrannie. La malheureuse se voit enlever sa fille par un mariage qui livre cette fille à ses ennemis. Bien plus, comme la mère du jeune homme a un mari, ce mari, apprenant la faute de sa femme, ne veut pas d'un scandale et exige que la mère de sa belle-fille reprenne la vie commune avec son mari, comme il va lui-même la continuer avec sa femme. Ainsi, deux fois victime de la loi, comme épouse et comme mère, n'échappant à la prison du code que pour y être rejetée dès qu'elle veut user de sa liberté, la femme, deux fois brisée, ne pourra pas même saigner et mourir en paix. Elle devra reprendre sa chaîne, plus lourde que jamais, et, sans résignation, pantelante et agonisante, la garder au cou jusqu'au dernier jour.

Jamais Dumas n'a posé un problème avec plus de hardiesse, dans des termes plus nets et sous un aspect plus saisissant. Depuis *le Fils naturel*, le public en a tant vu et, surtout, par l'œuvre de toute sa vie, le grand redresseur de torts a livré sur la scène un si long et si vigoureux combat, que les nouveaux venus peuvent dépasser les audaces du vieux maître. Mais Dumas préparait et atténuait; il multipliait les précautions de détail; il enveloppait sa vigueur d'habileté et de souplesse; il attirait doucement le spectateur dans l'antre du sphinx; s'il ne subordonnait jamais la vérité de sa thèse à l'intérêt de sa pièce, il s'efforçait de plaire. M. Hervieu attaque de front son sujet; sans ménagement, dès la première scène, il montre au public où il veut le conduire; il le saisit et l'entraîne. Ah! que dure et forte est cette poigne! L'intérêt s'obtient sans aucun sacrifice à l'agrément. Les personnages ne disent que ce qu'ils ont besoin de dire pour exprimer leurs sentiments, tous pénibles. Pas de mots brillants ni de tirades caressées; pas un moment de rire ni de sourire. A peine si, vers la fin, un jeune couple amoureux, par la fraîcheur de son espérance, détend l'atmosphère chargée d'orage qui oppresse toutes ces poitrines. L'auteur semble ne s'arrêter qu'à regret dans ce coin vert; vite, il nous ramène dans le dur et droit chemin où il nous avait engagés.

Il faut de rares qualités d'exécution pour imposer une telle poétique, surtout au théâtre, car elle semble aller contre la raison même du théâtre, qui est, par définition, un endroit où l'on vient prendre du plaisir. Ces qualités, M. Hervieu les a, dans le fond et dans la forme. Il construit actes et scènes avec une solidité qui rappelle non seulement l'art de Dumas, mais celui de nos anciens tragiques. Cela est coupé, assemblé et bâti en fortes assises, avec une géométrie faite de sûre logique et d'exacte proportion. Si les préparations manquent, telle est la vérité des sentiments et des faits que le spectateur supplée, par la force propre de cette vérité, à ce que l'auteur ne daigne pas lui exposer, comme inutile et trop long. Bientôt, il a pris son parti de cette sobriété voulue et, au lieu de résister à ce qu'on lui demande, il y collabore.

Il en vient à accepter sans protestation un dénouement qui, imposé par un art moins vigoureux, serait un cauchemar insupportable. Arrivés au fond de l'impasse où les a conduits la logique de leur situation et de leurs sentiments, les personnages se heurtent désespérément aux parois de leur prison; ils se meurtrissent et saignent, puis retombent brisés. L'impression est poignante jusqu'à la douleur. Ces malheureux n'ont pas la suprême ressource des héros de tragédie qui, sur les ruines finales, sont morts et ne souffrent plus. On frémit en songeant à ce que sera pour les deux couples le lendemain de cette aventure. Ils vont continuer ou reprendre la vie commune après ce qu'ils se sont fait et ce qu'ils se sont dit! On se demande aussi quelle sera l'existence des jeunes gens pour lesquels les deux ménages se sont sacrifiés, et quel bonheur trouveront ces amoureux entre la double souffrance éprouvée sous leurs yeux par deux couples de forçats.

Un tel fond commande la forme. L'auteur de *l'Armature* et des *Tenailles* a toujours eu la fermeté que de pareils titres indiquent : il construit en fer. Mais le roman, en lui donnant le temps et l'espace, lui permettait de prolonger à l'excès la suite de sa pensée. Souvent il parlait une langue pénible et bizarre, dans sa constante plénitude. Le théâtre, en l'obligeant à faire court et clair, en lui imposant l'exposition concrète au lieu de l'analyse abstraite, l'a débarrassé des formes de style inattendues. Le vigoureux architecte use moins du labyrinthe et du colimaçon. Il construit aussi solide, toujours avec peu d'air et de lumière, mais il ne s'attarde plus aux recoins et aux angles droits.

Il est peu probable qu'il consente à détendre une manière dont la rigidité et la sobriété sont les conditions nécessaires. Nous devons nous habituer à ses défauts, rançon de qualités supérieures et rares. Il réprend au théâtre des situations que nous n'avions pas revues depuis Dumas ou même depuis le vieux Corneille, ces luttes de la volonté contre des obstacles plus forts qu'elle, de l'énergie humaine tendue tout entière vers une délivrance impossible. Il fait des tragédies *sèches*, où l'on est broyé sans blessure apparente. De tels sujets exigent des sacrifices; M. Hervieu a le courage pour les faire et la force pour les imposer.

*
* *

Au sortir de *la Loi de l'homme*, les spectateurs iront se reposer les nerfs à *la Douloureuse*, malgré le titre inquiétant emprunté par M. Maurice Donnay à l'argot du boulevard pour ce tableau de mœurs parisiennes. Il y a de la douleur dans la vie de Paris, et beaucoup, mais, autour du boulevard, l'ironie et la pitié atténuent la brutalité de la lutte pour l'existence, et avec la tendresse, sentimentale et sensuelle, elles sont les deux muses de M. Donnay.

La tristesse de M. Donnay est celle des voluptueux, et son esprit, fait de clairvoyance et de désenchantement, évite l'égoïsme par la dose d'indulgence et de tolérance qui aide à supporter tous les mécomptes, surtout ceux du plaisir. La franchise avec soi-même et le sentiment de l'infirmité humaine, partout constatée, hors de soi et en soi, préservent de l'indignation et de la rancune. Le boulevard, pour parler son langage, échappe à la rosserie et à la muflerie, non par la veulerie, qui compléterait un trio de vilains mots et de vilaines choses, mais tout simplement par la bonté facile qui est le fond du caractère français. Cette bonté fait supporter la méchanceté des hommes et de la vie, moitié par l'intelligence, qui la comprend, moitié par l'esprit, qui la raille.

Cette philosophie composite, M. Donnay l'a non pas apprise, car il l'avait par don naturel, mais développée au *Chat-Noir*, où elle tenait son académie. Plus que personne, il a contribué par le degré et la qualité de son talent à la préciser, à la répandre, à lui donner droit de cité, non seulement parisienne, mais littéraire. Joignez-y l'influence de l'esprit antique, ou, tout au moins, d'une part de cet esprit, celui d'Aristophane, réduit comme étendue et comme portée, plutôt même celui de Lucien. La *Phryné*, qui le fit connaître, était une Phryné de cette nouvelle Athènes, dont Montmartre, la butte sacrée, est l'Acropole. Dans *Lysistrata*, s'il dénaturait singulièrement l'écho du théâtre de Bacchus, il retrouvait çà et là le tour mordant et vif de la raillerie athénienne, avec des langueurs courtes de sentimental, qui se surveille et se reprend, pour revenir bientôt à ses rêveries. Il y avait dans ses deux pièces une gentillesse de jeune chat, gracieux et sournois, qui caresse et griffe, à fleur de peau.

M. Donnay se dégageait du pastiche, comme du précieux et de la brutalité, défauts contradictoires du genre *Chat-Noir*, par une satire amusante et légère de l'hivernage cosmopolite, dans *Pension de famille*. Avec *Amants*, il faisait œuvre originale. La pièce était construite sur la donnée la plus mince : un homme et une femme s'aiment et se quittent, sans autres incidents que les phases de leur goût mutuel, sans autre élément d'intérêt que l'analyse de leurs sentiments. Déjà l'on reprochait à Racine la simplicité d'une telle donnée. Cela n'empêche pas *Bérénice* d'être charmante et touchante. *Amants* procède du même type dramatique et l'on peut défendre cette pièce par les mêmes raisons que Racine opposait à ceux qui lui reprochaient de n'avoir pas fait « du théâtre » en écrivant cette élégie. Il devait aussi écrire *Phèdre* et je crois M. Donnay fort capable d'écrire la sienne, avec toutes les différences qui, dans ce nouveau sujet, comme dans *Amants*, le sépareraient de Racine. *Amants* offrait au complet la philosophie de l'amour et de la vie que M. Donnay avait éparpillée dans trois ou quatre romans dialogués et autant de pièces ou piécettes. Mais c'était une vraie comédie, qui attestait un auteur dramatique et un écrivain. La vérité des mœurs et des sentiments, l'intensité du dialogue, l'art de situer une action, de l'expliquer par le milieu ou le paysage, la qualité de l'esprit et de la langue, la délicatesse ou la vigueur de la touche composaient une œuvre exquise et prenante. Déjà Meilhac et Halévy avaient un successeur.

La Douloureuse met en scène les mêmes personnages qu'*Amants*, avec une action plus forte, car, cette fois, les obstacles ne sont plus seulement dans le cœur d'un homme et d'une femme : ils leur sont suscités par d'autres qu'eux-mêmes ; les deux amants doivent défendre leur bonheur contre l'intrusion et la méchanceté d'autrui. Pour renouveler le sujet dans ce qui reste son véritable fond, la lutte de deux cœurs, il a suffi à l'auteur de transposer les caractères d'*Amants*. Le héros d'*Amants* était ironique et l'héroïne sentimentale ; tous deux aimaient également, mais la gaieté était chez l'homme et le sérieux chez la femme. Dans *la Dou-*

loureuse, c'est l'inverse : l'homme est tendre et sérieux, la femme passionnée et rieuse. Ils n'ont plus à se défendre contre eux-mêmes; s'ils souffrent, c'est que la vie et les hommes les y obligent; ils ne demanderaient qu'à être fidèles et confiants. Tous deux ont commis des fautes, des fautes humaines; elles sont rappelées et dressées contre eux. Ils les expient par la souffrance et arrivent au pardon mutuel, après avoir liquidé dans une heure cruelle, « la Douloureuse », leurs torts anciens ou récents.

Cette complication relative ajoute à l'intérêt d'une crise sentimentale celui d'une étude de mœurs. Elle montre l'action que la vie et le monde ont sur l'amour, c'est-à-dire l'effort de deux êtres aspirant à s'échapper de la vie et du monde pour se suffire l'un à l'autre. Elle permet à M. Donnay de préciser sa philosophie, de montrer plus complète sa connaissance du cœur humain et, surtout, de prouver de manière incontestable ses dons supérieurs d'auteur dramatique.

L'homme est un composé de bien et de mal; chez les meilleurs, le bien l'emporte, mais aucun de nous n'est exempt d'égoïsme, de méchanceté, de bassesse, de sensualité. La vie et la société ressemblent à l'homme, puisqu'elles sont les résultats de son activité. Dans la rencontre de deux êtres humains, même sincèrement résolus à s'aimer, il y aura donc toujours une part de mal et de souffrance. Comme aussi, pour inoffensifs et discrets qu'ils puissent être, la curiosité et l'intrusion de leur entourage s'exerceront à leur détriment. Il est exceptionnel que la femme arrive intacte à l'amour ; elle ne peut offrir à la délicatesse de l'homme, ou simplement à sa jalousie de mâle, un cœur et un corps où d'autres n'aient pas laissé leur souvenir et leur trace. L'homme en âge d'aimer a déjà tout un cimetière dans son passé, mais de cela une femme prend aisément son parti et la jalousie rétrospective est rare chez elle. En revanche, s'il est aimable et attire l'amour, elle devra le défendre contre l'infidélité et l'espèce d'attrait pervers que l'homme en puissance de maîtresse inspire aux autres femmes, surtout lorsqu'elles sont curieuses et sensuelles, délaissées et le cœur vide.

Ce couple de la maîtresse qui a aimé et de l'amant qui inspire l'amour envieux, M. Donnay l'a placé dans un monde brillant et corrompu, où il n'y a plus de morale d'aucune sorte, où la tenue même est singulièrement libre, où le plaisir est la seule occupation et le seul lien. L'argent et la débauche mènent ces jouisseurs. Parmi eux se trouvent des créatures plus nobles que leur milieu et qui le jugent ; mais elles y vivent et prennent leur part de ses joies. Cela suffit pour qu'elles aient aussi leur part de responsabilité et d'expiation. M. Donnay a peint ce monde d'une touche singulièrement brillante et vive. Si sa comédie est vraie, elle restera, avec le *Prince d'Aurec* et *Viveurs*, comme un témoignage sur notre temps.

A-t-il exagéré la laideur morale de ce monde-là? On l'a dit et je voudrais le croire. Admettons que ce monde est une exception et que, sur deux millions et demi de Parisiens, deux mille tout au plus vivent comme cela. Mais par ce que l'on voit, pour peu que l'on soit en mesure de regarder, et par ce que l'on apprend, à ne lire que les faits divers et la *Gazette des tribunaux*, il est certain que la plus profonde corruption a pénétré cette « classe dirigeante » et que, pour nier cette corruption, il faudrait beaucoup d'assurance ou de naïveté.

M. Donnay châtie cette corruption à sa manière, celle que Beaumarchais a formulée dans une phrase fameuse. Il la juge et la raille. Indulgent aux faiblesses qui ont une cause un peu relevée, pitoyable aux souffrances qui dénotent quelque noblesse d'âme, il éprouve pour les coquins et les drôlesses un mépris tranquille et il l'exprime avec gaieté. Il exagère les proportions et force les traits par le grossissement qu'exige l'optique du théâtre, mais chacun de ses personnages représente assez d'observations prises sur le vif pour que ses modèles n'aient aucun droit de crier à la calomnie. Quant à ses sentiments personnels de pitié indulgente, de tristesse narquoise et de résignation amusée, il tenait tant à les exprimer de façon claire qu'il emploie, pour en faire son porte-parole, un personnage que l'on a eu tort de lui reprocher, car il n'a jamais disparu du théâtre. Sous un nom ou sous un autre, en l'étalant ou en le dissimulant, le théâtre ne peut pas s'en passer. M. Donnay a donc amalgamé le raisonneur de l'ancien répertoire et le Desgenais du second empire pour en faire un confident qui remplit son vieux et utile ministère en parlant la langue d'aujourd'hui.

Comme facture, ce mélange de négligence et d'adresse, qui est la poétique de la comédie nouvelle. Une action quelque peu décousue, des actes inégaux d'importance et de valeur, beaucoup de scènes épisodiques. En revanche, des situations maîtresses, les « scènes à faire » franchement abordées et vigoureusement traitées. L'art de la composition s'est affaibli dans toutes les branches de notre littérature, comme de notre art, mais le détail a gagné et même, en quelque mesure, l'impression d'ensemble : — car écrivains, peintres, sculpteurs et musiciens d'aujourd'hui sont plus ou moins des impressionnistes.

Dans la forme, beaucoup d'esprit, un esprit toujours prêt, imprévu jusqu'à la drôlerie, jaillissant jusqu'à l'abus; trop de mots, quelques-uns beaucoup trop faciles ou voulus, qui auront vieilli dans quelques mois; d'autres, et en grand nombre, neufs et pleins, qui méritent de durer et donnent leur forme propre à la plaisanterie de notre temps. La langue est scénique à un haut degré, coulante et vive, dialoguée avec une rare aisance, jusque dans les morceaux d'auteur ou de chroniqueur.

En somme, avec ses supériorités et ses faiblesses, non seulement *la Douloureuse* met son auteur hors de page, mais elle fait au Vaudeville la preuve que *la Loi de l'homme* fait à la Comédie-Française. Elle atteste que la comédie nouvelle est arrivée à sa majorité.

*
* *

Ce n'est pas une démonstration de ce genre qu'il faut demander au *Chemineau* de M. Jean Richepin. Il s'agit ici d'un drame en vers, genre qui dure depuis un siècle, et même depuis des siècles, car il est le fils légitime de l'ancienne tragédie. Malgré la robuste jeunesse d'un talent qui, du premier bond, s'était jeté hors des sentiers battus, l'ancien théâtre, plus que le nouveau, peut réclamer l'honneur de ce succès. Je ne dis pas cela pour diminuer la portée de ce beau drame. Il y a, dans l'ancien théâtre, des choses excellentes et qui doivent durer; bien plus, il y a, dans l'art dramatique, des choses fort anciennes qui en sont la partie la plus haute, la plus belle et la plus difficile. Il faut savoir gré à M. Richepin de les maintenir. MM. Hervieu et Donnay sont des prosateurs; il est, lui, un poète. Peut-être est-il plus poète qu'auteur dramatique, alors que les deux autres, surtout l'un d'eux, seraient plutôt dramaturges que romanciers, mais il est assez auteur dramatique pour que le succès du *Chemineau* soit non pas l'œuvre d'un poète mettant le théâtre au service de la poésie, mais d'un poète mettant la poésie au service du théâtre.

Je n'ai pas à définir le talent double de M. Richepin. Ses poèmes, depuis la *Chanson des Gueux*, et ses pièces, depuis *Nana-Sahib*, l'ont mis, dans les deux genres, au premier rang de la jeunesse mûrissante dont MM. Donnay et Hervieu sont l'avant-garde. C'est un poète d'inspiration aisée, de langue savoureuse et drue, de merveilleuse habileté technique. Ses pièces, plus inégales que ses poèmes, d'une truculence un peu conventionnelle et d'une fantaisie où parfois manque la gaîté, sont de solide structure et d'exécution très sûre. Il ne se pique ni de psychologie ni d'observation. Il est imaginatif et lyrique. Il exprime en beaux vers l'impression personnelle que lui causent la nature et la vie, vues du Parnasse, rêvées et transposées. Mais l'imagination lyrique est une part du théâtre, parce que la poésie a sa part dans tout.

Aussi serait-il parfaitement injuste de lui reprocher la forme de son drame. Sans doute, c'est une convention de faire parler en vers des paysans, mais il n'est guère moins conventionnel de les faire parler en français. Quant à leur conserver le patois breton ou flamand, provençal ou gascon, cela serait peut-être possible à Rennes ou à Lille, à Marseille ou à Bordeaux, mais à Paris il n'y faut pas songer. Laissons donc aux paysans de nos jours, comme aux rois et aux héros de l'histoire, leur droit à la poésie. Ces paysans la reçoivent non seulement de la nature, mais de leurs sentiments. Il y en a autant et plus, dans ce milieu et dans ces âmes, que dans la vie évoquée des puissants d'autrefois. Cette poésie n'est point la même pour le paysan que pour l'homme des villes; ce que l'un sent profondément laisse l'autre très froid et réciproquement. Mais la preuve que le paysan tire de la nature sa part de rêve et d'idéal, les chansons populaires nous la donnent. Il y a là autant de sentiments vrais et de sensations vives que dans les poèmes des lettrés. La poésie du paysan est naïve et fruste; la mise en œuvre y manque, et aussi la rhétorique. Mais un chant de moisson ou de vendange, un conte de veillée, une légende de forêt ou de ruines ont leur émotion et leur couleur.

M. Richepin est plus capable qu'aucun autre de traduire cette poésie rustique et ignorante à l'usage des citadins et des lettrés. Il est à la fois mandarin et bohème. Nourri d'antiquité et rompu à la rhétorique, il a fait son éducation de poète dans les villes et aux champs; il a lu les vers les plus parfaits d'autrefois et d'aujourd'hui; il a écouté les chansons les plus naïves des paysans et des gueux. Il a fait de si excellentes études qu'on n'a pu l'accuser d'appliquer encore les procédés du vers latin, mais il aime la mer et la montagne, la forêt et la plaine d'un amour si ingénu que l'homme et la vie lui plaisent dans la mesure où ils restent voisins de ces nourrices primitives. Il aime le paysan et le marin; il préfère le chemineau et le contrebandier. Mandarin, et même bourgeois, — puisqu'il vit à Paris, qu'il tire profit de son travail, et qu'il traite avec des libraires ou des directeurs de théâtres, — M. Richepin peut bien céder aux nécessités de la vie régulière et en pratiquer les vertus; il a gardé une tendresse nostalgique pour le gueux et le bohème, surtout pour ce gueux entre les gueux et ce bohème entre les bohèmes qu'est le chemineau, c'est-à-dire le paysan sans pays, nomade et sans gîte, fuyant les villes et courant du nord au midi, par toutes les saisons.

En réalité, le vrai paysan regarde le chemineau comme un mauvais drôle et le tient à l'écart, en le menaçant de la fourche ou du fusil. Il le craint pour ses récoltes, pour ses animaux et pour ses filles. Il sait que les petites bergères ne sont pas en sûreté sur son passage, qu'il empoisonne les moutons et tord le cou aux poules, qu'il met volontiers le feu aux meules de blé ou même aux granges. Il l'embauche, dans l'occasion, pour un travail pressé, mais il préfère des moissonneurs ou des vendangeurs qu'il connaît, et que le garde champêtre ou le gendarme sauraient retrouver au besoin. M. Richepin, au contraire, voit dans le chemineau l'homme de toutes les vertus naturelles et champêtres. Il le montre généreux et gai, laborieux et savant. C'est que le chemineau aime la liberté et l'espace; et cet amour, aux yeux de M. Richepin, est la première des vertus. Il veut donc ignorer les mauvais instincts et les mauvais coups du chemineau. Il vante l'endurance et le courage, la fierté et la générosité, les connaissances de tous genres que doivent lui donner la vie errante et le mouvement, le mépris instinctif des biens qui s'achètent par la servitude.

Comme la littérature nous charme autant par son contraste que par sa ressemblance avec la vie, que toute jouissance suppose un sacrifice et que tout bonheur se définit par son contraire, un auditoire de citadins, emprisonné par les mille contraintes de la vie civilisée, doit nécessairement trouver beaucoup de plaisir à cette fiction d'indépendance. Des paysans n'écouteraient peut-être pas sans impatience l'apologie du chemineau; des Parisiens s'y délecteront, surtout le dimanche, lorsque les petites places sont garnies de gens que l'existence des villes a comprimés toute la semaine et qui rêvent de campagne, d'air pur, d'espace ouvert. Voilà pourquoi, malgré l'énorme postulat qu'il propose à la réflexion, *le Chemineau* a grandement réussi à l'Odéon devant un public de première et triomphé dès qu'il s'est trouvé en contact, le dimanche, avec le public des galeries supérieures. Ces deux ordres de spectateurs y ont trouvé, les premiers une poésie ingénue et raffinée, les autres un drame, un vrai drame, un drame de l'Ambigu, joué comme à l'Ambigu.

La poésie de M. Richepin, c'est le lyrisme romantique, ravivé par la sincérité savante d'un poète qui joint beaucoup d'instinct à beaucoup de lecture, qui, tout en connaissant bien les maîtres du vers dramatique, depuis Hugo jusqu'à Coppée, rajeunit la veine nationale par son originalité d'esprit et de cœur, la force de sa sensibilité, sa couleur, son invention verbale. Il y a peu de choses, dans sa facture, qui ne soient pas déjà chez les poètes antérieurs, et cela prouve simplement qu'il continue une lignée; mais il sent et pense par lui-même, avec ses idées et ses goûts; il parle avec ses mots et ses tours. Surtout, il étale une vigueur et une santé, une franchise et une verdeur, quelque chose de probe et de franc, dans la pensée et le langage, qui se subordonnent une rhétorique très sûre et ne lui demandent que la solidité du travail.

Comme dramaturge, il fait sien l'héritage du drame tout entier. Il estime que cette forme n'a pas cessé d'agir sur toutes les catégories de spectateurs, pourvu qu'elle soit relevée par l'invention et par le style. Comme les romantiques, il emprunte à l'histoire et à l'exotisme, à l'Orient le plus lointain et au moyen âge le plus farouche; il rend la vie aux fantoches de la comédie italienne; il essaie même de la fantaisie pure et du conte bleu. De la *Glu* au *Chemineau*, il y a peu de sortes de drame qui ne soient représentées dans son œuvre théâtrale, avec du plus et du moins, des habiletés trop visibles et des maladresses trop naïves, des hauts et des bas, des chutes et de grands succès, sans que les chutes compromettent le poète ni que les succès soient achetés par trop de concessions. Lorsqu'il réussit pleinement, comme dans *le Chemineau*, ses divers publics sont enchantés, chacun pour des raisons particulières. Il vient d'avoir cette bonne fortune à l'Odéon. *Le Chemineau* est une pièce odéonienne, c'est-à-dire littéraire et poétique; c'est aussi un drame du boulevard. Le romantisme et le Parnasse s'y continuent par ce qu'ils ont de durable ; une noble forme de théâtre y fait ses preuves de vitalité.

* * *

Il ressort, je crois, de cette analyse, que MM. Hervieu, Donnay et Richepin ont réussi parce qu'ils sont jeunes et originaux, c'est-à-dire qu'ils offrent au public une part de vigueur et de nouveauté. Mais trouver chez celui-ci le lyrisme sonore, chez le second une psychologie ironique et tendre, la logique volontaire chez le premier, c'est constater aussi la persistance à travers le temps de qualités françaises fort anciennes.

Ainsi, tandis que, tout près de nous, *la Loi de l'homme*, *la Douloureuse* et *le Chemineau* continuent la tradition dramatique dont Dumas, Meilhac,

et Halévy, Coppée sont les représentants les plus
rapprochés de nous, leurs auteurs ont des ancêtres
illustres et lointains. La lutte de la volonté contre
les obstacles, d'autant plus raidie et tendue qu'ils
sont plus hauts, c'est la poétique de Corneille.
L'amour, but de la vie, ne songeant qu'à lui-
même et ne donnant de place aux faits et aux
mœurs que dans la mesure où ils le favorisent ou
le contrarient, le charme mélancolique de l'éternelle illusion, la nécessité de souffrance et d'expiation qui le domine, la tristesse railleuse et doucement amère qui le savoure, c'est la poétique de
Racine, celle de ses œuvres et de son caractère.
L'auteur de *Phèdre* est aussi l'auteur des *Plaideurs*,
et, si M. Donnay a fréquenté le *Chat-Noir*, Racine
a traversé le *Mouton-Blanc*. Joignez à la fanfare
héroïque de Corneille, comme accompagnement,
l'orchestre qui menait si grand bruit au temps de
Louis XIII, la langue imagée et sonore des
« Gueux » d'autrefois, Scarron et Théophile,
Cyrano et Tristan, vous aurez les thèmes, les
rythmes et le ton de la musique sonnée à pleins
poumons par M. Richepin.

Et du point de départ au point d'arrivée, la
chaîne est ininterrompue. Corneille et Racine sont
continués, au XVIIIe siècle, par Marivaux et même
par Voltaire ; toute la première moitié du XVIIe siècle

se retrouve, par le romantisme, dans la première moitié du xixe : le lyrisme de Victor Hugo et le pittoresque de Théophile Gautier, c'est, par le vocabulaire et la touche, la poésie colorée, sonore et personnelle des grotesques et des irréguliers.

Je ne rappelle pas ces grands noms pour écraser MM. Hervieu, Donnay et Richepin, mais pour leur faire honneur et les expliquer, pour les situer dans la production littéraire de leur pays. Ils sont originaux et français; ils expriment les sentiments éternels et parlent la vieille langue; ils continuent, avec les traits propres de leur caractère et de leur âge, la suite de notre art dramatique. Leur jeunesse représente des choses très anciennes et leur originalité doit à la tradition. Ils montrent la persistance vigoureuse de la sève qui, de printemps en printemps fait pousser des branches nouvelles sur le vieux tronc.

1er mars 1897.

LA DUSE

ET LE PUBLIC PARISIEN

La Duse va nous quitter, après nous avoir donné par elle-même une brillante fête d'art et nous avoir procuré par d'autres une amusante comédie. Actrice sans rivale en Italie et classée par les deux mondes au premier rang des étoiles voyageuses, elle venait demander à Paris la consécration de sa gloire. Cette couronne suprême, elle l'emporte. En même temps, elle nous laisse le souvenir d'une pièce en partie double, jouée autour d'elle dans les coulisses et dans la presse.

Avant de la connaître, nous incarnions, sans parler des hommes, le génie dramatique dans trois femmes, Mmes Sarah Bernhardt, Bartet et Réjane. La première était pour nous la poésie, la seconde le charme, la troisième l'esprit. Nous pouvons désormais joindre à cette trinité une quatrième muse, la Vérité.

Il n'y a pas deux moyens au théâtre d'avoir du génie ou du talent. Le grand artiste est celui qui révèle une nature originale. Mais génies et talents sont fort divers dans leur façon de s'exprimer. Telle vit sur la scène sa propre vie morale, mais en la revêtant de la mesure et de la réserve qui règlent sa vie réelle : c'est la vérité, mais pudique et voilée. Telle autre joue avec l'ironie gouailleuse, l'intelligence aiguë et l'égoïsme retors qui mettent dans tous les actes de la Parisienne une pointe de complication. Une troisième, par désir constant d'être unique, donne toutes les impressions d'art, les plus rares et les plus hautes, sauf une, la simplicité. Avec la Duse nous aurons vu sur la scène une nature de femme et d'artiste au complet, l'artiste jouant avec toute la sensibilité de la femme et la femme s'absorbant dans l'artiste.

Tout ce que ses biographes nous ont appris sur son caractère et sa carrière peut se résumer en deux mots : elle est sensible et sincère, absolument, avec une telle intensité que non seulement elle fait son art avec son expérience de la vie, mais qu'elle vit son art comme sa vie, c'est-à-dire qu'elle forme chacun de ses personnages avec toute son âme et tout son corps, sans rien réserver à elle-même. Elle est successivement et complètement, du corps à l'âme, Marguerite Gautier, Césarine, Magda, une maîtresse d'auberge, une amoureuse de village, Nous ne l'avons pas vue dans les grands rôles de Shakespeare et des tragiques grecs, mais l'artiste qui a été constamment Eleonora Duse dans des personnages aussi différents que ceux de Dumas fils, de Sudermann, de Goldoni et de Verga, ne peut pas être autre chose, quels que soient le temps, la condition et le caractère incarnés par elle.

Monotone, alors? Ah! que non! Il n'y a pas de pire défaut au théâtre et aussi capable de gâter les plus belles qualités que de se ressembler toujours, en forçant tous ses rôles à revêtir le même aspect et à parler la même voix. Nous avons des artistes fort estimables ou de premier ordre, hommes et femmes, qui ne nous permettent pas une seule fois d'oublier que nous avons devant les yeux M. Un Tel ou Mme Une Telle. Avec la Duse, c'est juste le contraire : elle est chacun des personnages qu'elle joue, c'est-à-dire qu'elle interrompt sa vie propre pour vivre la leur. Elle se subordonne à eux; elle s'efface derrière eux. D'autres se servent de leurs rôles; elle sert les siens. D'autres se font admirer en eux; elle les fait admirer en elle.

L'acteur, comme l'auteur, ne saurait nous donner de plus vif plaisir. Lorsqu'ils le produisent, ils débarrassent la littérature et l'art d'une part du factice qui en est rançon habituelle. Vous vous rappelez le mot fameux : « On s'attendait de voir un auteur et on trouve un homme ». Il en est de même pour l'acteur.

De là tout le talent de la Duse, avec ses excellences et ses limites. Il y a, je crois, un degré de poésie et d'élégance, une profondeur d'émotion, une ampleur de style qu'elle ne saurait atteindre. Il faut reconnaître que, dans *la Dame aux Camélias* par exemple, elle ne donne pas aux deux premiers actes l'impression de la grande courtisane, ensorceleuse d'hommes, portée d'instinct au sommet du luxe et folle de plaisir. Mais comme elle nous dédommage aux trois derniers, lorsqu'il ne s'agit plus d'exprimer que l'amour et la douleur! Comme son jeu est simple, fort et franc! Comme sa muse, la Vérité, l'inspire et la conduit! comme elle lui évite toute affectation et tout procédé!

Les sentiments généraux et permanents, foncièrement humains, voilà le vrai domaine de la Duse. Elle leur donne tout ce qu'un corps et une âme peuvent prêter de vie à la fiction. Elle ne se contente pas de les comprendre et de les traduire; elle les sent et elle les vit. De là cette parfaite justesse du geste, cette infinie mobilité des traits, cette expression du regard, cette variété de tons. De là cette manière de s'habiller et de se tenir en scène. De là cette absence de tout maquillage, pour que le visage soit le miroir limpide de l'âme. De là le peu d'attention que l'actrice demande au spectateur pour ses toilettes, quoiqu'elles soient d'un goût très sûr, et pour sa beauté, quoiqu'elle soit mieux que belle. Ces cheveux de nuit, où pointe la neige commençante, ces yeux de feu sombre et changeant, fenêtres qu'éclairent les lueurs profondes de l'âme, cette bouche douloureuse, la ligne pure de ce corps ne demandent pas l'admiration pour eux-mêmes. Ce ne sont que des moyens dont l'artiste se sert pour produire l'illusion de la vérité.

*
* *

La Duse nous arrivait précédée d'une réputation bruyante et mal définie. Etait-elle une grande artiste ou une curiosité internationale? Les avis différaient. Des juges réputés l'avaient entrevue et traitée avec dédain, mais des amateurs d'un goût sûr nous promettaient une révélation. Les acteurs de la Comédie-Française l'avaient rencontrée à Vienne et à Londres. J'étais très frappé du sérieux avec lequel la jugeait l'un d'entre eux qui parlait sans légèreté ni méchanceté. Il disait : « C'est une grande, une très grande artiste ».

D'autre part, on signalait chez elle un trait de caractère point banal dans sa profession : elle n'était pas cabotine, c'est-à-dire désireuse de bruit en dehors du théâtre, et, loin de faire des avances à la presse, elle évitait le journaliste!

Avec nos habitudes parisiennes, ceci rencontrait quelque scepticisme et provoquait un peu d'agacement. Une actrice qui se contente de jouer la comédie et ne fait pas de visites, nous en avons sans doute, mais peu. Celle-ci ne flattait pas les vanités influentes, ne cherchait pas les protections, se refusait aux familiarités! Il fallait voir.

Puis, nos reines de théâtre ont des cours constituées, avec une diplomatie, un protocole, des courtisans, avec une politique intérieure et étrangère, avec des jubilés. Se passer de ces moyens de domination, c'était leur manquer de respect, les blâmer.

Plusieurs de nos critiques sont un peu comme nos reines de théâtre. Ils reçoivent des hommages; ils ont des protégés. La Duse ne viendrait donc pas leur faire sa cour? L'arrivée de cette reine de Saba leur apporterait une mortification au lieu des habituelles satisfactions d'amour-propre? Reines de la scène et rois du journal attendaient, ironiques et pincés.

La Duse n'a pas trompé cette attente. Elle n'a pas fait de visites; elle n'a guère reçu. En dépit des avertissements et des conseils, elle n'a rien sacrifié de ce qu'elle croit être sa dignité.

Elle nous arrivait sur l'invitation de Sarah Bernhardt, qui avait eu la galante bravoure de lui offrir l'hospitalité de son théâtre. La grande Sarah est à la hauteur de toutes les comparaisons et la Duse, reconnaissante et déférente, déclare qu'elle a reçu d'elle l'initiation, la révélation, le sacrement artistiques; mais les fervents de Sarah, premiers ministres ou simples courtisans, n'admettent pas que personne traite avec elle d'égal à égal. S'ils vantaient la grandeur d'âme de Sarah, la Duse leur semblait bien audacieuse.

Il est résulté de tout cela que, sauf exceptions assez rares, la presse a été dure ou peu gracieuse pour la Duse. A la suite des premières représentations, quelques articles ont reculé les bornes de la « rosserie », quoique nous ayons de grands maîtres en ce genre. Pas d'éreintements, certes, mais beaucoup de réserves et un ton d'impartialité froide qui raillait l'enthousiasme. Surtout, exprimé ou sous-entendu, l'avis que la prétention de la Duse, non pas même à surpasser, mais à égaler nos grandes actrices, était outrecuidante.

Si la Duse n'avait pas mérité pleinement sa réputation européenne, l'épreuve parisienne était pour elle un désastre. Elle partait vaincue et ridicule. Son talent a été le plus fort. Dès le premier soir, il s'est créé dans le vrai public un courant d'admiration qui a roulé et noyé les petits bateaux de partialité et d'injustice. Saisi par la vérité de ce jeu, secoué par cette force vibrante, transporté par cette originalité neuve, le public a planté là ses guides habituels et s'est fait lui-même son opinion, admirant de tout son cœur, applaudissant de toutes ses mains, pleurant de tous ses yeux.

Il a fallu beaucoup de courage à la Duse pour dompter ses nerfs et garder ses moyens après l'impression qu'a dû lui causer la presse du premier jour, — car elle est franche et elle n'a pas déclaré, selon l'usage, qu'elle ne lisait pas les journaux. Et comme, avec le talent, rien n'excite autant la sympathie que le courage, comme le dénigrement qui n'atteint pas son but se tourne en réclame, cette injustice a doublé le succès.

La Duse part donc victorieuse. Certes, elle n'a mangé personne, comme on dit. Après comme avant, nos grandes actrices gardent leur rang. Nous aurons le même plaisir à les voir et le même empressement à les fêter. Mais, au point de vue général du théâtre, elle laisse derrière elle un exemple dont il faudra bien profiter. Dans les surenchères de prétention, de snobisme et de truquage au milieu desquelles nous vivons, elle nous a pris par la seule force de la vérité. Je souhaite qu'elle en ait laissé le goût durable au public. Un seul médecin et une seule cure ne peuvent pas guérir les maladies nombreuses et diverses dont nous souffrons.

Beaucoup de nos comédiens ne changeront pas leurs habitudes. A côté de ceux dont le talent est sincère et le caractère digne, d'autres continueront à user de cabotinage et de réclame. Mais il y a les jeunes, dont les ambitions ardentes guettent l'avenir. Ils ont dévoré cet exemple des yeux. Portés à imiter, ils se règlent souvent sur des exemples dangereux. Ils leur laissent le talent, qui ne s'emprunte pas; ils leur prennent l'affectation, insupportable sans le talent. Cette fois, ils auront vu l'art se confondre avec la nature par la force de la volonté, de la sincérité et du travail. Ils auraient tout profit à rivaliser avec cela.

Ainsi, pour le public et les artistes, la Duse est venue donner un bon exemple. Elle laisse derrière elle un germe qui lèvera. Pour le fortifier, il faut qu'elle revienne. Elle reviendra.

25 juin 1897.

LES ADIEUX D'ERMETE NOVELLI

L'acteur italien a terminé hier la série de ses représentations parisiennes sur une ovation enthousiaste. Le public comprenait, il est vrai, nombre de ses compatriotes et le caractère de la soirée s'en est ressenti. Chose rare à Paris, un bouquet est tombé aux pieds de l'acteur, au moment où, sur un quatrième ou cinquième rappel final, il saluait, l'œil humide et la main sur son cœur, comme suffoqué par la reconnaissance. Mais, visiblement, l'acteur était aussi sincère que le lanceur — ou la lanceuse — du bouquet. Celui-ci, simple touffe d'œillets rouges, n'avait pas été apporté exprès pour cet hommage. Parmi les têtes d'aspect transalpin, et les acclamations consacrées que le patriotisme empruntait au dilettantisme, il y avait assez de physionomies parisiennes et d'applaudissements d'un lyrisme moins conventionnel, pour donner à la manifestation une valeur vraie. Novelli peut être fier de sa victoire. Comme la Duse l'été dernier, il quitte Paris avec partie gagnée.

Cette partie s'était engagée dans des conditions différentes, les unes moins avantageuses, les autres plus favorables. Novelli n'est qu'un homme et, quoi qu'en pensent les comédiens, c'est surtout pour les comédiennes que l'on va au théâtre, même les femmes. Alors que la Duse nous arrivait précédée d'une réputation européenne, il était à peu inconnu chez nous. Lorsqu'il avait paru, pour la première fois, il y a quelques semaines, dans un *five o'clock* du *Figaro*, la grande majorité des spectateurs ne savait rien de lui. Dans la pantomime qu'il joua supérieurement, la plupart ne virent qu'un numéro amusant et le journal dut leur apprendre le lendemain qu'ils s'étaient trouvés en présence d'un artiste de premier ordre.

D'autre part, il s'en faut que nos acteurs aient à leur disposition les mêmes moyens de réclame et d'opposition aux rivalités que nos actrices. L'arrivée de la Duse et la faveur immédiate du public à son égard avaient excité de terribles jalousies, aussitôt servies par une levée de plumes dévouées. Novelli n'a pas trouvé devant lui pareille coalition. Bien plus, ses camarades français lui ont été aussi accueillants que telles de nos étoiles s'étaient montrées grinçantes devant la Duse. Tel d'entre eux s'est empressé de faire mettre sur l'affiche de son théâtre une pièce où l'acteur italien désirait le voir, et hier soir, à la sortie, j'en entendais un autre, juge excellent, mais qui ne pèche point par excès de complaisance, apprécier son jeu avec autant d'estime cordiale que de sûreté critique.

Il se pourrait que le succès de Novelli ait été mêlé comme ces causes diverses. Je ne serais pas étonné que, matériellement, il n'emporte pas de Paris le même profit que la Duse. Pour son succès d'art, il est égal, quoique différent. Voilà Novelli désormais classé par cette tentative au rang de sa camarade. Il nous a procuré un plaisir d'ordre relevé ; il a élargi notre notion de l'art dramatique ; après Salvini et Rossi, il nous a présenté le jeu italien sous un aspect nouveau ; il nous laisse un précieux terme de comparaison.

*
* *

Le fond de son talent est la mimique. Francisque Sarcey, le plus franc de nos critiques et le moins capable de se donner comme sachant ce qu'il ignore, ne se trompait pas en voyant chez Novelli un mime, à sa première apparition. Le diseur chez Novelli est de second ordre; le mime est du premier. L'acteur italien a du mime les deux dons essentiels : l'expression de l'œil et la mobilité des traits. Cet œil est merveilleux d'intelligence, d'esprit et de finesse; ces traits expriment les moindres nuances de la pensée avec une clarté, une souplesse et une rapidité incomparables. La mimique est, en soi, une partie inférieure de l'art; à ce degré, elle égale tout.

Novelli nous a joué de grands premiers rôles et, visiblement, ils ont ses préférences. Il tient, avant tout, à produire les grands sentiments : terreur, pitié, admiration. Il réussit à les produire. Hier soir, dans Alessandro Fara d'*Alleluja*, il a parcouru toute la gamme de la douleur et de l'indignation. A la fin de la pièce, il nous a offert le spectacle d'un homme frappé d'hémiplégie, avec une intensité de réalisme littéralement effrayant. La justesse, la force et la sobriété avec lesquelles il a joué cette scène laissent bien loin derrière elles les morts célèbres que nous avons vues sur le théâtre contemporain. Si Marco Praga, l'auteur du drame, n'est pas un Sophocle, Novelli supporte la comparaison avec le souvenir de Mounet-Sully, au dénouement d'*Œdipe roi*.

Son mérite est d'autant plus grand que, dans ces

sortes de rôles, visiblement il force sa nature. Celle-ci le destinait aux grands premiers comiques, ceux que nous jouait Got et dont M. Leloir continue une partie. De cet emploi, Novelli a la bouche, le nez, les yeux; il en a surtout la voix. Celle-ci, voix de gorge et de tête, sans les notes profondes qui touchent, est riche d'inflexions naturellement et irrésistiblement comiques. Dans la même soirée, il avait joué, comme lever de rideau, un amusant badinage, *la Morale dello zio Orazio*. Il y est parfait. Dans *Alleluja*, son rôle offre une partie de gaieté apparente; le personnage est un « fêtard » mélancolique, un boute-en-train dont la gaieté cache un chagrin intime et dévorant. Lorsque l'acteur montre la partie extérieure et superficielle de ce caractère, il révèle sa véritable nature. On sent l'effort dès qu'il en traduit la douleur sérieuse.

De même pour son rire, un rire voilé, aux notes cassées et facilement bizarres, qui illumine cette physionomie dès son premier rayon et annonce la gaieté foncière de cette nature, comme un soleil d'été perçant des nuages bien épais et bien noirs, mais passagers. Lorsqu'il veut donner à ce rire l'expression ironique qui répond à sa souffrance intérieure, le spectateur, surtout celui qui ne sait pas l'italien et doit deviner le sens des mots par l'expression de la physionomie, est un moment dérouté.

Cette déviation volontaire du talent est fréquente chez les comiques et nous en avons en France des exemples fameux. Ces comiques aspirent aux premiers rôles ; ils aiment mieux émouvoir que divertir; ils veulent être aimés. Novelli joue donc du Marco Praga et même de l'Ibsen. Malgré la scène finale d'*Alleluja*, je le préfère dans son répertoire comique. Le plus haut degré de l'art consiste à suivre la nature. La forcer, même avec un succès éclatant, ne donne qu'un plaisir mêlé. Le spectateur chicane sa propre émotion.

Je ne veux pas dire par là que Novelli ait tort de chercher à produire l'émotion. Le haut comique l'admet. A cet extrême degré du ridicule, de la bassesse, de l'égoïsme, du vice, le grand acteur comique la rencontre. Molière l'a mise dans Arnolphe, George Dandin et Harpagon. Un personnage comique peut même atteindre la grandeur terrifiante et la fureur noble, surtout depuis la révolution romantique qui a réuni le comique et le tragique, autrefois séparés. Mais il faut pour cela qu'il y ait fusion, c'est-à-dire unité et logique. Dans ces rôles de haut comique, Novelli doit être excellent, comme Got l'a été chez nous. Hier soir, lorsqu'Alessandro Fara prenait à la gorge sa fille coupable, il rappelait Brissaud de *Denise* se jetant sur Fernand de Thauzette. Got n'a pas réussi dans

Triboulet du *Roi s'amuse*; c'est en partie, je crois, que le rôle n'est pas bon, mais il sera bien intéressant d'y voir Novelli, si, comme on nous le fait espérer, il revient à Paris.

⁎⁎⁎

Fait d'intelligence et d'étude, le talent de Novelli est aussi italien dans son genre que l'était celui de la Duse, où la nature l'emportait sur l'art. La Duse vivait ses rôles; Novelli joue les siens. A eux deux ils représentent deux faces de leur génie national. L'Italien a la verve et la réflexion; il s'abandonne et se surveille; il est ironique et ému. Ce qu'il appelle la *virtù* est un mélange de conviction et d'artifice. L'Italie est un pays de passion et de scepticisme. Elle a offert les exemples les plus typiques d'énergie grandiose et de plaisanterie bouffonne. Il est rare, surtout aujourd'hui, qu'elle ne mette pas dans tout ce qu'elle fait une dose changeante d'art et d'artifice.

La Duse est venue nous montrer comment la nature et la sincérité peuvent primer l'art, ou plutôt comment un certain genre de sincérité et de naturel est le plus haut degré de l'art. Novelli vient de nous montrer comment l'art peut donner l'illusion de la sincérité et du naturel, comment il force la nature jusqu'à produire l'émotion la plus profonde. L'art étant un mélange de naturel et d'étude, l'acteur et l'actrice ont été diversement et également artistes. Leurs camarades français auront eu grand profit à les voir tous deux.

Surtout, ils apprendront par cette comparaison à rester eux-mêmes. Je ne conseillerais à aucun d'eux de les imiter. La Duse et Novelli jouent dans une langue rapide, sonore et coulante, qui exige des gestes et des expressions de physionomie nombreux et souples comme des inflexions. Le français, plus sobre et plus ferme, n'admettrait pas une mimique aussi exubérante. Chaque langue a son génie, image du caractère national. L'art du comédien consiste dans l'accord du geste et du mot.

Il consiste aussi à vêtir et situer les personnages conformément à ce génie et à ce caractère. Si, dans une comédie de mœurs contemporaines, des acteurs français nous montraient les gilets et les cravates, les complets et les livrées, les bagues surtout dont s'étaient parés les camarades de Novelli pour représenter les élégants d'*una città di provincia della Lombardia*, le lever du rideau eût été une stupéfaction.

En somme, sous un chef hors de pair, la troupe italienne s'est montrée excellente; chacun de ses acteurs a montré une physionomie personnelle et un caractère marqué. Je songeais, en les applaudissant, que par eux les Parisiens de 1898 retrouvaient un genre de plaisir qu'avaient goûté leurs pères aux deux derniers siècles, lorsque des troupes italiennes jouaient à demeure chez nous et que, par la valeur des pièces et des interprétations, ils donnaient les plus utiles exemples à nos auteurs et à nos acteurs. Molière imitait *l'Innavertito* et Scaramouche. Tout le répertoire de Marivaux a été créé par les Italiens et j'imagine que *le Jeu de l'amour et du hasard*, interprété par la troupe de Novelli, retrouverait quelque chose de vif et de léger qu'il a un peu perdu depuis la création. Depuis Lulli et les origines de l'opéra jusqu'à l'avènement de la grande école française avec Gluck, et de notre opéra comique avec Grétry et Monsigny, les Italiens ont fait notre éducation musicale. Nous sommes maintenant hors de page, mais si la tradition se renouait, dans la mesure qui convient au changement des temps, nous y trouverions encore plaisir et profit.

Les malentendus politiques avaient relâché ces liens. Des indices nombreux prouvent qu'ils sont en train de se renouer. Ces jours derniers, au lieu de l'hostilité dont *Cavalleria rusticana*, de Mascagni, avait dû triompher, la *Vie de Bohême* de Puccini rencontrait la faveur la plus accueillante. Cet hiver, le romancier d'Annunzio était l'hôte choyé de nos salons. La. Duse et Novelli sont désormais adoptés sur nos théâtres. Quand il leur plaira de revenir, ils seront chez eux.

C'est que la communauté du sang latin est plus forte que les rivalités politiques. En entendant avant-hier soir une salle parisienne acclamer une troupe italienne, je me rappelais ce que j'avais vu en Crète l'été dernier. Nos marsouins et les bersagliers font là-bas commerce d'amitié, malgré la Triplice. Tandis que Français et Russes, Italiens et Allemands en sont restés, vis-à-vis les uns des autres, aux politesses officielles, Français et Italiens fraternisent pour leur plaisir. Il existe à la Canée un théâtre franco-italien dont les acteurs quittent l'épaulette jaune ou le casque à plumes pour entrer en scène. J'ai éprouvé à la Renaissance le même sentiment de détente qu'au théâtre de la Canée.

25 juin 1898.

MARIA GUERRERO

ET LE THÉATRE ESPAGNOL

Supposons que, depuis deux siècles, Corneille, Racine et Molière n'aient plus été joués en France et qu'une comédienne, enthousiaste de l'ancien répertoire, ait résolu de lui consacrer un théâtre et de lui ramener le public, à force de volonté, d'énergie et de talent. Rappelons-nous, d'autre part, le voyage de la Comédie-Française à Londres en 1871, après la guerre et pendant la Commune. Nous aurons une idée fidèle de ce que Mme Maria Guerrero et sa troupe espagnole ont fait dans leur pays et sont venus faire dans le nôtre.

La grande artiste à laquelle Mme Sarah Bernhardt donne l'hospitalité de la Renaissance, après la Duse et Novelli, a ouvert à Madrid, le 12 jan=

vier 1895, le « Théâtre-Espagnol ». Elle a disposé pour lui une salle d'une élégance sobre; elle a recruté une troupe qui joue d'ensemble sous sa direction; elle y passe en revue le répertoire le plus riche en chefs-d'œuvre et en grands noms que puisse offrir, avec le nôtre, l'histoire de la littérature dramatique : Lope de Vega, Tirso de Molina, Guilhem de Castro, Calderon, etc. Elle a institué des lundis classiques, adoptés par la société madrilène. Elle espère arriver jusqu'au peuple et lui rendre la passion des grands dramaturges qui ont surtout écrit pour lui [1].

Là est sa principale originalité, et ce qui la distingue de la Duse et de Novelli, voire de notre Sarah Bernhardt, qui jouent *leur* répertoire et non *le* répertoire. Avec une abnégation bien rare chez les comédiennes, elle s'est subordonnée à une idée et à une œuvre. Je ne vois, dans son art, rien d'analogue à ce qu'elle fait, sauf, en quelque mesure, l'exemple donné par le grand tragédien anglais Irving, qui s'est mis au service de Shakespeare, au Lycœum de Londres, avec une troupe et un théâtre organisés pour « le grand Will ».

---

[1]. Sur le caractère essentiellement populaire du drame espagnol, alors qu'en France il fut surtout aristocratique, voir une éloquente étude de Canovas del Castillo, *le Théâtre espagnol contemporain*, traduit par J.-G. Magnabal, 1886.

La Duse et Novelli, grâce au système des tournées, fructueux pour les artistes et ruineux pour l'art, ont fait leur fortune. Dans la riche Angleterre, Irving, sédentaire et nomade, est devenu un grand seigneur de l'art. Maria Guerrero ne quitte Madrid, où le théâtre est bon marché, que pour gagner, en province et à l'étranger, de quoi soutenir son œuvre nationale. A Paris, elle n'est venue chercher que la gloire seule, dans un bel élan de désintéressement et de courage.

Elle savait qu'un retour s'opérait chez nous vers cette littérature espagnole à laquelle nous avons tant emprunté, au temps de Corneille et Molière, de Lesage et de Beaumarchais. Dans les salons, Mme Edmond Adam avait révélé Etchegaray à une élite, et, sur les scènes populaires, des traductions ou adaptations de quelques œuvres espagnoles avaient réussi. Au moment où les diplomates de son pays reçoivent l'hospitalité de la France pour signer une paix désastreuse, après la lutte inégale que l'on sait, elle est venue demander à Paris de l'honneur pour le génie espagnol, de la sympathie pour son œuvre personnelle et la consécration de sa propre renommée.

Du premier soir, elle a obtenu tout cela. Quant à l'argent, indispensable moyen d'une entreprise théâtrale, et qu'elle eût employé à fortifier la sienne dans son pays, je crains qu'elle n'en emporte moins qu'il n'eût été souhaitable. La Duse nous était arrivée dans le bruit d'une réclame retentissante ; puis la maladresse de l'opposition suscitée contre elle par quelques jalousies avait beaucoup contribué à son succès. Novelli avait profité du « lancer » de la Duse et du souvenir laissé par elle. Enfin, tous deux, parmi leurs pièces nationales, nous offraient des adaptations de pièces françaises. Maria Guerrero, par indifférence ou inexpérience, n'a guère usé de la presse. Elle ne nous a donné que des pièces purement espagnoles, dont une seule, *Don Juan*, pouvait éveiller en nous des souvenirs. Joignez enfin à ces causes diverses de moindre succès, que ces comédiens nous sont arrivés dans un bien mauvais moment, au plus fort de « l'Affaire » et des grèves.

*
* *

Maria Guerrero a la beauté typique de l'Espagnole : formes pleines même dans la sveltesse, teint d'ambre mat, cheveux d'ébène, yeux de velours où la pensée et la lumière jouent en paillettes de feu. Elle porte en elle l'âme de son pays, faite d'ardeur et de tendresse, d'énergie et de nonchalance. La grâce de ses attitudes est celle d'une race qui manie l'éventail et le couteau avec la même adresse. La souplesse caressante des mouvements précède les détentes redoutables. La voix est d'une douceur singulière, avec des notes profondes et graves.

La variété de cette nature fémine définit le talent de l'actrice. Maria Guerrero est tragédienne et comédienne. Comme la Duse, qui passait avec une facilité surprenante des espiègleries de *la Locandiera* au martyre de *la Dame aux Camélias*, elle joue un soir *la Nina boba*, « la Fille sotte », une sorte de *Fausse Agnès* espagnole, en costume comique, tout un parterre dans ses cheveux arrondis en boule frisée, la robe à jupe bariolée et à gigots énormes l'engonçant jusqu'à la caricature voulue. Le lendemain, elle est l'héroïne d'un de ces drames pleins et courts, où l'énergie se ramasse en raccourcis violents. Hier, dans le *Don Juan* de Zorrilla, elle nuançait des couplets d'une poésie raffinée et mélancolique ; la veille, au *five o'clock* du *Figaro*, elle avait joué, avec M. Coquelin aîné pour partenaire, la paysanne primitive et pratique du *Don Juan* de Molière.

Car, parlant à merveille le français, elle a osé faire ce que la Duse aurait pu faire, dit-on, mais n'a pas fait : jouer un rôle français devant des Parisiens. En 1895, à Madrid, elle paraissait, avec Sarah Bernhardt, enthousiaste de son talent et de sa tentative, dans la grande scène du *Sphinx*, d'Octave Feuillet. M. Henry Lyonnet, qui nous donne ce détail dans un livre intéressant et neuf sur *le Théâtre en Espagne*, ajoute qu'un moment elle avait conçu le projet d'abandonner la scène espagnole pour la scène française.

Maria Guerrero est la raison d'être et l'âme de sa troupe, mais cette troupe, dont le principal mérite est de l'encadrer et de jouer d'ensemble, compte des acteurs qui méritent l'attention pour eux-mêmes. Au même rang que l'étoile figure sur l'affiche don Fernando Diaz de Mendoza, grand premier rôle et mari de la directrice. C'est un gentilhomme de vieille souche qui, bravant un préjugé particulièrement fort en Espagne, s'est fait comédien par amour, comme le marquis de Sigognac dans *le Capitaine Fracasse*, de Théophile Gautier. Il a de la prestance et du feu, une aisance et une élégance où se reconnaît l'homme bien né. Il reste encore chez lui quelque chose de « l'amateur », et la critique parisienne le lui a dit avec un peu trop d'insistance. Toutefois, hier, dans *Don Juan*, il a joué vraiment en comédien. J'étais à côté d'un de ses camarades de la Comédie-Française, sincère jusqu'à la candeur et bon juge en fait d'énergie. Il s'est beaucoup applaudi en la personne de son camarade espagnol.

A côté de don Fernando, le public a fait un succès mérité à Mme Fernandez, une duègne comme nous en avions une avec Mme Crosnier et comme nous n'en avons plus depuis la retraite de celle-ci ; duègne espagnole, qui concentre les caractères de l'emploi : cynisme d'entremetteuse, dignité bouffonne, prompte vénalité. Par surcroît, la duègne de *Don Juan* est une duègne de couvent, c'est-à-dire d'une rouerie papelarde et d'une onction vinaigrée. Mme Fernandez a eu quelques intonations d'une vérité et d'un comique indicibles en présentant à doña Inès, la novice tourmentée par l'amour et le remords, la lettre de don Juan comme un *papelito* innocent. Elle a eu de ces gestes et de ces mines qui expriment tout un caractère, dans la scène où elle éclaire avec une lampe la lecture tremblante et ravie de doña Inès.

Ce qui frappe d'abord dans l'interprétation générale, c'est le contraste entre la voix rauque des hommes, leur diction martelée, et l'harmonie douce des voix féminines, leur façon agile et souple de nuancer le rythme et le mètre court des vers. Hommes et femmes jouent sobre et serré ; ils forment un contraste frappant avec la facilité et la vivacité italiennes. L'art français est entre les deux.

Les hommes manquent un peu d'élégance sous les costumes historiques, mais ils drapent la cape nationale avec noblesse et portent l'épée avec aisance. Sous la robe de religieuse, les femmes expriment, avec plus de naturel que nos actrices, la piété inhérente à l'âme espagnole. Je n'ai jamais vu l'art théâtral rendre plus nettement les différences morales qui distinguent les deux sexes dans un même pays, ni les sentiments essentiels qui caractérisent une civilisation.

*
* *

Si l'œuvre de Maria Guerrero est avant tout classique, elle fait sa place au théâtre contemporain, car, outre la nécessité absolue qui s'impose à la scène, pour vivre, d'être en rapport avec la vie contemporaine, tout un groupe d'auteurs travaille dans le même sens que la directrice du Théâtre-Espagnol, pour renouer la tradition nationale et relever l'art dramatique de la profonde décadence où il était tombé dans leur pays. Mort en 1896, Zorrilla sert de transition entre les classiques d'autrefois et ceux d'aujourd'hui. Maria Guerrero a donc eu raison de lui donner une place, avec *Don Juan Tenorio*, dans ses représentations parisiennes, entre les œuvres typiques de la grande époque et celles de notre temps.

D'autant plus que *Don Juan* est la pièce la plus nationale qu'il y ait en aucun pays. Elle se joue sur tous les théâtres espagnols pendant les fêtes de la Toussaint. En outre, un souvenir de reconnaissance s'y rattache pour Maria Guerrero. Le programme distribué aux spectateurs de la Renaissance nous apprenait que *Don Juan Tenorio* «.a servi aux débuts dramatiques de Mme Guerrero, au théâtre de la Comedia, peu de temps avant la mort de Zorrilla, et que la jeune artiste reçut, de la bouche de l'illustre poète, la consécration la plus flatteuse de son talent ».

La pièce offre un double intérêt, poétique et historique, par sa valeur propre et le moment qu'elle marque dans le développement du théâtre espagnol. Son inspiration, sa structure et son style sont essentiellement romantiques. Venu d'Espagne pour une part, le romantisme français revenait en Espagne, après avoir à peu près épuisé sa carrière chez nous. Le *Don Juan* de Zorrilla fut représenté à Madrid en 1844 et excita l'enthousiasme ; un an avant, à Paris, la chute des *Burgraves*, de Victor Hugo, avait marqué le déclin du drame romantique.

Le sujet, c'est la vieille légende andalouse dont

Tirso de Molina, le premier qui l'ait portée au théâtre, a tiré un incomparable chef-d'œuvre. Le *Don Juan* de Tirso domine encore, comme un vieux chêne, l'énorme floraison dont le germe parti de Séville a couvert l'Europe. Les Espagnols eux-mêmes, rivalisant avec les poètes et les artistes des autres pays, ont repris jusqu'à nos jours le thème fantastique du séducteur traîné en enfer par le convive de pierre. Il suffit de revenir à l'œuvre primitive pour y trouver une simplicité plus forte et plus pleine, plus de passion, plus de poésie et de charme que chez les plus illustres de ses imitateurs. Musset a raison de dire, dans l'admirable variation de *Rolla* sur le type éternel, que ni Molière, ni Mozart, ni Hoffmann ne l'ont donné au complet. Mais, par une erreur ou une omission singulière, il ne dit rien de Tirso. C'est à celui-ci qu'il faut toujours revenir pour retrouver ce type dans toute sa force et son sens, contenant en germe et puissance tout ce qui devait en sortir. Tous les critiques espagnols, don Manuel de la Revilla, Pi y Margall, don Felipe Picatoste, Canovas del Castillo, l'homme d'État assassiné l'an dernier, le démontrent à l'envi [1].

Le don Juan de Tirso meurt impénitent et damné;

---

1. Voir plus haut, p. 47 et suiv.

celui de Zorrilla, repentant et pardonné. C'est que le poète de 1844 s'inspire d'une théorie chère au romantisme, la rédemption par l'amour. Inès fléchit en faveur de son amant le Dieu qui fut clément pour la Samaritaine, et le cœur de don Juan, sec et fermé jusqu'alors, s'ouvre et s'attendrit devant l'amour ingénu d'Inès. Zorrilla a longtemps vécu en France et beaucoup étudié la littérature français. Son *Don Juan* ne serait pas ce qu'il est sans Dumas père, qui, le premier, a transformé le caractère du héros selon la poétique romantique, dans son *Don Juan de Maraña* représenté en 1836, et Alfred de Musset, dont le *Rolla* est de 1835, *les Marrons du feu* de 1830, *On ne badine pas avec l'amour* de 1834 et *Il ne faut jurer de rien* de 1836. L'influence de ces œuvres, de leurs types et de leur style sur *Don Juan de Tenorio* est visible. Il y a du Rolla et du Raphaël Garuci dans don Juan et don Luis Megia; il y a de la Camille et de la Cécile dans doña Iñès. Lorsque l'abbesse de las Calatravas interroge doña Iñès, que don Juan fait sa déclaration à Iñès et qu'Iñès lui avoue son amour, le lyrisme, les images, la couleur et la coupe des couplets nous rappellent les thèmes connus de la forêt, du couvent et de la fontaine dans les comédies de Musset.

Ce rapprochement n'enlève rien à l'originalité de

Zorrilla. Dumas et Musset imitaient l'ancien théâtre espagnol; en se souvenant de Dumas et de Musset, Zorrilla rendait à sa patrie un bien qui lui avait appartenu. Comme les deux poètes français, il a subi l'influence inévitable d'un temps, mais son talent était d'un métal et d'une trempe dont le son ne se confond pas avec un autre. Ame ardente et sincère, il a tiré de sa propre nature l'essence de sa poésie; poète nerveux et sonore, il a emprunté sa forme libre et caressée à la plus pure tradition nationale. Maria Guerrero et sa troupe offriraient, eux aussi, des termes de comparaison avec leurs camarades français. Ils n'en sont pas moins eux-mêmes, et dans la symphonie de l'art, ils nous ont fait entendre une note nouvelle.

15 octobre 1898.

CARMEN

ET LES GITANES DE GRENADE

Dans le vestibule du nouvel Opéra-Comique va s'élever un monument consacré par Falguière à la mémoire de Bizet. Il offre une analogie frappante avec celui de Henri Regnault à l'École des Beaux-Arts. L'un et l'autre dressent sur une stèle funéraire le buste de l'artiste, — pour le musicien comme pour le peintre, une tête énergique, à la barbe et aux cheveux crépus — et, devant le buste, une figure de femme dépose une fleur de gloire. Si Falguière a donné de la sorte un pendant au marbre célèbre de Chapu, c'est d'autant moins par imitation que la figure assise de Carmen suffirait à procurer au sien une originalité. Il a voulu marquer l'analogie de deux destinées artistiques.

Comme Regnault, en effet, Bizet est mort en pleine jeunesse, sans avoir connu la gloire méritée, et c'est à leur tombe que la Muse est venue offrir

> Cette plante tardive, amante des tombeaux.

Plus malheureux encore que Regnault, tombé en soldat, d'une balle au front, Bizet a été surpris par une mort soudaine, dans l'amertume de l'injustice publique.

Sa *Carmen* venait d'être accueillie avec une sévérité et une froideur, où l'on ne sait, à distance, qu'admirer le plus, de la niaiserie ou de l'aveuglement. Jamais, depuis l'origine de l'Opéra-Comique, un ensemble d'art plus parfait n'avait été offert aux Parisiens. Du roman de Mérimée, Meilhac et Halévy avaient tiré un livret ensoleillé et sombre comme un jour d'orage en Espagne. Mme Galli-Marié incarnait l'héroïne avec une telle vérité que l'on pouvait croire à une parenté atavique entre l'artiste vivante et la créature de fiction. Les costumes reproduisaient des aquarelles où Detaille avait mis sa précision militaire et Clairin sa connaissance pittoresque de l'Andalousie. La musique, elle, était une rénovation et apportait à l'art français deux choses également rares, un chef-d'œuvre et un point de départ.

Après *Carmen*, en effet, il y avait quelque chose

de changé dans le genre auquel appartenait la partition nouvelle. L'opéra comique français dépassait le point où l'avaient conduit Halévy et Hérold, Adam et Auber. Il n'allait plus être possible désormais de couler des œuvres nouvelles dans le vieux moule. Le genre s'élargissait, en se rapprochant de la nature et de l'histoire; il rejetait les conventions surannées; un souffle de poésie, tantôt ardente et tantôt fraîche, faisait reverdir le vieux décor de la pastorale; la passion vraie et terrible, l'amour vainqueur et cruel remplaçaient la galanterie. Tout cela, sans abandonner la tradition française, faite de mesure, d'aisance et de clarté.

Et de même que la peinture, si personnelle, de Regnault venait d'Espagne, la musique de Bizet, si nationale, en venait aussi. Le phénomène est à la fois fréquent et singulier dans notre histoire littéraire et artistique. Sans parler de *Don Juan* et de *Gil Blas*, trois fois en trois siècles des renouvellements du théâtre — d'importance inégale, certes, mais également féconds — ont été suscités chez nous par l'influence espagnole, avec le *Cid* de Corneille, le *Mariage de Figaro* de Beaumarchais et l'*Hernani* de Victor Hugo. C'est en Andalousie, entre Grenade et Séville, dans un pays enchanté de lumière et d'harmonie, que Regnault et Bizet ont pris leurs couleurs et leurs sons.

En ouvrant son nouveau théâtre avec *Carmen*, le nouveau directeur de l'Opéra-Comique faisait donc un heureux choix et un acte de justice. A cette œuvre profondément sincère, M. Albert Carré s'est piqué de donner une interprétation et une mise en scène où la recherche de la vie ne craint pas le réalisme. Il y a si complètement réussi qu'il va montrer aux Parisiens une *Carmen* qui leur semblera toute neuve. J'ai vu la répétition générale et jamais encore un opéra comique ne m'avait procuré au même degré l'impression de la vérité. Les uniformes et les costumes, scrupuleusement reconstitués à la date de 1847, ne sont plus en Espagne qu'un souvenir. On n'y voit plus les dragons jaunes et gris, les hussards écarlates et les chasseurs vert-pomme [1]. Aujourd'hui, le *majo* de Séville a

---

[1]. Pour les amateurs de costumes militaires, cette reprise de *Carmen* offre un intérêt particulier. Visiblement, M. Albert Carré a pris plaisir à reconstituer exactement ceux de ces costumes qui figurent dans la pièce. Soldats excellents, les Espagnols ne sont guère « bouton de guêtre » et leurs uniformes, très changeants, ont toujours reflété l'imitation étrangère plus que l'originalité nationale. Édouard Detaille me faisait remarquer qu'il a fallu saisir les dragons d'Almanza — changés par les librettistes en dragons d'Alcala, — à un moment fugitif de leur histoire : ils portent le *charivari* (pantalon basané et boutonné sur le côté) à l'anglaise,

changé sa veste brodée contre le complet confectionné. Les cigarières de la manufacture n'ont conservé de leur costume aux couleurs voyantes que le petit châle à longs effilés et la coiffure à grands accroche-cœurs, piquée de grosses fleurs rouges. Avec cette résurrection du passé, le ciel et la couleur de l'Andalousie, les restes de sa vieille et splendide civilisation, l'architecture roussie par le soleil, l'archaïsme somptueux des *corridas*, les plaisirs populaires, tout cela, dans la nouvelle *Carmen*, traduit avec une exquise et forte justesse la vision de Mérimée et l'inspiration de Bizet. Le carrefour sévillan, dominé par la svelte silhouette de la Giralda, le *patio* de cabaret dans le faubourg de Triana, l'entrée de la *plaza de toros* transportent place Boïeldieu un coin de l'Espagne andalouse.

Mais ce que le directeur de l'Opéra-Comique a surtout cherché, c'est la couleur gitane. Il a formé et encadré sa Carmen de telle sorte que l'exotisme saisissant de l'étrange race enveloppe l'héroïne d'une atmosphère constante. Il a fait venir de Grenade les danseuses de *mosca* qui, jusqu'à présent,

---

le dolman à la française et le petit casque à chenille des Hanovriens ; ils sont armés du sabre courbe avec sabretache de nos hussards et de la lance importée en Espagne par les chevau-légers polonais de Somo-Sierra. Cet uniforme et cet armement offrent comme un pot-pourri des souvenirs laissés dans la péninsule par les soldats de Napoléon et de Wellington.

n'avaient jamais quitté le quartier de l'Albaycin. J'ai revu hier soir, sur la scène de l'Opéra-Comique, une femme et une enfant qui m'avaient semblé là-bas aussi inséparables du sol que les murs de l'Alhambra.

∗
∗ ∗

L'Albaycin de Grenade est une colline abrupte qu'un torrent, le Daro, sépare de la ville. Du haut des *torres bermejas*, les « tours vermeilles », il se découvre tout entier. Nulle part, le caractère africain de l'Espagne méridionale ne se marque plus fortement. Des haies de cactus énormes y forment comme une enceinte défensive à un éboulis de blanches maisonnettes et plaquent de vert pâle la terre fauve. C'est le quartier des gitanos. Partout, aux fenêtres et devant les portes, sèchent des haillons bariolés qui donnent à la colline l'aspect d'un navire sous grand pavois. Au-dessus flotte une rumeur confuse de chants et de musiques, de cris et de querelles. Sur les petites places et dans les ruelles étroites grouillent des loqueteux agités.

Les gitanos vivent dans l'Albaycin sous leur « statut personnel », comme on dit en Algérie, c'est-à-dire avec un ensemble de mœurs et d'usages que les lois espagnoles n'ont pas entamés. Ils sont chrétiens, mais ils pratiquent l'union libre et la justice personnelle. Cette population n'a pas de rapports directs avec les autorités grenadines. Un chef élu, le *capitan*, lui sert d'intermédiaire. Lorsqu'un crime est commis dans l'Albaycin, le *capitan* livre à la police le coupable, qui n'est pas toujours le vrai.

Il n'est pas prudent de s'aventurer seul dans l'Albaycin. On y risque le vol probable et le coup de couteau possible. Si l'on traite avec le *capitan*, don Juan Amaya, il vous fait lui-même escorte et on peut tout voir, avec une sécurité complète. C'est un beau gaillard d'une trentaine d'années. Il est gras; sa figure olivâtre est bien rasée; ses cheveux noirs frisent avec art. Il est vêtu d'un élégant complet Belle Jardinière.

La chaleur d'avril est déjà forte. Lorsque le soleil commence à baisser vers l'horizon, le *capitan* me conduit chez son peuple. Au seuil même de l'étrange cité, parmi le plus horrible bataillon de vieilles mendiantes, une fillette de quatre à cinq ans offre un premier et parfait spécimen de la danse gitane. C'est la même qui, au second acte de *Carmen*, à l'Opéra-Comique, monte sur une table pour danser la *mosca*, dans un tonnerre de *olé!* et de mains frappées en cadence. Le directeur de l'Opéra-Comique a paré la petite gitane des plus beaux atours du luxe national. Lorsqu'elle m'apparut là-bas, au bord du Daro, elle était à moitié nue et, sous des haillons sordides, ce petit corps de bronze clair offrait les lignes grêles et pures d'une statuette florentine. Ses yeux brillaient comme des boules de jais, à travers une broussaille de cheveux noirs, et ses dents traversaient d'émail blanc le corail sombre des lèvres. Elle chantait et dansait, avec des tessons de faïence dans les mains, en guise de castagnettes, la tête de côté et la jambe tendue, le regard plein d'une provocation innocente. C'était pénible et charmant.

Me voici devant la porte du *capitan*, à l'entrée de ces *cuevas* taillées dans le roc, où habite l'aristocratie gitane. Le corps de ballet nous attend, six femmes et deux hommes.

La scène représente une cave largement éclairée par la porte, malgré la tenture de sparterie qui tamise l'ardente lumière. Le sol est de terre battue et les murs de roche vive. Des ustensiles de ménage sont accrochés aux parois, entre des chromos de sainteté; des lits drapés de cotonnade blanche s'enfoncent dans des alcôves. Tout cela est propre et presque confortable. Il en est ainsi non seulement chez le roi des gitanos, mais chez l'aristocratie de ses sujets. Le peuple, lui, grouille dans la misère et la saleté. Toujours l'antithèse des maigres et des gras.

Hommes et femmes ont le teint bronzé, les cheveux d'ébène, les traits réguliers, le corps svelte, les extrémités d'une grande finesse. Tous sont beaux, d'une beauté sans fraîcheur, avec des profils nets, fins et secs. Les yeux brillent d'effronterie et de gaieté, de cette malice joyeuse qui est commune aux nègres et aux singes, aux races primitives et aux animaux agiles. Les hommes sont vêtus de l'ancien costume espagnol, veste et culotte en velours brodé. Les femmes sont en robe d'indienne courte, à grands volants. Elles ont le châle à longs effilés, croisé sur la poitrine et noué autour de la taille. Leurs cheveux d'un noir bleuâtre sont plaqués en gros accroche-cœurs sur le front et la joue. Leurs chignons bas sont piqués de ces roses énormes, à la pourpre sanglante, dont le parfum embaume l'air de Grenade. L'ensemble de leur ajustement offre un mélange de couleurs violentes — jaune, vert et rouge, — mais ces contrastes produisent l'harmonie.

Le *capitan* a décroché du mur une guitare, et un mandoliniste s'est assis près de lui. Pendant une heure, sa bande va chanter et danser sans fatigue apparente. Elle tourne le dos à la porte et se détache en noir sur la baie. Les lignes et les gestes ressortent avec une netteté d'ombres chinoises. La lumière réverbérée forme un clair-obscur qui met un mystère sur ces visages où luisent des regards et des sourires inquiétants.

Le caractère dominant de ces danses et de ces chants est d'exprimer un sentiment ou une passion. Il y en a de tristes et de joyeux, d'obscènes et de chastes, de lents et de rapides ; tous sont essentiellement dramatiques. A moitié espagnole, à moitié arabe, la danse est lente et onduleuse. Elle n'occupe pas seulement les jambes, comme les danses tournantes du Nord et leur virement un peu ridicule de totons accouplés. Tout le corps participe à la cadence ; les bras décrivent des courbes et le buste roule sur les hanches. La musique brode sur des thèmes espagnols, en y mêlant le charme étrange et constant du ton mineur.

Comme dans ses costumes et ses mœurs, la race gitane conserve dans cette musique et cette danse le souvenir de ses lointains aïeux. Elle l'ajoute comme sa marque mystérieuse aux usages des peuples parmi lesquels elle vit sans se confondre avec eux. Partout et en tout elle reste elle-même, rieuse et farouche, paresseuse et violente, sensuelle et perfide, avec son instinct de liberté et sa haine des lois. Sur quels confins de l'ancien monde, sous quels cieux brûlants ou glacés, autour de quelles fêtes et de quels deuils ont vibré pour la première fois ces cantilènes qui flottent aujourd'hui sur la vallée de Grenade et frappent les murs arabes de l'Alhambra ?

* *
*

Successivement, la bande a exécuté le *fandango* et la *seguidilla*, avec des passades de menuet; la *cachucha*, largement rythmée; la *mosca*, d'une sensualité espiègle; la *flecha*, déclaration d'amour qui va du premier désir à la possession furieuse; l'*allegria della nobbia*, la fête de la mariée, farouche et tendre, où des gestes de bataille traversent les caresses. Plusieurs de ces danses sont des souvenirs d'histoire, comme la *Retirada de Santa-Fe*, qui mime la prise de Grenade sur les Maures. Les danseurs expriment la honte et la peur; ils fuient, le dos et les jambes tremblantes.

Danses et chants sont tantôt des solos et tantôt des ensembles. Chaque artiste a sa personnalité et son moment de vedette. Mais la reine du chœur est celle-là même que le directeur de l'Opéra-Comique nous a montrée hier soir, Trinidad la Gata. Elle exprime tous les caractères, tantôt sérieuse et tantôt gaie, glissant avec un gravité hiératique et un visage impassible d'idole ou bondissant avec un rire ardent de la bouche et des yeux. Le chœur l'entoure et pousse des cris stridents ; il l'encourage et l'admire ; il marque, en frappant des mains, la cadence qui se précipite et finit dans une fougue de cheval emporté.

Une chanteuse partage avec elle le succès, dans la lamentation d'une esclave pleurant sa patrie. Le chant a d'abord une expression de désespoir qui fait mal aux nerfs. Peu à peu, une rémission de mélancolie résignée calme cette douleur aiguë et finit comme une caresse. Boabdil devait chanter ainsi, tandis que, fuyant vers Malaga, il s'arrêtait là-bas, sur la colline qui ferme l'horizon, pour regarder une dernière fois Grenade, à l'endroit qui s'appelle encore *el ultimo suspiro del Moro*, le dernier soupir du More.

*
* *

Les gitanos ne sont pas toute l'Espagne et *Carmen* n'épuise pas la veine qui nous a donné *le Cid, Don Juan, Gil Blas, le Barbier de Séville, le Mariage de Figaro, Hernani* et *Ruy Blas*, c'est-à-dire plus qu'aucun autre pays d'Europe. Mais il n'y a pas dans *Carmen* que l'âcre senteur de l'Albaycin et de Triana. Toute l'originalité d'un peuple, à un moment de son histoire et de ses mœurs, s'y trouve concentrée. Bizet y a joint la peinture vigoureuse et originale d'un sentiment éternel, l'amour qui torture et tue. Vérité du cœur humain, d'un pays et d'un temps, charme d'exotisme et de naturel, délicatesse et force de l'exécution, inspiration traditionnelle et originale, il y a tout cela dans cette œuvre tombée à son apparition, bientôt relevée pour une carrière triomphante et qui nous paraît, à cette heure, parmi les œuvres des morts, la plus digne de représenter un genre toujours vivant, fécond et varié, dans son développement plus que séculaire.

8 décembre 1898.

LE THÉATRE FRANÇAIS

VU DE L'ÉTRANGER

Je n'ai jamais vu M. Augustin Filon ; je ne suis ni de son école, ni de son journal, ni de son parti ; je n'attends de lui ni un suffrage ni un article. En revanche, ce que je sais, comme chacun, de son caractère et de son existence lui fait grand honneur. Surtout, je lis ses livres et le dernier me semble assez original pour être signalé ici, quoique je n'y fasse pas métier de critique littéraire.

Ce livre, *De Dumas à Rostand*, se donne comme une « esquisse du mouvement dramatique contemporain ». En réalité, c'est une étude approfondie sur « l'évolution », comme on dit aujourd'hui, du théâtre français entre 1840 et 1898. Il concentre un demi-siècle en trois cents pages. Or, l'auteur habite l'Angleterre depuis 1870 et, s'il a fait en France plusieurs voyages d'étude, c'est en grande partie sur lectures ou par les représentations anglaises de nos pièces qu'il a formé ses opinions.

Il y a là un inconvénient et un avantage, une cause de moindre information et de plus grande indépendance. La critique dramatique est la plus absorbante des professions; elle prend un homme tout entier. Pour se tenir au courant du théâtre, il faut y aller tous les soirs. Mais, d'autre part, avec les amitiés, les camaraderies et les simples relations, par les conversations de couloir et les influences subies, du fait des mots d'ordre imposés et des ménagements nécessaires, il est bien diffi cile à un critique parisien d'être toujours de son propre avis. Je ne parle, bien entendu, que des critiques sincères. Je laisse de côté les syndicats et les collusions. Puis, à voir de très près et en détail, on manque de perspective. On écrit pour un jour plus que pour un temps. On fait de la chronique et non de l'histoire.

Je regarde donc comme une bonne fortune pour notre théâtre l'étude d'ensemble que vient d'entreprendre à son sujet un Français d'esprit libre et l'observant de l'étranger. Il nous rend le même service qu'à nos pères des deux derniers siècles ces « réfugiés » de Hollande et d'Angleterre, qui, suivant de loin la pensée de leur pays, lui montraient tout entière la vérité qu'il fallait voiler en France. De

Londres, de Rotterdam et de la Haye, Saint-Evremond, Bayle et l'abbé Prévost ont écrit sur Racine, Molière et Marivaux des choses qui ne s'imprimaient pas à Paris. Ils se trompaient souvent, mais ils disaient ce que les Français de France ne pouvaient pas ou n'osaient pas exprimer.

Toutes différences gardées entre les temps et les hommes, M. Augustin Filon rappelle les anciens « réfugiés ». Normalien et professeur, il a continué de se donner loin de son pays la culture générale et profonde sans laquelle on ne fait, en tout genre, que de pauvre critique. Par généreuse fidélité envers une immense infortune, l'ancien précepteur du prince impérial s'est condamné à l'exil volontaire et a borné ses ambitions. Ses épreuves n'ont pas été sans influence sur son humeur. Il est ironique et pessimiste; il conserve peu d'illusions sur les hommes et, n'en attendant plus rien, il leur dit son sentiment avec beaucoup de franchise naturelle et un peu de rancune acquise. Il n'aime guère le caractère anglais et il ne cache guère cette antipathie. Mais, au contact de la vie d'outre-Manche, il a pris quelque chose de l'humour national. Le mélange de cet humour avec l'esprit français est des plus savoureux.

De tout cela résulte un tempérament original d'écrivain et de critique. M. Filon a publié une série de livres — romans, biographies ou essais — dont plusieurs sont de premier ordre. Il est original et il porte la marque d'un groupe. Il a le tour épigrammatique et serré, alerte et vif, avec quelque poursuite de l'esprit, que recherchaient les normaliens aux environs de 1865. J'ai retrouvé chez lui la façon d'écrire que nous recommandait au lycée notre professeur Charles Loiret, qui fut son camarade. Il pense par lui-même; il déteste la banalité et l'emphase; il est épris de justesse et de netteté. Au point de vue spécial du théâtre, il complète Sarcey et Lemaître, Fouquier et Faguet. Certes, il lui arrive assez souvent de se tromper et quelques-unes des ses erreurs sur les pièces et les auteurs, les directeurs et les artistes, sont amusantes. En revanche, il nous dit sur tout cela nombre de choses qui ne s'impriment pas dans les journaux parisiens.

***

Pour le passé, M. Filon recherche quel est le résultat net de ce qu'il appelle « l'âge de Dumas et d'Augier ». Il y voit une période exceptionnellement brillante et féconde de la comédie. En joignant à ces noms ceux de Sardou, de Meilhac et Halévy, on a une production comparable, dans son ensemble, aux plus beaux âges du théâtre. Mais où M. Filon semble avoir tout à fait raison, avec nouveauté et courage, contrairement à l'opinion la plus répandue, c'est en mettant Dumas au premier rang.

On se rappelle peut-être la consultation ouverte sur l'œuvre de Dumas au lendemain de sa mort. Ce fut à qui, parmi « les jeunes », verserait sur le cercueil son petit tombereau d'injures. Ce grand esprit et ce grand cœur fut traité avec une rage de dénigrement qui serait un fâcheux symptôme pour la santé de l'esprit national s'il y fallait voir autre chose que la répétition d'un phénomène constant chez les jeunes générations qui arrivent à la vie littéraire; phénomène aggravé en l'espèce par l'outrance d'opinion et la grossièreté de langage qui distinguent tristement les mœurs littéraires de notre temps. M. Filon n'y fait même pas allusion. C'est que, après trois ans, il n'en reste plus de traces. Tel, au matin, le pavé balayé des grandes villes. Tranquillement, il montre dans Dumas non seulement un dramaturge exceptionnellement puissant, mais un des plus grands parmi ces moralistes qui sont « la fleur de notre génie, l'essence même de la France ».

Comme métier, Dumas avait toute l'habileté que l'on peut avoir. Mais, somme toute, il n'a fait que reprendre le moule de Scribe; à ce point de vue, il n'a pas créé, ni même innové. Cela n'est pas pour déplaire à M. Filon : « Le théâtre, dit-il, ne m'intéresse que dans ses rapports avec l'histoire des idées et des sentiments ». Il a bien raison. La technique du théâtre, l'art de bien faire une pièce est une part essentielle, mais secondaire, de l'art. C'est pour cela que Scribe, un homme de génie en son genre, reste si loin de Dumas, et même d'Augier.

Dans son œuvre, Scribe n'a mis que son talent; Augier y a mis sa conception de la vie; Dumas y a mis tout lui-même, sa chair et son sang. Le théâtre a été pour lui une chaire et une tribune; il y a soutenu et imposé ce qu'il croyait être la vérité; il a voulu augmenter la somme du bien et diminuer celle du mal. Le succès en soi, la fortune et la gloire, le rire et les larmes, trois heures de distraction procurées au public étaient pour lui choses secondaires. Ce qui importait à ses yeux, c'était de faire œuvre utile.

Certes, il prétendait aussi faire œuvre d'art. Mais si l'art a pour but essentiel de réaliser la beauté, qu'est-ce que la beauté, sinon la vérité dégagée et précisée? A un certain degré d'élévation, beauté et vérité se confondent; qui cherche l'une rencontre l'autre. Il n'y a de grands artistes, en tout genre, que les amants de la vérité. Au théâtre, les maîtres de l'art sont les ardents et les sincères, ceux qui répandent dans leur œuvre la passion de justice dont leur cœur est plein. Ceux-là s'incarnent dans Alceste et Olivier de Jalin. Leurs personnages ne sont pas de ces marionnettes, tenues avec adresse au bout des doigts, qui « font trois petits tours et s'en vont »; leur auteur a mis en eux son âme et leur a donné la vie.

Dès aujourd'hui, si l'on veut trouver à Dumas un terme de comparaison, il faut remonter jusqu'au plus grand nom du théâtre comique. D'autres sont des Beaumarchais ou des Marivaux; il est un Molière. Spectateurs passionnés de leur temps, « cœur gros de haine et affamés de justice », Molière et Dumas ont observé avec une immense pitié le duel éternel de l'homme et de la femme, l'égoïsme et la vanité de tous deux, l'imperfection et les lacunes de la loi, l'hypocrisie des mœurs et des institutions. Ils ont voulu et produit quelque allégement à la misère humaine. Ils nous ont élevés par le rire au-dessus de notre misère.

M. Filon a dit tout cela avec une grande abondance de preuves. Il aurait pu en ajouter une autre, tirée du cosmopolitisme, qui a beaucoup influé sur notre théâtre en ces dix dernières années. Lorsque Ibsen, Bjœrnson et les autres,

Scandinaves ou Allemands, nous furent révélés et qu'un groupe de fervents et de snobs prétendit les substituer à nos admirations nationales, il fut aisé de répondre que le théâtre d'idées existait chez nous, qu'il était même le plus ancien, car nous avions Dumas.

*
* *

Sauf exceptions, le professeur, surtout mâtiné de normalien, est respectueux de la tradition. Les genres constitués et les formes éprouvées ont ses préférences; les nouveautés le trouvent en défiance et il leur oppose cet état d'esprit dont Nisard et J.-J. Weiss ont représenté les deux formes extrêmes. Il accepte les idées de sa génération ou même de la génération précédente. Les professeurs de 1830 étaient classiques et ceux de 1850 romantiques; ceux de 1870 étaient gagnés au réalisme d'Augier et de Dumas. Il faut savoir gré à ceux qui, approchant de la trentaine à cette dernière date, devaient accueillir avec faveur la comédie nouvelle qui s'empare du théâtre depuis 1890.

Car il y a une comédie nouvelle, préparée par *les Corbeaux* et *la Parisienne* de M. Henri Becque, formée par le Théâtre-libre et, à cette heure, installée sur toutes les scènes avec Jules Lemaître, Brieux, Lavedan, Hervieu, Donnay ; tel est l'ordre dans lequel M. Filon les range. Cette jeune école est réaliste comme la précédente, mais d'un réalisme plus hardi, triste et inquiet comme la vie contemporaine. Elle a commencé par l'outrance de la « rosserie »; elle continue par l'observation moins brutale et aussi pessimiste de nos mœurs. Elle a décidément renoncé à la pièce « bien faite »; elle professe un parfait mépris pour les habiletés conventionnelles; elle s'inquiète moins de « servir à point un dénouement bien cuit » que de serrer de près la vérité, avec une sincérité, une vigueur, voire une rudesse qui eussent révolté le public il y a trente ans, et que celui d'aujourd'hui accepte sans broncher, pessimiste comme ses auteurs et prenant comme une revanche amère de ses maux à montrer qu'il en a conscience.

Ce théâtre a séduit le désabusé et l'ironiste qu'est M. Filon; il lui plaisait aussi par le souci des idées et des sentiments, résolument préférés aux amusettes. Je ne trouve dans aucun livre d'aujourd'hui, sur nos jeunes auteurs, une série de portraits plus justes et plus fins, en leur concision ramassée, que dans ses trois derniers chapitres. Il salue aussi la « renaissance du vers dramatique » avec MM. Jean Richepin et Edmond

Rostand. Ici encore j'aurais plaisir à le suivre, mais j'en ai assez dit pour aujourd'hui.

Dans quelques jours, l'Académie française va procéder à une élection significative. MM. Lavedan, Hervieu et Faguet, deux auteurs et un critique de théâtre, frappent à sa porte. Tous trois représentent quelque chose de nouveau. S'il était besoin pour les académiciens d'éclairer leurs votes, le livre de M. Filon arriverait à point.

4 décembre 1898.

APPENDICE

LA FEMME FIDÈLE

COMÉDIE EN UN ACTE ET EN PROSE

DE MARIVAUX

Représentée chez le comte de Clermont, au château de Berny, les 24 et 25 août 1755, et, pour la première fois en public, au Théâtre national de l'Odéon, le 8 mars 1894, sous le titre :

LES REVENANTS

Personnages.

Le marquis.
Dorante.
Frontin.
Colas.
Scapin.

La marquise.
Mme Argante.
Lisette.

*La scène se passe à la campagne, chez la marquise.
Un jardin; à gauche, un perron de château.*

SCÈNE PREMIÈRE

COLAS, LISETTE

COLAS. — *Vous v'là-t-y joliment attifée, mam'zelle Lisette! Et c'est tous les jours comme ça. C'est-y que vous auriez tout à fait en oubliance vote défunt mari Frontin, mon pauve camarade? Et ce Scapin, avec ses manigances, vous aurait-il décidément changé le cœur, ainsi que son maître M. Dorante a fini par faire avec noute maîtresse, M*^{me} *la marquise?*

LISETTE. — *Voici bien, maître Colas, de vos façons indis-*

crêtes! Il ferait beau voir, ma foi, que j'allasse confier mes sentiments à un homme aussi incapable de les comprendre. Et quand bien même Scapin, qui me témoigne son honnêteté par mille politesses, aurait touché mon cœur d'une certaine façon, qu'y trouveriez-vous à redire? Ce serait faire montre de regrets exagérés et se distinguer de tout le monde que de s'attendrir encore après dix ans sur la perte d'un mari. Et Frontin lui-même, s'il pouvait parler de là-bas, chez ceux qui ne parlent plus, me conseillerait...

Colas. — Las! Point n'est danger qu'il vous donne démenti là-dessus, vote pauve défunt, et vous pouvez l'y faire discourir sans risque. Et pourtant, je croyons bien, jarnigué! que si la parole pouvait l'y revenir, avec le sentiment, il ne serait pas trop quasiment content de voir sa place prise, li qui vous aimait si jalousement. (S'attendrissant.) Ah! mon pauve Frontin, heureusement pour toi que t'es bien décédé et elle a biau jeu, madame ta femme, pour te demander des parmissions.

Lisette. — Vous êtes un sot, maître Colas, et vous ne savez rien des usages du monde. Quand on s'est lamenté congrûment sur la perte d'un premier mari, il convient de songer au bonheur d'un second. Agir autrement donnerait vilaine idée de son caractère. Et je vous trouve bien osé de blâmer un dessein approuvé par Mme la marquise elle-même, notre maîtresse à tous deux. Ne va-t-elle pas aussi convoler avec M. Dorante, comme moi avec Scapin? (A part.) A cela près que M. Dorante est moins avancé auprès d'elle que n'est auprès de moi ce fripon de Scapin. Les hommes sont trop pressés et les femmes trop confiantes.

Colas. — Ah! mon pauve défunt maître! Li non plus, n'y donnerait pas son assentiment à ce mariage, s'y pouvait être consulté.

Lisette. — Eh bien! il ne le sera pas. Croyez-moi, maître Colas, vos regrets ne sont plus de saison. A vous entendre discourir, il semblerait qu'on dût vivre avec les morts. *Belle façon, ma foi, de peupler l'Univers!* (Tirant sa révérence.) *Au revoir; soyez de moins méchante humeur envers les vivants; ce sont gens, après tout, avec qui on peut s'entendre.* (A part.) *Mais Scapin m'attend; allons le retrouver.* (Elle sort.)

COLAS. — *C'est-y un besoin qu'alles ont les femmes d'avoir toujours un épouseux! V'là quinze années à la Saint-Jean que Martine, ma femme, elle a trépassé... et morgué! depuis ce temps-là, j'avions guère pensé à son remplacement. Quelquefois, le matin ou le soir, mais jamais dans la journée, ou quand je dors. Ah! palsanguié, non!*

SCÈNE II

LE MARQUIS, FRONTIN, en captifs, puis COLAS

FRONTIN. — *Oui, monsieur, il n'y a pas d'animal plus capricieux et il est capable de tout. Le fond de sa nature, c'est l'amour du changement, comme à nous du reste; mais il ne faudrait pas jurer qu'une femme a changé, change ou changera : par esprit de contradiction, elle pourrait bien rester fidèle.*

LE MARQUIS. — *Trêve de philosophie; nous allons bien savoir à quoi nous en tenir. Voilà donc ma maison et je vais revoir celle que je veux toujours croire ma femme. Ah! comme les propos de ces villageois m'ont tourmenté! Veuve de si bonne heure et soumise à une mère impérieuse, elle est sur le point de céder et de choisir un nouvel époux!*

FRONTIN. — *Sachez-lui donc gré, monsieur, d'avoir résisté aussi longtemps. Pour moi, je ne me fais pas d'illusions et je me tiens en garde contre les espérances trop ambitieuses. Il paraît que ma Lisette n'est pas remariée, elle non plus, mais certains sourires et demi-mots me donnent à penser. Mettons que la plupart des femmes sont changeantes et nous allons savoir si nos femmes sont de même.*

Le Marquis. — Regarde! N'est-ce pas là mon jardinier qui vient à nous?

Frontin. — *C'est lui-même! C'est maître* Colas que M. le marquis a conservé.

Le Marquis. — J'ai toujours peur qu'on ne nous reconnaisse.

Frontin. — *Il n'y a rien à craindre avec nos barbes et nos guenilles. Vous l'avez bien vu dans le village :* on nous croit du temps du déluge.

Le Marquis. — Colas s'avance, préviens-le, et dis-lui que je souhaite parler à la marquise. Mais, surtout, point d'étourderie. Vois, tu y es sujet. N'oublie pas ta vieillesse.

Frontin. — *Ne craignez rien, monsieur.* Serviteur, maître Colas.

Colas. — Oh! oh! qu'est-ce qui vous a dit mon nom, bonhomme?

Frontin. — *Mais... c'est* dans le village.

Colas. — Et qu'est-ce que vous voulez? Faut-il entrer comme ça dans le jardin des personnes sans demander ni quoi ni qu'est-ce?

Frontin. — *C'est que nous avons affaire* dans le jardin des personnes.

Colas. — Vous venez donc chercher quelqu'un ici?

Frontin. — *Oui; mon maître, que voici, et moi, nous connaissions M. le marquis et nous voulons donner des nouvelles* de sa santé à Mme la marquise, sa veuve.

Colas. — Des nouvelles de la santé d'un mort? V'là-t-il pas une belle acabit de santé! Hélas! le pauve monsieur le marquis, je savons bien qu'il est défunt, vous ne nous apprenez rian de nouviau. Il y a déjà queuque temps que j'avons reçu le darnier certificat de son trépassement.

Le Marquis. — Le certificat, dites-vous?

Colas. — Oui, monsieur.

LE MARQUIS. — Il ne vous aura pas dit les circonstances?

COLAS. — Oh! si fait. Je savons tous les tenants et les aboutissants. C'est la peste qui a étouffé M. le marquis.

LE MARQUIS (à Frontin). — Il a raison, c'est cette contagion qui a emporté tant de captifs.

FRONTIN. — Nous en mourions tous.

COLAS. — Je ne dis pas qu'alle vous étouffît vous autes, puisque vous v'là. Je dis tant seulement qu'alle tuit M. le marquis.

FRONTIN. — Nous pensâmes en mourir aussi.

COLAS. — Hélas! il ne pensit pas; li, il en fut tué tout à fait.

LE MARQUIS. — On le regrette donc beaucoup ici?

COLAS. — Ah! monsieur! Je ne l'aurons jamais en oubliance! Jamais je ne varrons son pareil. C'est un hasard que noute dame n'en a pas perdu l'esprit. La mort de l'homme fut quasiment l'entarrement de la femme. Et, depis qu'alle est réchappé, alle a biau faire, cette misérable peste lui est toujours restée dans le cœur.

LE MARQUIS. — Que je la plains! Quand son mari mourut, il me chargea de lui rendre une lettre qu'il écrivit; de lui dire même de certaines choses, si j'étais assez heureux pour revenir dans ma patrie; et je viens m'acquitter de ma commission, malgré l'état où je suis.

COLAS. — C'est l'effet de vote bonté, car vous paraissez bian caduc et bian cassé. Vous avez donc été tous deux pris des Turcs, vote valet et vous, avec noute maître?

LE MARQUIS. — Nous avons été plus de neuf ans ensemble sous différents patrons.

COLAS. — Il m'est avis que c'est de vilain monde! Eh! dites-moi, braves gens, ce pauve Frontin, qui s'embarquit de compagnie avec noute maître, que lui est-il arrivé? Est-il mort, emporté itou?

Frontin (étourdiment). — Qui, moi, maître Colas?

Colas. — Comment, vous?... Est-ce qu'ous êtes Frontin?

Frontin. — Je suis le grand-oncle du défunt!

Le Marquis. — C'est qu'il porte le même nom.

Colas. — Boutez-vous là que je vous contemple... (Après l'avoir examiné.) Oh! morgué, il n'y a barbe qui tienne; à cette heure que j'y regarde, je vas parier que vous êtes le défunt du grand-oncle.

Frontin. — Défunt vous-même!

Le Marquis. — Quelle vision!

Colas. — Jarnigué! c'est li, vous dis-je!... Et cela me fait rêver itou que son camarade... Eh! palsanguié, monsieur, c'est encore vous! C'est monsieur le marquis! C'est Frontin! Je me moque des barbes, ce n'est que des manigances... Je sis trop aise, ça me transporte, il faut que je crie!... Faut que j'aille conter ça! Queu plaisir! Faut que tout le village danse! C'est moi qui mènerai le branle. V'là M. le marquis!... V'là Frontin!... V'là les défunts qui ne sont pas morts!

Le Marquis. — Étourdi! que fais-tu? Si quelqu'un allait venir!

Colas. — Allons, morgué, de la joie! J'vas dire qu'on sonne le tocsin.

Le Marquis. — Doucement, donc! ne crie point. Tais-toi, maître Colas, tais-toi. Oui, c'est moi, mais je t'ordonne de me garder le secret. Je te l'ordonne!

Colas. — Ouf! laissez-moi reprendre mon vent... Queu contentement! Comme vous v'là faits! D'où viant vous agencer comme ça des barbes de grands-pères?

Le Marquis. — J'ai mes raisons. Tu sais combien j'aimais la marquise; il n'y avait qu'un mois que nous étions mariés, quand je fus obligé de la quitter pour ce malheureux voyage en Sicile, au retour duquel nous fûmes pris par un corsaire d'Alger. Nous avons depuis passé dix ans dans de différents esclavages sans qu'il m'ait été possible de donner de mes nouvelles à la marquise et, malgré cette longue absence, je reviens toujours plein d'amour pour elle, fort en peine de savoir si ma mémoire lui est encore chère, et c'est avec l'intention d'éprouver ce qui en est que j'ai pris ce déguisement.

Colas. — Il est certain qu'alle vous aime autant que ça se peut pour un trépassé, et dès qu'alle vous varra, qu'alle vous touchera, m'est avis qu'il y aura de la pâmoison dans la revoyance.

Frontin. — Et ma femme, se pâmera-t-elle?

Colas. — Non.

Frontin. — Ah! elle ne se pâmera point!

Le Marquis (A Frontin). — Tais-toi. (A Colas.) Elle va pourtant se remarier, Colas; on me l'a dit dans le village!

Colas. — Que voulez-vous, nouté maître?... Elle a été quatre ans dans les syncopes, et pus encore deux ou trois ans dans les mélancolies, pus étique..., pus chétive..., pus langoureuse...; alle faisait compassion à tout le monde. Alle n'avait d'appétit à rien; un oiseau mangeait pus qu'elle. Il n'y avait pas moyen de la ragoûter; sa mère lui en faisait reproche : « Eh mais! mon enfant, qu'est-ce que c'est que ça? Queu train menez-vous donc? Il est vrai que voute homme est mort, mais il en reste tant d'autres... mais il y en a tant qui le valent... » Et, nonobstant tout ce qu'on lui reprochait, la pauve femme n'amendait point. A la parfin, il y a deux ans, je pense, que la mère, vers la moisson, amenit au château une troupe de monde, parmi quoi il y avait un grand monsieur qui en fut affolé dès qu'il l'envisagit; et c'est stila qui va la prendre pour femme... Ils se promenaient tout à l'heure envar ici et il a eu bian du mal après elle. Il n'y a que trois mois qu'alle peut l'endurer. La v'là stapendant qui se ravigote et je pense que le tabellion doit venir tantôt de Paris.

Le Marquis. — Juste ciel!... Et l'aime-t-elle?

Colas. — Mais... oui..., tout doucement..., à condition qu'ous êtes mort.

Frontin. — Et ma femme?

Colas. — Oh! si vous êtes défunt, tenez-vous-y.

Frontin. — Ah! la maudite créature!

Colas. — Tenez, monsieur, v'là voute veuve et son prétendu qui prenont leur tournant ici avec voute belle-mère.

Le Marquis. — Je suis si ému que je ferai mieux de ne les pas voir en ce moment-ci. Dis-moi où je puis me retirer.

Colas. — Enfilez ce chemin ; il y a au bout ma cabane, où vous vous nicherez.

Le Marquis. — Garde-moi le secret, Colas. Et toi, Frontin, reste ici, et dis à la marquise qu'un gentilhomme qui arrive d'Alger, et qui est dans ce village, envoie savoir s'il peut la voir pour lui parler de feu son mari.

SCÈNE III

LA MARQUISE, DORANTE, Mme ARGANTE, FRONTIN, COLAS

Frontin. — *C'est ce monsieur-là qui travaille à ravigoter la marquise?*

Colas. — Lui-même.

Frontin. — *Je crois qu'il ne la ravigotera guère.*

Mme Argante. — Oui, monsieur, ne vous embarrassez pas.

Colas (à Frontin). — Faut avoir quatre-vingts ans en leur parlant au moins; faut tousser beaucoup.

Dorante. — Je compte que le notaire sera ici sur les six heures.

La Marquise. — Point de compagnie, surtout; je n'en veux pas.

Mme Argante. — Personne n'est averti, ma fille...

Frontin. — Hum, hum, hum.

Mme Argante (voyant Frontin). — Qu'est-ce que c'est que ce vieillard-là?

La Marquise. — C'est un captif, si je ne me trompe. Colas, avec qui êtes-vous?

Colas. — Je suis avec un vieux qui, sauf voute respect, revient du pays barbare, noute dame.

Frontin. — Oui, madame. Du pays d'Alger.

La Marquise. — D'Alger?. Est-ce là où vous avez été captif? Y avez-vous demeuré longtemps? C'est-il vrai? Le marquis d'Arteuil (y) est mort. Peut-être l'avez-vous connu?

Frontin. — *Il ne me souvient pas précisément de ce nom, madame; je crois bien, pourtant, l'avoir entendu prononcer par un autre captif qui, lui, s'appelait Frontin et qui, pris avec son maître,* se privait de tout pour le faire vivre.

Mme Argante. — Oui, oui, ce Frontin était un domestique affectionné.

Colas. — Une bonne pâte de garçon. Je l'avions élevé tout petit.

La Marquise. — Je ne saurais le récompenser, puisqu'il n'est plus.

Mme Argante. — Allez, allez, bon vieillard. En voilà assez.

Dorante — Oui, oui. Laissez-nous.

La Marquise. — Attendez! Mon mari était donc avec vous?

Frontin. — *Sans doute, madame, puisque M. le marquis avait pour domestique ce Frontin, le maître de Frontin ne pouvait être que M. le marquis d'Arteuil. Nous étions de la même bande, employés aux travaux les plus durs, et il me* semble que je vois encore sa brouette à côté de la mienne.

La Marquise. — Ah! ciel!... Entendez-vous, ma mère? Il faut donc qu'il ait bien souffert!

Frontin. — Considérablement.

La Marquise. — Ah! Dorante, n'êtes-vous pas pénétré de ce qu'il dit là?

Dorante. — *Oui, madame, mais ce vieillard vous a dit tout ce qu'il avait à dire. Il ne peut rien vous apprendre de plus et il doit se retirer maintenant. Son bavardage s'étendrait en détails pénibles et* (se tournant vers Mme Argante) *j'espère qu'on vous l'épargnera.*

Mme Argante (à Frontin). — Que ne vous retirez-vous, puisqu'on vous le dit? Voilà un vieillard bien importun avec ses relations. Que venez-vous faire ici?

La Marquise. — Ma mère, ne le brusquez point; je voudrais pouvoir soulager tous ceux qui ont langui dans les fers avec mon mari.

Mme Argante. — Eh bien, qu'on ait soin de lui! Colas, menez-le là-bas.

Colas. — Il n'y a qu'à le mener à l'office.

Frontin. — Encore un moment, madame, je vous prie. J'oubliais le principal.

Mme Argante. — Encore!

Frontin. — *Mon maître est ici près et il voudrait être admis à l'honneur d'entretenir madame la marquise. C'est un vieillard* des plus respectables et des plus décrépits.

La Marquise. — A-t-il été captif, aussi?

Frontin. — *Certainement, madame. Il s'entretenait avec M. le marquis plus que je ne pouvais faire moi-même, car dans notre malheur commun, nous observions les rangs et vous seriez pleinement informée par lui* touchant le défunt marquis d'Arteuil.

Mme Argante. — Mais d'aujourd'hui nous ne finirons de captifs. Tout Alger va fondre ici.

DORANTE (à la marquise). — *Il faut éviter l'émotion que ses paroles pourraient vous donner. Je vais le trouver, je l'interrogerai et* je vous rapporterai ce qu'il m'aura dit.

LA MARQUISE. — Non, Dorante, je veux qu'il vienne. Quoi! refuser de recevoir un homme qui a été l'ami de mon mari et qui vient exprès ici pour m'en parler! Vous n'y songez pas, Dorante. Ce n'est point là me connaître. Allez, Colas, allez avec ce domestique dire de ma part à son maître qu'il me fera beaucoup d'honneur et que je l'attends.

FRONTIN. — *Je n'aurais jamais soupçonné qu'il pût exister* un aussi bon cœur de veuve.

Mme ARGANTE. — Tout ceci n'aboutira qu'à vous replonger dans vos tristesses, ma fille. Je ne vous conçois pas. Y a-t-il de la raison à aimer ce qui chagrine et ne voyez-vous pas, d'ailleurs, que vous affligez Dorante?

DORANTE. — *Veuillez songer, madame, qu'un tel empressement n'est pas pour me flatter. Je ne prétends pas bannir de votre cœur une mémoire qui doit y garder sa place, mais c'est aujourd'hui que notre mariage doit se conclure, et je voudrais que cette pensée vous tînt lieu de quelque consolation.*

LA MARQUISE. — Vous vous trompez, Dorante, et je ne vous épouserais pas si votre attachement pour moi ne m'avait point touchée. Mais de quoi vous plaignez-vous? Ce n'est point un amant, c'est un époux que je regrette. Vous l'avez connu, vous m'avez avoué vous-même qu'il méritait mes regrets. Ne lui enviez point mes larmes : elles ne prennent rien sur les sentiments que j'ai pour vous. Vous êtes peut-être le seul homme du monde à qui je pusse consentir à me donner après avoir été à lui, et vous devez être content. (Elle lui tend la main.)

SCÈNE IV

LE MARQUIS, DORANTE, LA MARQUISE, Mme ARGANTE,
FRONTIN

LE MARQUIS (voyant Dorante baiser la main de la marquise.) —
Ah!... (S'adressant à Mme Argante.) Je viens, madame, m'acquitter d'une parole...

Mme ARGANTE (brusquement). — Vous vous trompez, monsieur; ce n'est point moi que ceci regarde, c'est ma fille, que voici.

LA MARQUISE (tristement). — Venez, monsieur; j'aurais à me plaindre de vous. Vous étiez bien en droit de regarder la maison de M. le marquis comme la vôtre, et de descendre ici tout d'un coup sans arrêter dans le village.

LE MARQUIS. — Je vous rends mille grâces, madame. Il est vrai qu'on ne saurait être plus unis que nous ne l'avons été, M. le marquis et moi. (Il soupire.)

LA MARQUISE. — Vous soupirez, monsieur : vous le regrettez aussi?

LE MARQUIS. — Toutes ses infortunes ont été les miennes, et je ne puis même jeter les yeux sur vous, madame, sans me sentir pénétré de toutes les tendresses dont il m'a chargé, en mourant, de vous assurer.

LA MARQUISE. — Ah!

Mme ARGANTE. — Ouf!

LE MARQUIS. — Je vous demande pardon si je m'attendris moi-même. Je trouble peut-être quelque engagement nouveau! Il me semble que ma commission n'est pas ici au gré de tout le monde.

Mme ARGANTE. — A vous dire vrai, monsieur, voilà monsieur à qui vous auriez fait grand plaisir de la négliger : il va épouser ma fille... Mettez-vous à sa place.

Le Marquis. — Mon ami est donc heureux de ne plus vivre et d'avoir ignoré ce mariage ; du moins est-il mort avec la douceur de penser que madame serait inconsolable.

M*me* Argante. — Inconsolable ! Avec votre permission, monsieur, cette pensée dans laquelle il est mort ne valait rien du tout. Le ciel nous préserve qu'elle soit exaucée ! Croyez-moi, passons là-dessus.

La Marquise (tout d'un coup). — Vous ne sauriez croire combien vous m'affligez, ma mère ! Vous ne vous y prenez pas bien ; vous me désespérez. Ne m'ôtez point la consolation d'écouter monsieur. Je veux tout savoir ou je me fâcherai, je romprai tout ! Non, monsieur, que rien ne vous retienne ; ne m'épargnez point ; répétez-moi tous les discours du marquis, toutes ses tendresses, qui me seront éternellement chères ; et pardonnez à l'amitié que ma mère a pour moi la répugnance qu'elle a à vous entendre.

Le Marquis. — Remettons plutôt ce qui me reste à vous dire, madame ; vous serez peut-être seule une autre fois, et je reviendrai.

M*me* Argante. — Eh ! non, monsieur, achevons. Que peut-il vous rester tant ? Le marquis l'aimait beaucoup, il vous l'a dit, il est mort en vous le répétant. Ce doit être là tout, il ne saurait guère y en avoir davantage.

Frontin. — Vraiment non, nous ne sommes pas au bout.

Le Marquis (à la marquise). — Voici toujours un portrait qui est de vous, madame, qu'il emporta d'ici en vous quittant, qu'il m'a recommandé de vous rendre, que nos patrons, tout barbares qu'ils sont, n'ont pas eu la cruauté d'arracher à sa tendresse, et qu'il a conservé mille fois plus chèrement que sa vie.

La Marquise (pleurant). — Hélas ! Je le reconnais. C'est le dernier gage qu'il reçut de mon amour, et il l'a gardé jusqu'à la mort! Ah! Dorante, souffrez que je vous laisse; je ne saurais à présent en écouter davantage; j'ai besoin de quelques moments de liberté. Et vous, monsieur, demeurez quelques jours ici pour vous reposer; ne me refusez pas cette grâce; je vais donner des ordres pour cela... Ah!...

Dorante. — Vous avez bien de la mémoire, monsieur!

La Marquise (à Dorante). — Laissez-moi me conformer à ce qu'il a désiré, Dorante. C'est un respect que je lui dois. (Elle sort.)

SCÈNE V

LE MARQUIS, Mme ARGANTE, DORANTE, FRONTIN.

Le Marquis (il salue Mme Argante). — Je suis votre serviteur, madame. Je vais me reposer un peu en attendant de revoir Mme la marquise.

Dorante. — *Savez-vous, monsieur, que vous êtes bien gênant avec vos narrations?*

Mme Argante (sèchement). — Vous réjouissez-vous à faire pleurer ma fille? Vous avez les façons bien algériennes.

Le Marquis. — Je ne veux faire de peine à personne. Je m'acquitte d'un devoir que j'ai promis de remplir.

Frontin. — *Oui, nous sommes* des personnages tout à fait bénins.

Mme Argante (à Dorante). — Monsieur, dites à ce vieux valet de se taire.

Le Marquis. — Il faut l'excuser. Il est devenu familier à force d'être mon camarade.

Frontin. — Oui, nous étions dans la même condition

Dorante (à Frontin). — Paix!

Mme Argante. — Ah çà, monsieur, après tout, vous avez l'air d'un galant homme. A votre âge on a eu le temps de le devenir; et je crois que vous l'êtes.

Le Marquis. — Vous me rendez justice, madame.

Mme Argante. — On le voit à votre physionomie.

Frontin. — Vous le verrez encore mieux.

Dorante (à Frontin). — Encore!

Mme Argante. — Ne nuisez donc point à monsieur, ne reculez point son mariage. Vous avez dit à ma fille que vous aviez encore à lui parler. Abrégez avec elle et ménagez sa faiblesse là-dessus. A quoi bon l'attendrir pour un homme qui n'est plus au monde? Ne vous reprocheriez-vous pas d'être venu nous troubler pour satisfaire aux injustes fantaisies d'un mort?

Le Marquis. — Vous avez raison; mais, heureusement, monsieur n'a rien à craindre; on a, ce me semble, beaucoup de tendresse pour lui.

Dorante. — *Tout est sur le point de se rompre* quand on lui parle du défunt.

Mme Argante. — Figurez-vous que, depuis dix ans, nous n'osons pas prononcer son nom devant elle; qu'elle a vécu dans l'accablement pendant près de huit ans, qu'elle a refusé vingt mariages meilleurs que celui du marquis.

Le Marquis. — Elle lui était donc extrêmement attachée?

Mme Argante. — Ah! monsieur, cela passe toute imagination. Il est vrai que c'était un homme de mérite, un homme estimable; il avait des qualités... Mais enfin il n'est plus, et, si vous connaissiez monsieur, vous verriez qu'elle ne perd pas au change.

Dorante. — Madame est prévenue en ma faveur.

Le Marquis. — Je ferai donc en sorte que madame la marquise ne le regrette pas davantage.

Dorante. — *Et vous me rendrez ainsi* le plus grand service du monde.

Mme Argante. — Mais à quoi donc se réduit ce que vous avez à lui dire?

Le Marquis. — A presque rien. J'ai une lettre à lui remettre.

Dorante. — Une lettre du défunt?

Le Marquis. — Oui, monsieur.

Mme Argante (en criant). — Encore une lettre!

Le Marquis. — Oui, madame.

Dorante. — *Mais vous devez la supprimer, monsieur. Songez que vous risquez de me perdre en la rendant.*

Le Marquis. — La supprimer, monsieur? Il ne m'est pas possible. J'ai fait serment de la remettre; il y va de mon honneur.

Mme Argante. — Quoi! il y va de votre honneur d'ôter la vie à ma fille?

Le Marquis. — Ce n'est pas mon dessein, madame.

Frontin. — *La lettre lue*, elle s'en trouvera mieux.

Mme Argante. — Le ciel nous aurait fait une grande grâce de vous laisser à Alger.

Le Marquis. — Il m'en a fait une plus grande de m'en tirer.

Dorante (à part). — Je ne compte plus sur rien.

Mme Argante. — Voilà, je vous l'avoue, un étrange mort, avec sa misérable lettre, et plus étrange encore le vieillard qui s'en est chargé.

Le Marquis. — Vous me traitez bien mal, madame.

Frontin. — Nous sommes cruellement houspillés.

Le Marquis. — J'ai quelquefois trouvé plus d'accueil chez les barbares.

Mme Argante. — Et moi, souvent, plus de raison dans les enfants.

Frontin. — *Aussi leur donne-t-on correction* pour mauvaise coutume.

Mme Argante. — Impertinent! Vous en mériteriez sans votre âge.

Le Marquis. — Doucement, madame, doucement!

SCÈNE VI

LE MARQUIS, FRONTIN, COLAS.

Frontin. — Nous prétendons vieillir bien davantage. Ah! ah! ah!

Colas. — Eh bian, noute maître, j'ons vu que vous parliez à madame. N'avez-vous pas eu contentement d'elle? N'est-ce pas que c'est une brave femme que voute femme?

Le Marquis. — Oui, je n'ai pas lieu de m'en plaindre et, malgré ce mariage qui allait se terminer, je crois qu'elle ne sera pas fâchée de me retrouver.

Colas. — Je vous avartis qu'alle se lamente là-bas dans ce petit cabinet de vardure. Alle a la face toute trempée. J'ons vu ses deux yeux qui vont quasiment comme des arrosoirs. C'est une piquée! Faut l'apaiser, monsieur, faut li montrer le défunt.

Le Marquis. — J'ai encore à l'entretenir. Je veux voir jusqu'où va son inclination pour mon rival et si la lettre que je lui rendrai l'engagera sans peine à rompre son mariage.

Frontin. — *Mais enfin, maître Colas, allez-vous me parler* de ma masque de femme?

Colas. — Oh! il n'y a rian là de biau à voir. La curiosité est bian châtiée. Tenez, la velà qui vient avec son nouviau galant qui batifole à l'entour d'elle.

Frontin. — Je vais les faire batifoler à grands coups de houssine.

Le Marquis. — Prends garde à ce que tu feras! *Et puis, attends... On nous cherche. Demeure ici pour savoir ce que l'on nous veut.*

SCÈNE VII

Mme ARGANTE, DORANTE, FRONTIN.

DORANTE (à Mme Argante). — *Madame, tout est perdu si nous n'avisons pas.*

Mme ARGANTE. — *Son valet serait peut-être plus facile que lui.*

DORANTE. — *On peut l'éprouver.* (A Frontin.) *Approche, mon ami.*

FRONTIN (à part). — *A mon tour!*

DORANTE (tirant de sa poche une bourse qu'il montre à Frontin en la soupesant). *Que dis-tu de cette bourse?*

FRONTIN. — *Je dis que le grand air lui est malsain et que ma poche lui fournirait un logement plus assuré.*

DORANTE (lui lançant la bourse). — *Eh bien! qu'elle y reste.*

FRONTIN (il soupèse la bourse). — *C'est trop, seigneur.* (Il a mis la bourse dans sa poche et se penche du côté où elle est placée). *Je ploie sous le faix.*

DORANTE (lui lançant une seconde bourse). — *Reprends l'équilibre.*

FRONTIN (il a mis la bourse dans l'autre poche et s'est redressé). — *Ah! je me sens mieux!*

DORANTE. — *Dis-moi, mon ami...*

FRONTIN (à part). — *Nous y voici.*

DORANTE. — *Ton maître, ainsi qu'il le prétend, était-il vraiment l'ami du marquis?*

FRONTIN. — *Heu! heu!* (A part.) *Je ne compromets rien...*

DORANTE. — *Cette lettre, qu'il porte à la marquise, fut-elle bien écrite par le marquis lui-même?*

FRONTIN. — *Heu! heu!* (A part.) *Pauvre homme! Il n'en a pas pour son argent.*

DORANTE. — *Se pourrait-il que, de quelque manière que tu saurais bien trouver, ce billet ne fût pas remis à la marquise?*

FRONTIN. — *On peut toujours chercher.*

DORANTE. — *Je voudrais bien le recevoir à sa place et, si tu pouvais me le remettre, tu serais assuré de ton sort pour le restant de tes jours.*

FRONTIN. — *Vous me tentez, seigneur.*

DORANTE (bas à Mme Argante). — *Il va faiblir.*

Mme ARGANTE. — *Achevez-le.*

DORANTE (à Frontin). — *Tout d'abord, dès ce moment, je te prends à mon service.*

FRONTIN. — *Ici même?*

DORANTE. — *Oui. Cela n'est-il point pour te contenter?*

FRONTIN. — *Si fait!*

Mme ARGANTE. — *Et, pour peu qu'il se trouve en peine de s'établir, nous lui ferons épouser Lisette, la suivante de la marquise.*

FRONTIN. — *Voilà qui me transporte.*

Mme ARGANTE. — *Elle est de physique plaisant, et dès l'abord elle lui paraîtra de son goût.* (Bas à Dorante). *Allons la chercher et lui faire la leçon. J'entends qu'au bout de cinq minutes il soit entortillé.* (Ils sortent.)

SCÈNE VIII

FRONTIN seul, puis SCAPIN.

SCAPIN (entrant et apercevant Frontin). — *Quel est cet homme mal vêtu?*

FRONTIN (voyant Scapin). — *Quel est ce personnage en habit de valet?* (Ils se saluent plusieurs fois avec une crainte mutuelle). *Seriez-vous au service de la marquise?*

SCAPIN. — *Pas encore, mais cela ne saurait tarder, car M. Dorante, mon maître, doit l'épouser... Mais vous? Que faites-vous en ce château?*

FRONTIN. — *Je suis de passage, et j'attends ici Mlle Lisette.*

SCAPIN (à part). — *Lisette!... Scapin, mon ami, ton bien*

court-il quelque danger? (Après avoir dévisagé Frontin). *Mais non, la mine du pauvre diable me garantit la vertu de Lisette.*

FRONTIN. — *Vous devez la connaître, Lisette?*
SCAPIN (très fat). — *Quelque peu.*
FRONTIN. — *Ah!... Et elle est toujours jolie?*
SCAPIN. — *A plaisir.*
FRONTIN. — *Toujours accorte et gaie?*
SCAPIN. — *Toujours.*
FRONTIN. — *Avec un aimable embonpoint?*
SCAPIN. — *D'une pleine amabilité.*
FRONTIN. — *Vous m'en voyez ravi.*
SCAPIN. — *Vous la connaissez donc aussi?*
FRONTIN. — *Beaucoup.* (Se reprenant). *Par ouï-dire. Je viens lui porter des nouvelles de son défunt mari.*
SCAPIN. — *Frontin? Il est bien mort au moins?*
FRONTIN. — *Oui, oui.*
SCAPIN. — *Tout à fait?*
FRONTIN. — *On ne saurait davantage.*
SCAPIN (avec bonne humeur). — *Eh bien, mon avis est qu'il fit sagement.*
FRONTIN. — *Pour quelle raison, s'il vous plaît?*
SCAPIN. — *On peut vous le dire. Vous n'étiez point son ami?*
FRONTIN. — *Bien au contraire.*
SCAPIN (lui frappant sur l'épaule). — *Alors, je ne vous cache pas que sa place est douce à tenir et que je m'en accommode.*
FRONTIN. — *Qu'entendez-vous par là?*
SCAPIN. — *J'entends par là que Lisette est de mon goût de toutes façons et que Frontin a trouvé en moi un successeur très heureux.*
FRONTIN (anxieux). — *Se pourrait-il qu'elle fût remariée?*
SCAPIN. — *Pas encore, mais c'est tout comme. Elle était un peu pressée, et...*
FRONTIN (se démasquant). — *Ah! brigand! Il faut que je t'étrangle! C'est moi Frontin!* (Il le poursuit.)

SCÈNE IX

FRONTIN, puis LISETTE,

FRONTIN (après quelques pas, revenant en scène). — *Je saurai bien le rattraper, mais il faut se remettre de ce coup-ci.* (Après un temps.) *Lisette infidèle! Me voilà arrangé de belle façon.* (Il enlève son bonnet.) *Mon bonnet ne tient plus sur ma tête depuis un moment.* (Apercevant Lisette.) *Ah! la coquine...* (Il fait un geste de colère.) *Je ne sais ce qui me retient, en attendant Scapin, de la...* (Il fait le geste d'étrangler.) *Elle est toujours jolie, la malheureuse!*

LISETTE (regardant Frontin). — *Voici l'homme qu'il me faut enjôler.* (S'approchant.) *Seigneur...*

FRONTIN (presque aimable). — *Madame...* (A part.) *Il convient de feindre.*

LISETTE. — *Mme Argante m'a confié que M. Dorante avait formé le dessein de vous prendre à son service. J'en suis fort aise.*

FRONTIN. — *Moi pareillement.*

LISETTE. — *Nous allons vivre de compagnie.*

FRONTIN. — *J'en suis tout en joie et je me sens tout disposé à vous aimer.*

LISETTE. — *Déjà!*

FRONTIN. — *Je suis homme à mener promptement les choses. Et s'il vous plaît de m'agréer comme époux...*

LISETTE. — *Vous êtes trop pressé; il faudra voir.*

FRONTIN. — *Pour peu que votre cœur se trouve libre, j'entends m'y loger tout de suite. Vous êtes veuve?*

LISETTE. — *Oui. Mon mari Frontin périt chez les Maures d'Alger, voici tantôt dix ans.*

FRONTIN. — *Je m'accommoderais de sa succession.*

LISETTE (à part). — *Flattons sa manie.* (Haut.) *Elle peut vous échoir.*

FRONTIN. — *On m'a confié pourtant qu'un certain Scapin...*

LISETTE. — *Vous êtes informé?*

FRONTIN (il rit). — *Ah! ah! ah!*

LISETTE. — *Vous riez?*

FRONTIN. — *Je songe à ce pauvre Frontin. Alors, tout de bon... ce Scapin?*

LISETTE (avec une hésitation). — *Enfin, il... il m'a promis de m'épouser.*

FRONTIN (à part). — *La coquine!* (Haut.) *Ce fut bien fait pour ce Frontin, un sot...*

LISETTE. — *Non. Je n'entends pas le dénigrer.*

FRONTIN (à part). — *Au moins, elle me rend justice.*

LISETTE. — *Ses façons à mon égard étaient louables et sans son éloignement prolongé et sa mort annoncée sur un certificat...*

FRONTIN. — *Oui, le certificat, voici qui vous absout à mes yeux.*

LISETTE. — *Mais dix ans de veuvage... C'était pour mourir d'inanition. Je dépérissais.*

FRONTIN. — *Alors vous avez mangé?*

LISETTE. — *Dites seulement que j'ai trompé ma faim.*

FRONTIN. — *T'en reste-t-il encore, Lisette?* (Il se démasque.)

LISETTE (à part). — *Ciel! C'est Frontin! Que vais-je devenir? Que va-t-il me faire? Je n'ose ni fuir ni rester.* (Après un instant d'hésitation, à Frontin.) *Bah! tu me battras tout à l'heure si le cœur t'en dit, Frontin... Mais j'ai trop de joie à te revoir. Il faut d'abord que je t'embrasse.* (Elle lui saute au cou.)

FRONTIN (se laissant faire). — *Ah! coquine!* (Radouci.) *Coquine!*

LISETTE. — *Tu me pardonnes?*

FRONTIN. — *Il le faut bien. Peut-être que, lorsqu'on est si loin, cela n'est plus aussi grave. S'il est une femme fidèle, il ne saurait y en avoir deux; et puis tu ne pouvais pas donner là-dessus de leçons à ta maîtresse. Enfin, je ne suis pas moi-même sans reproches.*

LISETTE. — *Ah! vraiment? Alors de ton côté, chez les négresses...*

FRONTIN. — *Que veux-tu? Quand on n'a pas de pain blanc, il faut manger du pain bis, ou même du pain noir.*

LISETTE. — *Allons, Frontin, voilà le pain blanc revenu!*

FRONTIN. — *Le marquis vient à la rencontre de la marquise. Allons nous expliquer plus loin.*

SCÈNE X

LE MARQUIS, LA MARQUISE.

LA MARQUISE. — Eh bien, monsieur, nous voici seuls et vous pouvez en liberté me parler de mon mari ; ne prenez point garde à ma douleur, elle m'est mille fois plus chère que tous les plaisirs du monde.

LE MARQUIS. — Non, madame, j'ai changé d'avis, dispensez-moi de parler. Mon ami, s'il pouvait savoir ce qui se passe, approuverait lui-même ma discrétion.

LA MARQUISE. — D'où vient donc, monsieur?... Quel motif avez-vous pour me cacher le reste?

LE MARQUIS. — Ce que vous voulez savoir n'est fait que pour une épouse qui serait restée veuve, madame ; le marquis ne l'a adressé qu'à un cœur qui se serait conservé pour lui.

LA MARQUISE. — Ah! monsieur, comment avez-vous le courage de me tenir ce discours, dans l'attendrissement où vous me voyez? Que pourrait lui-même me reprocher le marquis? Je le pleure depuis que je l'ai perdu, et je le pleurerai toute ma vie.

LE MARQUIS. — Vous allez cependant donner votre main à un autre, madame, et ce n'est point à moi à y trouver à redire ; mais je ne saurais m'empêcher d'être

sensible à la consternation où il en serait lui-même...
Son épouse prête à se remarier! Ce n'est pas un crime,
et cependant il en mourrait, madame. « Je finis ma vie
dans les plus grands malheurs, me disait-il, mais mon
cœur a joui d'un bien qui les a tous adoucis : c'est la
certitude où je suis que la marquise n'aimera jamais
que moi. ». Et cependant il se trompait, madame, et
mon amitié en gémit pour lui.

La Marquise. — Hélas! monsieur, j'aime votre sensibilité et je la respecte; mais vous n'êtes pas instruit;
c'est l'ami de mon mari même que je vais prendre pour
juge. Ne vous imaginez pas que mon cœur soit coupable;
que le vôtre ne gémisse point : le marquis n'est point
trompé.

Le Marquis. — Il est question d'un mariage, madame,
et, suivant toute apparence, vous ne vous mariez pas
sans amour.

La Marquise. — Attendez, monsieur, il faut s'expliquer; oui, les apparences peuvent être contre moi, mais
laissez-moi vous dire... Je mérite bien qu'on m'écoute...
Je connaissais bien le marquis et j'ai peut-être porté la
douleur au delà même de ce qu'un cœur comme le
sien l'aurait voulu. Oui, je suis persuadée qu'il aimerait
mieux que je l'oubliasse que de savoir ce que je souffre
encore.

Le Marquis (à part). — Ah! j'ai peine à me contraindre!

La Marquise. — Vous me trouvez prête à terminer un
mariage, et je ne vous dis pas que je haïsse celui que
j'épouse; non, je ne le hais point, j'aurais tort; c'est un
honnête homme; mais pensez-vous que je l'épouse avec
une tendresse dont mon mari pût se plaindre? Ai-je
pour lui des sentiments qui pussent affliger le marquis?
Non, monsieur, non; je n'ai pas le cœur épris, je ne l'ai
que reconnaissant de tous les services qu'il m'a rendus
et qui sont sans nombre. C'est d'ailleurs un homme qui,

depuis près de deux ans, vit avec moi dans un respect, dans une soumission, avec une déférence pour ma douleur, enfin dans des chagrins, dans des inquiétudes pour ma santé, qui est considérablement altérée, dans des frayeurs de me voir mourir, qu'à moins d'avoir une âme dépouillée de tout sentiment cela a dû faire quelque impression sur moi. Mais quelle impression, monsieur? La moindre de toutes ; je l'ai plaint, il m'a fait pitié ; voilà tout.

LE MARQUIS. — Et vous l'épousez?

LA MARQUISE. — Dites donc que j'y consens, ce qui est bien différent ; et que j'y consens tourmentée par une mère à qui je suis chère et qui me doit l'être, qui n'a jamais aimé rien tant que moi, et que mes refus désolent. On n'est pas toujours la maîtresse de son sort, monsieur ; il y a des complaisances inévitables dans la vie, des espèces de combats qu'on ne saurait toujours soutenir. J'ai vu cette mère mille fois désespérée de mon état ; elle tomba malade, j'en étais cause ; il ne s'agissait pas moins que de lui sauver la vie ; car elle se mourait, mon opiniâtreté la tuait. Je ne sais point être insensible à de pareilles choses ; et elle m'arracha une promesse d'épouser Dorante! J'y mis pourtant une condition, qui était de renvoyer une seconde fois à Alger ; et tout ce qu'on m'en apporta fut un nouveau certificat de la mort du marquis. J'avais promis cependant, ma mère me somma de ma parole ; il fallut me rendre, et je me rendis. Je me sacrifiai, monsieur, je me sacrifiai. Est-ce là de l'amour? Est-ce là oublier le marquis? Est-ce là épouser avec tendresse?

LE MARQUIS (à part). — Voyons si elle rompra... (Haut.) Non, je conçois même par ce détail que vous seriez bien aise de revoir le marquis.

LA MARQUISE (enchantée). — Ah! monsieur, le revoir! Hélas! Il n'en faudrait pas tant! La moindre lueur de cette espérance arrêterait tout; il y a dix ans que je ne vis pas, et je vivrais!

Le Marquis. — Je n'hésiterai donc plus à vous donner cette lettre; elle ne viendra point mal à propos, elle vous convient encore.

La Marquise (avec ardeur). — Une lettre de lui, monsieur?

Le Marquis. — Oui, madame, et qu'il vous écrivit en mourant; j'étais présent.

La Marquise (baisant la lettre). — Ah! cher marquis! (Elle pleure.)

Le Marquis (à part). — Ah! madame, je commence à craindre de vous avoir trop attendrie.

La Marquise. — Je ne sais plus où j'en suis. Lisons. (Elle lit.) « Je me meurs, chère épouse, et je n'ai pas deux heures à vivre; je vais perdre le plaisir de vous aimer... (Elle s'arrête.) C'est le seul bien qui me restait, et c'est après vous le seul que je regrette... » (S'interrompant.) Il faut que je respire! (Elle lit.) « Consolez-vous, vivez; mais restez libre. C'est pour vous que je vous en conjure; personne ne saurait le prix de votre cœur. » Je reconnais le sien. (Elle continue.) « Ma faiblesse me force de finir. Mon ami part, on l'entraîne, et il ne peut, sans risquer sa vie, attendre mon dernier soupir! » (Au marquis.) Comment! monsieur, il vivait donc toujours quand vous l'avez quitté?

Le Marquis. — Oui, madame, on s'est trompé. Il est vrai que la plus grande partie des captifs mourut à Alger pendant que nous y étions; mais nous trouvâmes le moyen de nous sauver, et c'est notre disparition qui a fait l'erreur. Je suis dans le même cas, et le marquis mourut dans notre fuite; ou, du moins, il se mourait quand je fus obligé de le quitter.

La Marquise (vivement). — Mais vous n'êtes donc sûr de rien? Il a donc pu en revenir? Parlez, monsieur!

Déjà je romps tout ; plus de mariage ! Mais de quel côté irait-on ? Quelles mesures prendre ? Où pourrait-on le trouver ? Vous êtes son ami, monsieur ; l'abandonneriez-vous ?

Le Marquis. — Vous souhaitez donc qu'il vive ?

La Marquise. — Si je le souhaite ! Ne me promettez rien que de vrai ; j'en mourrais !

Le Marquis. — S'il n'avait hésité de paraître que dans la crainte de n'être plus aimé ?... S'il m'avait prié de venir ici pour pouvoir l'informer de vos dispositions ?...

La Marquise. — Tout mon cœur est à lui ! Où est-il ? Menez-moi où il est.

Le Marquis (un moment sans répondre). — Il va venir dans un instant... et vous l'allez voir.

La Marquise. — Je vais le voir ! Je vais le voir !... Marchons ! Hâtons-nous ! Allons le trouver !... Je me meurs de joie !... Je vais le voir !... Vous êtes, après lui, ce qui me sera le plus cher !

Le Marquis (ôtant sa barbe et se jetant à ses genoux). — Non ! Je vous suis aussi cher qu'il vous l'est lui-même !

La Marquise (se reculant). — Qu'est-ce donc ?... Qui êtes-vous ? (Se jetant dans ses bras.) Ah ! cher marquis !... (Elle le relève et ils s'embrassent encore.) Que je suis heureuse !...

Le Marquis. — Voici votre mère !

SCÈNE XI

LE MARQUIS, LA MARQUISE, Mme ARGANTE, DORANTE

Mme Argante. — Ma fille, je vous avertis que nous faisons arrêter cet homme-là qui refuse par pur intérêt de certifier que le marquis est mort.

Le Marquis. — Je ne saurais, madame ; il faut en conscience que je certifie qu'il vit encore.

Mme Argante. — Ah ! que vois-je ? C'est lui-même.

23

LA MARQUISE. — Oui, ma mère, c'est lui, c'est lui que je tiens et que j'embrasse.

Mme ARGANTE. — Monsieur, je n'ai plus rien à dire et je me sauve bien confuse de ce qui s'est passé.

DORANTE (s'enfuyant). — Personne ici n'est plus déplacé que moi.

LA MARQUISE. — Ni personne qui puisse me le disputer en ravissement.

Fragments qui ne sont pas entrés dans la reconstitution de la pièce.

ROLE DU MARQUIS

SCÈNE VIII [1]

Monsieur, n'êtes-vous pas l'homme d'Alger?
Je suis, du moins, l'homme qui en arrive.

si vous souhaitez vous y retirer.
Je vais m'y rendre... (A Frontin.) Frontin, vous irez chercher mes hardes. (Il sort.)

SCÈNE XIV

Entrée.
Voici votre maître, etc.

Comme il vous plaira.
Je vous demande pardon, madame, et je me retire.
Je croyais Mme la marquise avec vous.

du marquis qu'il a vu mort.
Mon valet se trompe; car, à parler exactement, le marquis était près d'expirer quand je l'ai quitté; mais il vivait encore, et j'ai même un scrupule d'avoir dit qu'il n'était plus.

---

1. Le nombre des scènes, dans la pièce reconstituée, n'a pu concorder exactement avec celui des rôles manuscrits.

pour être de ce sentiment-là.
  Mais, Scapin, vous n'y pensez pas!
qu'il me semble le voir encore.
  Vous êtes un fripon, Scapin.
un séjour qui l'incommode.
  Un aventurier, moi, madame?
pour faire votre voyage.
  Je n'ai besoin de rien, monsieur.
que de passer ici l'hiver.
  Tout le temps que je voudrai, madame.
il apprendra à qui il se joue.
  Vous en apprendrez plus que moi.

SCÈNE XV

D'où vient donc que tu me rayes du nombre des vivants?

voilà ce qui en efface.
  Oh! je te le pardonne. Mais, laisse-nous. Voici la marquise.

ROLE DE Mme ARGANTE

SCÈNE XII

à moi la somme.
  Voici son valet. Essayons de le gagner et qu'il nous instruise. (A Frontin.) Ah! vous voilà, mon bonhomme! Nous vous cherchons.
légataire et non pas voleur.
  Allez, Lisette. Laissez-nous, nous verrons cela.
entendu la voix du mort.

SCÈNE XIII

Ah çà, dites-nous, mon bonhomme, votre maître prétend-il rester longtemps ici?
son quartier d'hiver.
  Son quartier d'hiver!
C'est un homme intrépide.
  Doucement, Dorante, il y a du remède à tout. Voici un vieillard qui me paraît un honnête homme. Il me semble lui avoir entendu dire qu'il avait vu mourir le marquis,

et il ne nous refusera pas de l'assurer à ma fille. Si son maitre disait le contraire, il sera bien aise de nous servir. N'est-ce pas, bonhomme?

et je parle bon français.

Non, pas trop bon, car on ne vous entend pas. Que voulez-vous qu'on fasse?

tour d'honnêtes gens.

Ah! j'y suis, c'est de l'argent qu'il demande.

ma faute, s'il en réchappe.

Voici votre maitre, et j'ai envie que nous lui parlions.

SCÈNE XIV

madame la marquise avec vous.

Voyons ce qu'il dira... Approchez, monsieur, vous n'êtes point de trop. Votre valet nous parlait du marquis qu'il a vu mort.

Ah! le fourbe!

(A Frontin.) Allons, parlez-lui donc, ôtez-lui son scrupule.

vous ne vous en portez pas plus mal.

Il l'a vu, ce qui s'appelle vu.

de vous dédire.

Et vous, monsieur, vous avez tout l'air d'un aventurier, qui, par son industrie, veut prolonger un séjour qui l'accommode.

Je n'ai besoin de rien, monsieur.

(Vivement.) Que de passer ici l'hiver.

tout le temps que je voudrai, madame.

Comment donc, radoteur, vous prenez le ton de maître!

Vous en apprendrez plus que moi.

Jusqu'au revoir (Ils sortent.)

SCÈNE DERNIÈRE [1]

Voici votre mère.

Ma fille, nous avons de justes soupçons que toute cette aventure-ci n'est qu'une friponnerie, et nous avons trouvé à propos de faire arrêter cet homme-ci, qui, certainement,

---

1. Cette scène, dans le manuscrit de l'Arsenal, est tout entière de la main de Marivaux; elle offre des différences notables avec la rédaction définitive que l'on a vu plus haut.

LA FEMME FIDÈLE.

abuse de votre confiance et dont vous seriez la dupe. Je vous avertis qu'on va le venir prendre. Vous savez que, d'abord, il nous a dit que le marquis n'était pas mort; peu s'en faut, à présent, qu'il ne le fasse revivre, et son projet est, sans doute, de faire acheter bien cher le certificat qu'il donnerait de sa mort.

qu'il vit encore.

Ah! que vois-je? C'est lui-même!

ROLE DE COLAS

SCÈNE IX

Oui, monsieur, tout à l'heure.

Tenez bonhomme, v'là cette demoiselle Lisette que vous charchez.

la dernière mode de là-bas.

Arrêtez-vous donc, petit garçon! Faut-il badiner comme ça avec la barbe du vieux monde?

libre avec le bon vieillard.

Oui, oui, ça est juste. Faut pas que les gens du dehors sachiont les petites broutilles du ménage. J'allons nous jeter de côté, Jeannot et moi. (Ils s'écartent.)

SCÈNE XI

Jeannot, Colas, à moi, au secours!

Quoi donc, est-ce qu'il y a du massacre ici?

Appelez donc du secours, Colas!

Bellement, noute ancien, rengainez donc, remettez dans le fourriau.

qu'une oreille à vous abattre.

Non, non, laissez là la paire d'oreilles.

qui m'était infidèle.

V'là le biau sorcier, c'était deviner qu'alle était une femme.

broncher la fidélité de la coquine.

Faudra donc pas de poche à la veuve pour sarrer ça.

SCÈNE XII

J'ai cru entendre la voix du mort. Ah! ah! ah! (Ils sortent.)

SCÈNE DERNIÈRE

Entrée.
Voici votre mère.
Ah! le coquin!
Mon ami le défunt, commençons par aller boire sur vote testament.

FIN

TABLE DES MATIÈRES

Au théâtre de Bacchus.. 1
La danse grecque... 35
La légende de don Juan et Tirso de Molina 47
Molière félibre.. 105
Marivaux à Berny.. 119
Papillon de La Ferté... 133
Népomucène Lemercier et *Pinto*............................ 143
La direction du Conservatoire............................... 179
La direction de l'Odéon....................................... 203
La direction de l'Opéra-Comique........................... 215
La Comédie nouvelle; les auteurs et les acteurs....... 225
Trois succès au théâtre; MM. P. Hervieu, M. Donnay, J. Richepin.. 243
La Duse et le public parisien................................ 271
Les adieux d'Ermete Novelli.................................. 281
Maria Guerrero et le théâtre espagnol.................... 291
Carmen et les gitanes de Grenade......................... 303
Le théâtre français vu de l'étranger....................... 317
Appendice : *La Femme fidèle*, comédie inédite de Marivaux.. 327

Coulommiers. — Imp. Paul BRODARD. — 1180-98.

LIBRAIRIE HACHETTE ET Cie
BOULEVARD SAINT-GERMAIN, 79, A PARIS

LES
GRANDS ÉCRIVAINS FRANÇAIS

ÉTUDES SUR LA VIE
LES ŒUVRES ET L'INFLUENCE DES PRINCIPAUX AUTEURS
DE NOTRE LITTÉRATURE

Notre siècle a eu, dès son début, et léguera au siècle prochain un goût profond pour les recherches historiques. Il s'y est livré avec une ardeur, une méthode et un succès que les âges antérieurs n'avaient pas connus. L'histoire du globe et de ses habitants a été refaite en entier; la pioche de l'archéologue a rendu à la lumière les os des guerriers de Mycènes et le propre visage de Sésostris. Les ruines expliquées, les hiéroglyphes traduits ont permis de reconstituer l'existence des illustres morts, parfois de pénétrer jusque dans leur âme.

Avec une passion plus intense encore, parce qu'elle était mêlée de tendresse, notre siècle s'est appliqué à faire revivre les grands écrivains de toutes les littératures, dépositaires du génie des nations, interprètes de la pensée des peuples. Il n'a pas manqué en France d'érudits pour s'occuper de cette tâche; on a publié les œuvres et débrouillé la biographie de ces hommes fameux que nous chérissons comme des ancêtres et qui ont contribué, plus même que les princes et les capitaines, à la formation de la France moderne, pour ne pas dire du monde moderne.

Car c'est là une de nos gloires, l'œuvre de la France a été accomplie moins par les armes que par la pensée, et l'action de notre pays sur le monde a toujours été indépendante de ses triomphes militaires : on l'a vue prépondérante aux heures les plus douloureuses de l'histoire nationale. C'est pourquoi les maîtres esprits de notre littérature intéressent non seulement leurs descendants directs, mais encore une nombreuse postérité européenne éparse au delà des frontières.

Depuis que ces lignes ont été écrites, en avril 1887, la collection a reçu la plus précieuse consécration. L'Académie française a bien voulu lui décerner une médaille d'or sur la fondation Botta. « Parmi les ouvrages présentés à ce concours, a dit M. Camille Doucet dans son rapport, l'Académie avait distingué en première ligne la *Collection des Grands Ecrivains français*.... Cette importante publication ne rentrait pas entièrement dans les conditions du programme, mais elle méritait un témoignage particulier d'estime et de sympathie. L'Académie le lui donne. » (Rapport sur le concours de 1894.)

J. J. JUSSERAND.

VOLUMES DE LA COLLECTION DÉJA PARUS

DANS L'ORDRE DE LA PUBLICATION

(Novembre 1898.)

VICTOR COUSIN, par M. *Jules Simon*, de l'Académie française.

MADAME DE SÉVIGNÉ, par M. *Gaston Boissier*, secrétaire perpétuel de l'Académie française.

MONTESQUIEU, par M. *Albert Sorel*, de l'Académie française.

GEORGE SAND, par M. *E. Caro*, de l'Académie française.

TURGOT, par M. *Léon Say*, de l'Académie française.

THIERS, par M. *P. de Rémusat*, sénateur, de l'Institut.

D'ALEMBERT, par M. *Joseph Bertrand*, de l'Académie française, secrétaire perpétuel de l'Académie des sciences.

VAUVENARGUES, par M. *Maurice Paléologue*.

MADAME DE STAEL, par M. *Albert Sorel*, de l'Académie française.

THÉOPHILE GAUTIER, par M. *Maxime Du Camp*, de l'Académie française.

BERNARDIN DE SAINT-PIERRE, par M. *Arvède Barine*.

MADAME DE LAFAYETTE, par M. le comte *d'Haussonville*, de l'Académie française.

MIRABEAU, par M. *Edmond Rousse*, de l'Académie française.

RUTEBEUF, par M. *Clédat*, professeur de Faculté.

STENDHAL, par M. *Édouard Rod*.

ALFRED DE VIGNY, par M. *Maurice Paléologue*.

BOILEAU, par M. *G. Lanson*.

CHATEAUBRIAND, par M. *de Lescure.*

FÉNELON, par M. *Paul Janet*, de l'Institut.

SAINT-SIMON, par M. *Gaston Boissier*, secrétaire perpétuel de l'Académie française.

RABELAIS, par M. *René Millet.*

J.-J. ROUSSEAU, par M. *Arthur Chuquet*, professeur au Collège de France.

LESAGE, par M. *Eugène Lintilhac.*

DESCARTES, par M. *Alfred Fouillée*, de l'Institut.

VICTOR HUGO, par M. *Léopold Mabilleau*, professeur de Faculté.

ALFRED DE MUSSET, par M. *Arvède Barine.*

JOSEPH DE MAISTRE, par M. *George Cogordan.*

FROISSART, par Mme *Mary Darmesteter.*

DIDEROT, par M. *Joseph Reinach.*

GUIZOT, par M. *A. Bardoux*, de l'Institut.

MONTAIGNE, par M. *Paul Stapfer*, professeur de Faculté.

LA ROCHEFOUCAULD, par M. *J. Bourdeau.*

LACORDAIRE, par M. le comte *d'Haussonville*, de l'Académie française.

ROYER-COLLARD, par M. *E. Spuller.*

LA FONTAINE, par M. *G. Lafenestre*, membre de l'Institut.

MALHERBE, par M. le duc *de Broglie*, de l'Académie française.

BEAUMARCHAIS, par M. *André Hallays.*

MARIVAUX, par M. *Gaston Deschamps.*

RACINE, par M. *G. Larroumet*, de l'Institut.

MÉRIMÉE, par M. *Augustin Filon.*

CORNEILLE, par M. *G. Lanson.*

Chaque volume, format in-16, broché, avec un portrait en héliogravure, 2 fr.

www.ingramcontent.com/pod-product-compliance
Lightning Source LLC
Chambersburg PA
CBHW070845170426
43202CB00012B/1955